"解读历史名城

CITY
Sensing Chinese
Well-known Historic Cities

何江鸿　吁芳云◎编著

城画│城传│城记│城缘

感悟中国历史名城

哈尔滨出版社
H.P.
HARBIN PUBLISHING HOUSE

图书在版编目（CIP）数据

城画·城传·城记·城缘：感悟中国历史名城／何江
鸿，吁芳云编著.—哈尔滨：哈尔滨出版社，2009.5
ISBN 978-7-80753-492-1

Ⅰ. 城… Ⅱ.①何…②吁… Ⅲ.历史文化名城—简介—中国
Ⅳ. K928.5

中国版本图书馆CIP数据核字（2008）第192507号

责任编辑：孙凤兰　王　放
全案策划：品众文化
全案设计：大象设计

城画·城传·城记·城缘：感悟中国历史名城

何江鸿　吁芳云　编著

哈尔滨出版社出版发行

哈尔滨市香坊区泰山路82-9号

邮政编码：150090　营销电话：0451-87900345

E-mail:hrbcbs@yeah.net

网址：www.hrbcbs.com

全国新华书店经销

黑龙江新华印刷厂印刷

开本787×1092毫米　1/16　印张14　字数220千字

2009年5月第1版　2009年5月第1次印刷

ISBN 978-7-80753-492-1

定价：35.00元

版权所有，侵权必究。举报电话：0451-87900272

本社常年法律顾问：黑龙江大公律师事务所徐桂元 徐学滨

以历史和人文的方式阅读城市

西方一位哲人曾经这样说过："世界就像一本书，不去旅行的人只读到了其中的一页。"换句话来说，中国的历史名城更是值得我们每个人去阅读的，因为它们承载了丰厚的历史和文化的内涵，直到现在也是我们生活中的底色和底蕴。因为一座城市的历史背景而使我们现在的生活有了更为悠长的记忆；因为一座城市的人文环境而使我们现在的人生有了更为深厚的积淀。

一座城市的生活格调和文化特征使城市变得鲜活。无论是在这个城市里居住的人们还是匆匆过往的游客，无不是被它的魅力所吸引从而结下缘分，历史的厚重背影与现实的生活情景在每座城市里融合。

一座城市最基本的功用就是为居住于此的人们提供生活场所，而一座城市有了悠久的历史，有了深厚的文化底蕴，其形象也变得典雅起来，散发出魅力。一座座城市的出现和发展，有着很多相似的功用和外貌，却在历史的沿革中，拥有了各自的个性、格调和风情。

"城市魅力·文化格调·东方风情"浓缩在每一座历史名城之中，使得每一个在其中居住的人得以安逸地享受它的包容，使得每一个路过它的人得以尽情地欣赏它的景致。我们关于城市的记忆、想象、体验和收获，丰富了我们的历史视野，增添了我们的生活情趣。

在深情而专注地阅读城市的过程中，时时刻刻都在收获来自历史的感动和人文的情怀。

要想从中国众多的城市中选择出典型的历史名城，本身就是件难事，正如易中天在《读城记》一书中所说的："城市文化往往被看成是一个谁都可以插上一嘴的话题，就像看完一部电影后谁都可以发表一番议论一样。中国的城市极其可读，中国可读的城市又是何其之多！"

本书结合中国历史名城特色，拟定了8大专题，每个专题选取了3

座代表城市。全书共纳入 24 座城市，对这 24 座历史名城进行了历史性的记忆和叙说，以人文性的书写方式让读者去体验和感悟每一座历史名城所包含的魅力、格调和风情。本书从以下四个关键词展开了对每一座城市的立体式阅读：

城画——记录城市最为精致的面孔；

城传——发现城市不同寻常的轨迹；

城记——感悟城市不停跃动的脉搏；

城缘——品味城市与名人间的情怀。

具体来说就是，在本书中，我们特别采用了"大专题加小专题"的形式，将精心挑选的 24 座城市按照不同的类别分类，采用"城画"、"城传"、"城记"、"城缘"四个板块，将每座城市全面、系统地展现在读者面前。

城画，更多的是体现一座城市感性的一面，将这座城市最有特点的外在风貌用轻松的语言加以描绘。

城传，并不是要将这座城市的发展脉络从头到尾讲述一遍，如果这样，这将是一件"不可能完成的任务"，读者恐怕也没有兴趣在这儿听我们这些历史的外行人讲述一座城市的历史。我们在这儿只是想讲述这座城市的某一个方面的历史，而且这段历史也不见得就是完整的，可能只是某一时期的历史，但是足以将我们想传达的东西说清楚了。

城记，每座城市都有自己的故事，透过历史名人的文字和眼睛，我们从中能找寻到这座城市最引人入胜的个性特点。独特的个性，是城市傲立于世的资本，失去了个性的城市，也就失去了光彩。

城缘，在我们精心挑选的这 24 座城市中，每一座城市都曾经吸引无数名人慕名而来，这些名人与这些城市也发生了许多耐人寻味的故事。透过这些"名人与城市"的缘分，我们对这些城市的印象忽然生动了起来，而这些城市也因为与名人的一段缘而显得格外温情，格外动人。

我们期望以文化、历史、人文、文学的四维方式，来向每个读城者展开历史名城的外在景致和内在意蕴。

　　以历史和人文的方式阅读城市，使得我们获得更多的机会去记忆和学习历史。这是一个人对历史的探索和发现的旅程。只要你真正阅读到了一座城市的历史和人文的内容，那么你的人生和生活也因此变得悠长和丰富起来。一个人走过的路越多，他的生命就越精彩。在我们的生命历程中，每一个热爱生活的人无不渴望让自己的生命变得更加充实。我们也许改变不了周围的环境，但是可以改变自己；我们改变不了过去，但是可以改变现在；我们改变不了生命的长度，但是可以改变生命的长度。

　　阅读城市 · 品味历史 · 体验生活。

　　我们往往在感悟城市的同时，也会被城市的魅力所感染、所感动。这不正是人们一直追求的人与城市的和谐之美吗？

目 录 CONTENTS

城画

城传

目 录 CONTENTS

城记

城缘

感悟中国历史名城

SENSING CHINA'S WELL-KNOWN HISTORIC CITIES

■北京：大气淳厚的巍巍之都　　■南京：写满伤感和厚重　　■西安：它很古朴传统

城画城传

城记城缘

发现城市不同寻常的轨迹

记录城市最为精致的面孔

感悟城市不停跃动的脉搏

阅读城市流传不已的情怀

第一章　古都风流今犹在

北京：大气淳厚的巍巍之都

 城画 中华之都

提起北京城，马上会让人联想起巍峨高耸的正阳门、气势恢弘的故宫、庄严幽静的天坛和围绕着内城的护城河。北京城作为中华之都，散发着最具特色的魅力。

"八臂哪吒城" 关于北京城，有很多的话题可以谈论，其中最具有传奇性的，就是北京城建造"八臂哪吒城"的故事。

这个故事要从明朝初年说起。当时的永乐皇帝要兴建北京城，可是据说这里有一条"幽州孽龙"，搞得常有兵家相争，天无宁日。派去建城的工部大官怕降伏不了孽龙，就建议皇帝另派军师。于是，皇帝委派两位了不起的军师刘伯温与姚广孝负责北京城的建造工作。二人都不服对方，于是各自制订计划，但他们都受到一个穿着红衣服的孩童指点，照着这个孩童的样子设计北京城的布局，而这个孩童也非凡间之人，而是天神——八臂哪吒。

八臂哪吒城

北京故宫博物院

按照八臂哪吒的样子造出来的北京城，南方正中的正阳门是哪吒的脑袋；正阳门东边的崇文门、东便门、朝阳门、东直门，是哪吒左半边身子的四臂；正阳门西边的宣武门、西便门、阜成门、西直门，是哪吒右半边身子的四臂；北面的安定门、德胜门是哪吒的两只脚。有些传说更加细致，将哪吒的耳朵、眼睛和身体其他部位都说得头头是道。

事实上，建造北京城前刘伯温就已辞官告老返乡，刘伯温和姚广孝也从未正式谋面，这个传说是一个"美丽的错误"。但其中也涵含着一个美好的愿望，那就是从此以后，北京城能够平安、宁静，让百姓有一个安居乐业的空间。

的确，明北京城修好之后，在很长一段时间里，此地的百姓都生活得十分平静，虽然这与"八臂哪吒"无关，但百姓的心愿总算是实现了。

北京的城门 关于北京的城门，有句俗话叫"内九外七皇城四"，这是对北京城城门的一个概称。"内九"指的是东边的东直门、朝阳门，西边的西直门和阜成门，北边的德胜门、安定门，南边的崇文门、正阳门（前门）和宣武门。这九座城门是明成祖建造北京城的时候就固定下来的。

"外七"指的是指明世宗为了加强城防，在嘉靖三十二年增修的七座外城城门。北边的两座城门是东便门和西便门，东西两边分别是广渠门和广安门，南边则是左安门、右安门和直通正阳门的永定门。这七座城门的设置，使北京真正成为一座固若金汤的城池。

"皇城四"指的就是皇城四方的四座门：东有东安门（现东华门），南有天安门，西有西安门，北有地安门。至于我们在影视剧中看得最多的几座著名的门——午门、神武门等，因为是皇宫紫禁城的门，所以不在这"内九外七皇城四"的数目里面。

城门的意义，就在于这里是北

故宫全景

京城与外界交流的通道。当高高的城墙作为屏障，将外在的危险拒之门外的时候，城门的意义是十分重要的，没有了城门，再大的城也是一座死城，而有了城门，城内与城外也就可以自由沟通了。

正因为城门有这样重要的作用，所以清朝负责首都北京守卫的军事长官的职衔就叫"九门提督"。所谓"九门"，自然就是内城九座城门的代称，实际上，九门提督的管辖范围并非只是这九座城门，但提到这九座城门，自然也就想到了整座北京城。因此，城门不但是一种交流通道，更是一种文化象征，甚至一度成为北京的代名词。

德胜门

东华门

当城墙拆掉之后，城门的作用自然也就没有那么大了，但是今天只要我们来到正阳门那高大的城楼下，来到德胜门那近乎原貌的城墙边，还是会自然而然地感觉到那才是真正的北京。

【附录：有关北京城门的快板书唱词（节选）】

说城门，道城门。外城共有七座门。

永定门做正中心，打此门在往两边分。

东为左安门，西为右安门。

广渠门，广安门，东便门，西便门，东西便门为了走人。

数完了外城数内城，内城共有九座门。

打正阳门转一轮，座座城门是睦邻！

正阳门，崇文门，朝阳，东直门，

安定德胜西直阜城门，转过了墙角宣武门！

那位说，您又在这瞎骗人，您说了半天落三门！

您落了，复兴建国和平。

我是数了半天落三门，可是三门另外有原因啊——

都只为，那和平门本是那北洋政府开，

为的是城里城外地好抓人。

复兴门，建国门，那是帝国主义欺负人，

在北京，用刺刀捅人不过瘾了。

为运军火又把这城墙捅两门。

所以说，复兴建国和平，

不能算明清两代的古城门。

您若问，说这九座城门都谁走，

正阳门

我告诉您，五行八作全都有。

说正阳门，叫九龙口，

寻常的百姓不敢走。

每年一到祭天日，皇帝一走走一宿！

崇文门外蒜市口，由那往里面运烧酒。

朝阳门，运皇粮，哼啊哈的脚夫扛，

东直门，运木材，神州的巨木万人抬。

安定门那最差劲了，天天得往外拉大粪！

德胜门，德胜多，风烟滚滚走兵车！

西直门，在城西北，运来了，玉泉山的美泉水。

阜城门，走烟煤，小毛驴嘚嗒嘚嗒走来回，

宣武门那不敢站了，每年秋决过人犯。

这个囚车一排一大串，一街两巷的众人看！

死刑犯，肩上面插着个断头牌，

又喊又叫的充好汉，嘿，给咱们爷们叫个好，

我的大妹妹，二十年后咱再见！

妇女听了这声喊，唇发参，腿发软，浑身哆嗦出气短，

低下头来这么一看，这个鸡皮疙瘩起了一片！

提起这老事太吓人了，咱们接着再数皇城门。

天，地，日，月照乾坤，皇城四门四方分。

南为天安门，北为地安门，东为东安门，西为西安门，

南天北地东西安，可这日出东海月西沉。

金銮宝殿当中坐，四平八稳镇乾坤。

胡同里的文化　说到北京，就不能不说胡同，就像说到杭州，不能不提起西湖一样。

胡同这个词原是蒙古语的译音。《析津志》记载说"巷通本方言"，是元世祖忽必烈定都北京（当时称大都）之后流行起来的词汇，至今已有700多年历史。不过，到了今天，"胡同"这个词已经让人感受不到什么大漠风光，相反却体现了北京独特的城市文化。

北京的胡同，如同北京的街道一样，绝大多数都是正东正西或正南正北的笔直走向。如果说纵横交错的主干道确定了北京整

北京最窄的钱市胡同

齐的外貌，那么胡同那同样整齐的走向则使得北京这种棋盘式的格局更加细致。

胡同的走向，看上去是一个外观美的问题，其实与日常生活也密切相关。由于北京的民居多是坐北朝南的四合院，而若干个四合院组成的生活区，必然要有对外的通道，这通道就是胡同。胡同的规则性，正是因为四合院的整齐而确立下来的。

北京的大小胡同星罗棋布，数目达到 7000 余条，其中老城的东城、西城、崇文、宣武四区共有胡同 1900 余条。每条胡同都有一段传说。胡同的名称五花八门，有的以人物命名，如文丞相胡同；有的以市场、商品命名，如金鱼胡同；有的以北京土语命名，如闷葫芦罐胡同等。经调查，北京最古老的胡同是三庙街，至今已有 900 多年的历史；最长的胡同是东西交民巷，全长 6.5 里；最短的胡同，长不过十几米；最窄的胡同要数前门大栅栏地区的钱市胡同，宽仅 0.7 米。

老北京胡同里常有一些附设物，如上马石、拴马桩、泰山石敢当和栅栏等。

"上马石"也叫"下马石"，它是以马代步时代用来上马、下马的石头。上马石大多左右对称地摆在宅门两侧，并不是所有的人都有马骑或可以骑马，因此只有豪门大宅的"屋宇门"外，才会安置上马石。

拴马桩顾名思义就是用来拴马的桩子。常见的拴马桩有两种，一种是独立式的石柱或石碑，类似于今天的公用停车场；再一种是"石洞式"拴马桩，它固定在宅院倒座房的后檐柱上，属于家庭自用。

旧时北京的胡同口或院落的墙根儿旁经常可见上面镌刻"泰山石敢当"五个字的长方形石碑。"石敢当"是我国古代民间传说中的石神，据说原是古代的大力士，后来被人们神化。人们认为，"石敢当"与"泰山"相结合，就可以给胡同和宅院保平安了。老北京旧俗，正月初十是祭"石敢当"的日子。

"栅栏"，也就是栅栏门。没有了坊墙防护的胡同是敞开的，为了防盗，明、清时代在许多街巷胡同口安装了木制的或铁制的栅栏。这些栅栏白天开启，夜晚关闭。日久天长，北京的栅栏渐渐消失了，但一些"栅栏"就成了当地的地名。

胡同里常见的门当儿和门槛石

拴马桩

北京胡同的名字来源多种多样，最常见的是以"条"命名，如东四八条胡同；此外还有以姓氏命名，如史家胡同、方家胡同等；有以形状命名，如口袋胡同、耳挖勺胡同等；有以街市命名，如钱市胡同、驴市胡同、米市胡同等；有以生活用品命名，如绒线胡同、剪子巷等；有以职业招牌命名，如赵锥子胡同、李纱帽胡同等；有以标志物命名，如砖塔胡同、铁狮子胡同等；有以衙署机构命名，如兵马司胡同、钱粮胡同等；还有以寺庙命名，如灵境胡同、净土寺胡同等。

中剪子巷胡同。相传中剪子巷胡同过去有很多家经营剪刀、车马配件的铁器店，因此得名。

帘子库胡同

有趣的是，有很多现在很"雅驯"的胡同名，原本是从市井俚俗的胡同名中改过来的。比如狗尾巴胡同改做高义伯胡同，羊尾巴胡同改做羊宜宾胡同，大脚胡同改做达教胡同，小脚胡同改做晓教胡同，劈柴胡同改做辟才胡同，烂面胡同改做缦面胡同，蝎子庙胡同改成协资庙胡同，王寡妇斜街改为王广福斜街等。

关于胡同里的历史故事很多，也很有趣，比如帘子库胡同里发生的故事："垂帘听政"的帘子存在哪儿？

帘子库胡同是与历史事件联系最紧密的胡同之一。它位于地安门内大街路侧，呈南北走向，北起东吉祥胡同，南止黄化门街，因清朝内务府曾在此设存放皇家所用门帘的库房而得名。每年夏季，皇城内为了避暑防蝇，都要在门上挂上竹帘。到了慈禧太后执政时期，因为以女性身份与大臣商讨国事，为了体现男女、君臣之别，故而采取了"垂帘"的形式。慈禧所用的竹帘，都由工匠精选南方的上等慈竹为原料，经过十几道工序精工编织而成。再精细的竹帘也有破旧伤损的时候，以新换旧是免不了的。换下来的旧帘子因为是皇家用过的，不可能卖给平民百姓使用，只能设立个地方存储，于是就有了帘子库，而帘子库所在的这条胡同就成了帘子库胡同。

老北京人生活在胡同里，他们离不开胡同，也舍不得离开胡同。因此，保存老北京风情、掌故和文化最多的地方，就是胡同。老舍先生的名著《四世同堂》，就是发生在胡同里的故事。而台湾作家高阳的名著《八大胡同》，更是从旧中国北京城内著名的声色场所写起，从这几条胡同中的嬉笑怒骂，反映出当时的政治风云变幻。

随着北京的发展，胡同里的四合院，逐渐变为大杂院；现在，胡同越来越少，社区越来越多。但是，现代的北京从未遗忘过古老的胡同，而古老的胡同也时刻关注着外界的变化。胡同里的家长里短、人与胡同之间的关系、胡同与外面世界的碰撞，永远是说不尽的话题，也是北京永恒的风景。

城传 千年帝都的绝代风华

> 神鼎当年定蓟门，舆图遍览此方尊。
> 天文析木三河近，王气全燕万古存。
> 水绕郊圻襟带合，山环宫阙虎龙蹲。
> 何须百二夸周汉，一统今归圣子孙。

蓟城 北京城坐落于三面环山、面积不大的平原上，这块平原通称"北京小平原"。今天在这里可以看到一片沃野，但在远古时期却布满湖沼。这些湖沼是在数千年人类开发的影响下逐渐消失的。远在约69万年前，北京西南郊的周口店地区，已经有猿人在那里生活，他们就是举世闻名的"北京人"。

公元前11世纪初期，兴起于黄河中游高原地区的周人，取代了商人的地位，建立起更加强大的周朝。周朝采用分封诸侯的办法，将自己的直接统治区迅速扩大。北京地区就是在这个时候，以封国的形式加入了周朝的政治体系。

最初，北京这块地方分属于两个诸侯国。北部的大部地区属于蓟国，西南一角属于燕国。燕国是召公的封地，蓟国据说是黄帝后裔的封地。在西周的各个诸侯国中，都有一座都城，作为其统治中心。燕国的都城在今北京房山县境内，今房山县琉璃河古城即其遗址。蓟国的都城即蓟城，位于今北京市区的西南隅，大概在广安门附近。燕、蓟两国并没有共处多久，后来燕国吞并了蓟国，并把自己的都城迁到蓟城。这样，燕国便成为当时北京地区唯一的诸侯国，而蓟城则一跃成为古代北京地区唯一的中心城市。

公元前226年，秦国大将王翦攻破蓟城，之后不久，燕国灭亡。

公元前221年，秦统一全国后，原来燕国的领土被分为六郡，其中广阳郡的治所就设在蓟城。蓟城位于秦朝版图的东北部，是通往东北地区的重要门户，从都城咸阳修筑的驰道向东北可直抵蓟城。从秦朝开始，蓟城以其优越的地理位置，在汉族和东北少数民族之间的关系上，起着非常重要的作用。在汉族统治者势力强大时，必定要以蓟城作为操控东北的基地。反之，每当中原汉族统治者势力衰弱、东北的少数民族乘机南下的时候，蓟城则往往成为他们进入中原的门户和跳板。而在和平安定的历史时期，蓟城便成为双方的贸易中心，在促进汉族与北方少数民族之间的物质文化交流上，发挥着纽带作用。

蓟城纪念柱

隋唐时代的蓟城，不是以经济文化，而是以其显赫的军事地位闻名于世。隋炀帝和唐太宗先后在全国统一之后，都曾利用蓟城（隋朝称涿郡，唐朝称幽州）作为基地，向东北地区发起大规模的战争。隋炀帝时，涿郡是兵马粮饷的集结之地。史书记载："四方兵皆集涿郡，凡一百一十三万三千八百人，号二百万，其馈运者倍之"，向涿郡运送粮饷的船只"相次千余里"。唐太宗也曾亲自统率主力大军，在幽州城誓师。他退兵时，曾在幽州城东南隅修建了一座悼念阵亡将士的庙宇，命名为悯忠寺。其后，大庙经过多次重修，改名法源寺，至今仍为北京市区重要的寺庙之一。

从秦汉到隋唐这一千余年间，蓟城（幽州）自身也在不断发展。自公元10世纪始，中国北方的历史，由于契丹、女真、蒙古各民族的大举南下而进入一个新的阶段。蓟城也在这新的历史洪流中，一步步成为中国的首都。这一巨变的起点，是辽南京的设立。此后，女真人建立的金、蒙古人建立的元，都以这里作为首都。到了明清时期，它便有了今天的名字：北京。

作为蓟城的北京，风格粗犷、豪放，充满了燕赵之地"慷慨悲歌"的风情。唐代著名诗人陈子昂的《登幽州台歌》正反映了当时这座名城的风貌：

前不见古人，后不见来者。念天地之幽幽，独怆然而涕下！

到了辽、金、元的时代，这里作为都城被改建、扩建，帝王之家的大气与雍容之风逐渐弥散开来，此后，慷慨悲歌越来越少，而平和、稳重的气氛越来越重。

北京的出现，其实正是蓟城消失的结果。没有蓟城，就不会有北京，然而有了北京，便不再有蓟城。

 城记 乡土中国的象征

逛庙会 北京城很大气，北京人也很大气，但本质上，他们都是属于"乡土中国"的。

每逢春节和重大节日，北京城里都是一派"鼓乐更添春意浓，游人偏恋冰上行。南北东西聚庙会，欢乐世界中国情"的景象，春节逛庙会成为人们的必选节目，一见到庙会的热闹场面，人们就抑制不住心中的喜悦和冲动。

庙会，俗称庙市，旧时每逢寺庙开放的日子，商贩和民间艺人们就会在寺庙附近设摊圈地来售货及表演杂艺。后来，有的寺庙绝了香火，集市却仍照常举行，演变成纯商业娱乐的集市，人们照旧叫它庙会。庙会逐渐融入集市交易活动，成为中国集市的一种重要形式。随着人们的需求不断提高，在庙会上也增加更多的娱乐性活动。新春庙会迎合了人们的生活和心理需要，也体现了当时当地的民俗民情。一年一度的大型定点庙会，既是一次商品展销会，也是一次民间传统文化的博览会，对国内外的游客有很大的吸引力。

庙会作为一种社会风俗的形成，有其深刻的社会原因和历史原因。东汉时期，庙会随着佛教的传入而出现，在唐末时期最为繁盛。当时，庙会出行时的队伍中以辟邪的狮子为前导，宝盖幡幢等紧随其后，各种戏曲，诸般杂耍，热闹非凡，并渐次推广到了四川、湖广、西夏各地。而庙会真正定型、完善则是在明清以至近代。

各地区庙会的具体内容略有不同，各具特色。老北京的拉洋片、面人、绢人、风车、草编物、风筝、空竹、剪纸、微雕、脸谱、花轿等传统项目为庙会绘制出一幅民间民俗百图，使人想起悠远的过去，感受历史的沧桑。

寒冬腊月，带着孩子，陪着父母，赶赶庙会是春节期间的一大乐事。在庙会上，民间小吃大显风光，香味浓郁，种类繁多。饱了口福，又大饱眼福，眼福之一是欣赏民间杂艺，说相声的，变戏法的，抖空竹的，练轻功的，打弹丸的，跑马戏的，钻套圈的，走花会的，让人目不暇接。

庙会上的驯鸟，往往让老少驻足。那些聪慧的生灵，能从人手上把钱衔走，顶开铁盒，将钱币放进盒内，整个过程一气呵成。草编艺人信手拈来儿根薄草，轻巧地折折扭扭，或变成一只振翅欲飞的蜻蜓，或变成一只无畏当车的螳螂，或变成一只跃跃欲跳的青蛙，或变成一只戏水的青虾；草编的小龙威武神气，草编的蚂蚱活灵活现。北京的民间艺人"糖人厚"用鸽子蛋大小的糖稀，揉在手里，抽出一条含在嘴中，嘴里一边儿吹气，手上一边儿活动，不到一分钟，一只昂首挺胸的公鸡跳跃在手中。此外，剪头影的、捏面人的、做绢人的、雕生肖的、绘风筝的，个个都有一手绝活。

庙会上各式各样的风车　　　　　冰糖葫芦　　　　　　　烙花葫芦

吹糖老鼠

庙会上的花轿

庙会是地地道道的一处文化市场。从古到今，像一坛陈年老酒，依然醇厚得那么让人回味。

对于庙会的魅力，张中行先生有一段很生动的描述："老远望去就觉得乱糟糟的……包你摸不着头脑。但你看久了以后，也会发现混乱之中正有个系统，嘈杂之中也有一定腔调，然后你才会了解它，很悠闲地走进去，买你所要买的，玩你所要玩的，吃你所要吃的，你不忍离开它，散了以后，再盼着下一次。"

北京就是中国传统文化的根之所在。如果说，在20世纪前半叶，没有哪个城市能比北平"更能慰藉处在社会和文化剧变中的知识分子那种迷惘失落的情怀"（杨东平《城市季风》），那么在今天，也没有哪座城市比北京更能让人感受到新中国跳动的脉搏和前进的步伐，所以很多文化人都喜欢来北京发展。

城缘 大师的背影并没有走远

故都的秋 北京是故都，也是中国知识分子的精神家园，如今古老的文化如秋阳般暖暖也懒懒地洒落在京城不起眼的角落里。

秋天是万物即将凋零前的丰盛季节，它是绵长、淳厚、博大、雄浑的。正如郁达夫的《故都的秋》中所写："各著名的大诗人的长篇田园诗或四季诗里，也总以关于秋的部分写得最出色而最有味。足见有感觉的动物，有情趣的人类，对于秋，总是一样地特别能引起深沉、幽远、严厉、萧索的感触来的。不单是诗人，就是被关闭在牢狱里的囚犯，到了秋天，我想也一定能感到一种不能自己的深情，

香山红叶

秋之于人，何尝有国别，更何尝有人种、阶级的区别呢？不过在中国，文字里有一个'秋士'的成语，读本里又有着很普遍的欧阳子的《秋声》与苏东坡的《赤壁赋》等，就觉得中国的文人，与秋的关系特别深了，可是这秋的深味，尤其是中国的秋的深味，非要在北方，才感受得到。"

北京最耐看的是秋。秋天去香山看漫山红叶，绝对是一次和大师近距离对话的文化之旅。曹雪芹就曾在香山写作《红楼梦》，直至病逝。

乾隆二十八年中秋节，曹雪芹的小儿子在正白旗村西的河滩里淹死了。他非常思念自己的孩子，整天愁眉苦脸，吃不下饭，睡不着觉，就靠喝闷酒过日子。

一天，他的好朋友鄂比先生来他家探望，见他又在借酒浇愁，就劝他道："常言说，酒是穿肠的毒药，这酒用得不好会伤人身体。你都愁出病来了，再也不要自己糟蹋自己啦！喝两杯酒不算什么，毁了身体，耽误了写书可是大事！"曹雪芹的身体确实是一天不如一天了，不满五十岁的人，成了病病歪歪的老头子。鄂比知道他的生活很困难，给他留下二两银子，嘱咐他好好保养身体，就告辞了。其实，鄂比是有名的醉鬼，他也是刚从酒馆里出来。他比曹雪芹的日子稍稍好过一点。

鄂比的话提醒了曹雪芹，他又坐在桌前，写他的《石头记》了。

曹雪芹写书买不起好纸，都是用旧书页翻过来叠好，在背面打草稿。他用的毛笔也跟别人的不一样，铜笔帽很大，里边有一块泡着墨汁的棉花。他常常带着这支毛笔和一些纸张游山玩水，什么时候脑子里想好了，马上就坐下来，把纸铺在石头上，摘下笔帽就可以写。有一次，他外出时忘记带毛笔，正在酒馆里跟人聊天，忽然撒腿就往家里跑，弄得别人以为他是疯子，原来他是想好了一段故事，赶快跑回家去记下来。

就这样，他天天想儿子想得愁容满面，不停地写书熬尽了心血，顿顿喝酒灌得他重病在身，乡亲们都说：曹二爷的日子不多了。

《红楼梦》书影，红研所校注本第二版。

曹雪芹雕像

大年三十晚上，家家户户都在准备过年，有的包团圆饺子，有的放鞭炮，有钱人家的门口都挂上了灯笼。鄂比先生知道曹雪芹的年节难过，就割了几斤肉，提上两斤酒，想到曹雪芹家去跟他喝两盅。他刚要进门，迎面走过来曹雪芹的邻居李老太太，告诉他曹雪芹刚刚咽气的消息，还说曹雪芹临死前嘱咐，他自己的后事，就托付给鄂比老弟啦。鄂比问曹雪芹还有什么遗言，李老太太说，曹雪芹嘱咐把他葬在地藏沟他儿子的坟旁边，别用棺材，也不用埋，扔到山沟里就行啦，说这么做省得破费钱财，还说与其埋在土里让蚯蚓吃了，还不如让鸟兽吃了好。李老太太一边擦泪一边说，"曹二爷花钱舍药给乡亲们看病，谁不说他好啊！这么个好人，怎么能扔在山沟让鸟兽给叼了？还是买口棺材吧！"

鄂比先生掏钱置了一口"狗碰头"的棺材，把曹雪芹入了殓。说是"狗碰头"，因为棺材板太薄，狗头一碰就能撞碎。按香山的风俗，年节期间不能埋人，只有等"破五"（过了正月初五）了，才能发丧。初六那天，鄂比请了几位乡亲，因为用不起那种六十四人大杠、三十二人大杠，就由四个人抬着"独龙杠"，将曹雪芹遗体发送到正白旗义地——地藏沟。曹雪芹头顶寿安山，脚踩碧云寺，在这个僻静的小山沟里长眠了。

北京是秋天的诗，是淳厚的诗，孕育出了《红楼梦》的底蕴。

南京：写满伤感和厚重

 城画 历史而又伤感

春花秋月何时了，往事知多少。

小楼昨夜又东风，

故国不堪回首月明中。

雕栏玉砌应犹在，只是朱颜改。

问君能有几多愁，

恰似一江春水向东流。

——李煜《虞美人》

颇具王者之气的明孝陵　南京也是中国著名古都之一，说起古建筑也是不胜枚举的。南京城因为明朝的建立而扩大了城市规模，却又因后来的朱氏叔侄的内战而险遭毁灭。

明孝陵在南京东郊紫金山（钟山）南麓独龙阜玩珠峰下，茅山西侧。算是一个比较具有王者之气的人文景观，明朝开国皇帝朱元璋和皇后马氏合葬于此。明孝陵建成第二年，马皇后去世，葬入此陵。因马皇后谥"孝慈"，故陵名称为"孝陵"。朱元璋病逝后，与马皇后合葬。至明永乐年建成"大明孝陵神功圣德碑"，整个孝陵建成，历时三十余年。明孝陵也是我国现存古代最大的皇家陵寝之一，至今已有六百多年历史。

明孝陵经历了六百多年的沧桑，许多建筑物的木结构已不复存在，但陵寝的格局仍保留了原来恢弘的气派，地下墓宫完好如初。陵区内的主体建筑和石刻、方城、明楼、宝城、宝顶，包括下马坊、大金门、神功圣德碑、神道石刻等，都是明代建筑遗存，保持了陵墓原有建筑的真实性和空间布局的完整性。特别是明孝陵的"前朝后寝"和前后三进院落的陵寝制，反映的是礼制，但突出的是皇权和政治。明孝陵是现存建筑规模最大的古代帝王陵墓之一，其陵寝制度既继承了唐宋及之前帝陵"依山为陵"的制度，又通过改方坟为圜丘，开创了陵寝建筑"前方后圆"的基本格局。明孝陵的帝陵建设规制，一直规范着明清两代五百余年二十多座帝陵的建筑格局，在中国帝陵发展史上有着特殊的地位。所以，明孝陵堪称明清皇家第一陵。

秦淮河畔　在远古时代，秦淮河就是扬子江的一条支流，新石器时代，沿岸就人烟稠密，经济发达，这里孕育了南京的古老文化，被称为"南京的母亲河"。

秦淮河是南京古老文明的摇篮，远在石器时代，流域内就有人类活动。从东水关至西水关的沿河两岸，自东吴以来一直是繁华的地方。

从南朝开始，秦淮河成为名门望族聚居之地。两岸酒家林立，浓酒笙歌，无数商船昼夜往来河上，许多歌女在其中，轻歌曼舞，丝竹缥缈，文人才子流连其间，佳人故事流传千古。六朝时，秦淮河及夫子庙一带更成为文人墨客聚会的胜地，两岸的乌衣巷、

明孝陵位于南京市郊钟山南麓，是中国明朝开国皇帝朱元璋的陵寝。陵墓里埋葬着明太祖朱元璋和皇后马氏。明孝陵沿线分布着30多处不同风格、用途各异的建筑物和石雕艺术品，构成了宏伟壮观、内涵丰富的陵寝，加上钟山之北的勋臣陪葬区，占据钟山南北的明孝陵陵域，其规模更为宏大。

明楼。位于明孝陵方城之上，俗称"马娘娘梳妆台"，正面南门开三孔券门，东、西、北三面各开一券门，地面铺的是方砖。明楼原来是有顶的，覆盖黄色琉璃瓦，飞檐翘角，十分壮观，可惜毁于清朝咸丰年间清军与太平军的战火，现仅存四壁。

南京夫子庙。夫子庙建筑群由孔庙、学宫、江南贡院荟萃而成，是秦淮风光的精华。

"桨声灯影"里的秦淮河夜景

朱雀桥、桃叶渡纷纷化做诗酒风流，千百年来传于后世。乌衣巷更是六朝秦淮风流的中心，东晋时曾因聚居了王导、谢安两大望族而名满天下。

学宫。学宫是科举时代府学学子读书之处。古代为了遵循先圣先贤之道，学宫总是和孔庙建在一起。"东南第一学"门匾由清代南京状元秦大士题写。

隋唐以后，秦淮河渐趋衰落，却引来无数文人墨客来此凭吊。儒学鼎盛时，南宋始建的江南贡院成为我国古代最大的科举考场，于是秦淮河逐渐恢复成为江南文化中心。

明清两代，是十里秦淮的鼎盛时期，商贾云集，青楼林立，成为江南佳丽之地。明太祖朱元璋下令元宵节时在秦淮河上燃放小灯万盏，秦淮河两岸华灯灿烂，金粉楼台，鳞次栉比。

在清代江南贡院考区高中状元者达58名，占清代状元总数的52%。在明清两代名人中，吴承恩、唐伯虎、郑板桥、吴敬梓、翁同龢等均出于此。

流入城里的内秦淮河东西水关之间的河段，素有"十里秦淮"、"六朝金粉"之誉。两岸全部是古色古香的建筑群，飞檐漏窗，雕梁画栋，画舫凌波，桨声灯影，加之人文荟萃、市井繁华，构成了集中体现金陵古都风貌的游览胜地——秦淮风光带。

在众多的南京人和外地人心目中，秦淮河似乎是个永恒的话题。它是古城金陵的起源，又是南京文化的摇篮。这里素为"六朝烟月之区，金粉荟萃之所"，更兼十代繁华之地。

江南贡院考生号舍

然而，这里也是引无数文人忧伤的地方，唐代诗人杜牧诗《泊秦淮》写道："烟笼寒水月笼沙，夜泊秦淮近酒家。商女不知亡国恨，隔江犹唱后庭花。"

城传 悲伤和辉煌顺流成河

　　虎踞龙蟠的金陵南京建城两千多年，作为首都四百五十余年，历史悠久，文化灿烂，曾留下无数光辉的篇章。

　　春秋战国时代，南京地区所处的地理位置正在"吴头楚尾"，因此成为吴、越、楚三国争夺的前沿阵地。相传公元前5世纪，吴王夫差在今南京城内的冶山（朝天宫附近）建冶炼作坊，取名冶城。公元前472年越灭吴后，越王勾践命范蠡在今中华门外长干里筑越城。从这第一次筑城算起，南京已有两千四百余年的历史了。公元前333年楚灭越，楚威王在今清凉山上筑城，取名金陵邑，南京古名金陵，即源于此。当时在秦淮河的中游，还有秣陵和胡孰两个重要聚落。

　　三国时代的东吴控制着长江中下游，孙权于公元211年徙治秣陵，改秣陵为建业，以后孙权虽在武昌称帝，但他最后于公元229年定都建业，另在鸡笼山、覆舟山下新建建业城。城"周二十里十九步"，堆土为墙，城门用竹篱编成，虽属草创，却颇具规模。在都城里，孙权建太初宫居住。

　　到东晋时，改建业为建康，并且在东吴建业城的基础上，改土城为砖城，建新宫称建康宫。在南朝宋、齐、梁、陈时，建康宫围有三道宫墙，宫殿建筑得更为富丽堂皇，统称为"台城"。据考证，今天在鸡鸣山后的一截"台城"，就是建康都城遗留下来的。出宫城，由建康都城的宣阳门以南到秦淮河上的朱雀航为"御街"，一路上拱卫着大小公廨和军营。秦淮河两岸的居民区，商业繁华。这种把王室宫城、官府衙门同居民百姓分开的都城布置格局，为后来隋唐时代有计划、大规模建设长安、洛阳所效仿；而南北御道为贯穿全城的中轴线，宫城前面的东

　　中华门为南京城正南门，位于秦淮河北岸，原名聚宝门。

南京明故宫遗址。南京明故宫是北京故宫的蓝本，是南京历史上第一个全国统一王朝的皇宫。这座朱元璋的宫殿由皇城与宫城两部分组成，合称皇宫。皇城在外，围护着宫城。明故宫最吸引人之处，就是它的神秘，史学界甚至连一张明故宫的详细图纸都没有，只能大概推测出其分布的状况。

西横街与御道构成"丁"字形骨架，这种布局手法一直流传到明清的北京城，成为封建时代都城的基调。

至于石头山上的石头城，孙权在建都建业的同时就筑起来了。这是个突出江岸的制高点，西临长江，南控秦淮河的入江口，地势十分险要。东吴的军事主力又是水军，石头城下自然成了水军的根据地。石头城"周七里一百步"，由西面依江边的红色砂砾岩筑成，可以屯驻军队，储存军械粮食物资。东晋时又把土城改筑成砖城，从六朝到隋唐，这里一直是沿江的一个军事重镇，对防守建康城关系重大。南唐筑都城，把石头城包括在内。到明代筑南京城，西侧也依山而筑，即以红色砂砾岩的峭壁为城基，上面的砾石凸露，状似面具，俗称"鬼脸城"。

东汉末年，军阀混战，古都长安和洛阳都受到严重的破坏。晋末永嘉之乱，北方长期处在少数民族纷争扰乱之中，只有建康在江东于安定中得到发展，故能雄踞一方，成为长江中下游和东南沿海的政治中心，造就了"六代豪华"。当时的建康成了一座人文荟萃的文化名城。有许多知名的饱学之士先后在这里居住，例如谢灵运、颜延年、沈约、鲍照等，还有编选《文选》的梁昭明太子萧统，著《文心雕龙》的文艺理论家刘勰，著《诗品》的文学批评家钟嵘，被尊称为"书圣"的大书法家王羲之、王献之父子，在瓦官寺画壁画的画家张僧繇等。还有许多为科学作出巨大贡献的著名科学家，例如以圆周率精确度领先世界的数学家祖冲之，首先发现"岁差"的天文学家虞喜，炼丹家葛洪等。主张"神灭论"的唯物主义思想家范缜，曾在鸡笼山下与佛教徒展开过激烈辩论。从事中印文化交流的高僧法显在建康写下了他的名著《佛国记》。那时佛教盛行，"南朝四百八十寺，多少楼台烟雨中"，即描写当时佛寺之众多。今栖霞山中还留有南齐时创建的佛教石窟千佛岩，为佛教艺术在江南的杰作。

"江南佳丽地，金陵帝王州。"自东吴，历东晋，经南朝，共六个朝代，都建都在建业或建康，从公元3世纪到6世纪共三百二十二年。隋灭陈以后，隋文帝杨坚采取了平毁建康城的野蛮政策，一道命令，顿时把盛极一时的建康城荡平。隋在石头城置蒋州。唐初武德八年（公元625年）迁扬州治所于江都，唐在此设置蒋州和升州，下面统领白下、江宁、上元、金陵等县。隋唐时代的政治重心在长安、洛阳。自隋炀帝开运河，扬州成为南北转运的枢纽，因此在唐代扬州盛而金陵衰。但是，金陵当时仍不失为一座文化名城，唐代许多著名诗人，例如李白、崔颢、刘禹锡、杜牧、李商隐、许浑、韦庄等，都曾前来游历凭吊，感叹兴亡，写下了许多传诵千古的金陵怀古诗篇。

后来南唐建都于此，著名的后主李煜，爱好文学，是有名的词人。在金陵城，他集中了一批有才华的画家，例如以人物画著称的周文矩、顾闳中，以山水画著称的董源、巨然，还有以花鸟画著称的徐熙。

明代朱元璋统一全国，改集庆路为应天府，号称南京，并决定建都在南京，于是南京第一次作为中国的首都出现在历史上。

朱元璋营建的南京城城墙全长 30.67 千米，高 14～21 米，城基宽 14 米左右，顶宽 4～9 米，全部用砖石砌成。城的规模宏大，把六朝的建康城、石头城和南唐的金陵城统统包括在内，并向东、向北扩展，依山临江，气势雄伟，构成 14 世纪世界上第一大城。城垣南北长，东西窄，周垣曲折，不拘泥于我国历代方城的传统规格。它西南以南唐的金陵城为基础，使内外秦淮河贯行于城内外。城南面倚聚宝山（雨花台），东面扩到钟山西麓，把富贵山、覆舟山、鸡笼山都圈入城内，然后沿后湖西岸向北绕过狮子山南下，以马鞍山、清凉山等西部低丘为西界。开城门十三座，其中以聚宝门（今中华门）、通济门、三山门（今水西门）最为宏伟。聚宝门上建有高大的城楼。城门上有千斤闸。城墙上设有二十三个藏兵洞。直到今天，我们还可看到它的雄姿。今南京城墙除部分拆除外，经实测尚存约二十千米，应当作为古迹保存下来。

金陵第一园——瞻园。瞻园位于南京城南瞻园路夫子庙西，是南京现存历史最久的一座园林，已逾六百高龄。瞻园也是南京仅存的一组保存完好的明代古典园林建筑群，与无锡寄畅园、苏州拙政园和留园并称为"江南四大名园"。

雨花台。位于南京城南中华门外，相传在 1400 年之前的梁代，有位云光法师在此讲佛经，感动了上天，落花如雨，故称雨花台。雨花台在汉末时称为"长陵"，三国时因岗上彩石绚烂又称为"聚宝山"、"玛瑙岗"。

南京总统府。明朝初年曾是归德侯府和汉王府，迄今已有 600 多年的历史。清朝康熙、乾隆皇帝南下江南时均以此为"行宫"。1853 年，太平军占领南京，洪秀全在此兴建了规模宏大的天朝宫殿（天王府）。清军攻破南京后，焚毁宫殿建筑，于同治九年（公元 1870 年）重建了两江总督署。

朱元璋建成南京城后，又在它的外围营建外郭。外郭把聚宝山、钟山、幕府山等都包容在内，全长约六十千米，以土垒成，开十八个城门。这座外郭早已被毁，只留下一些城门名称做地名，例如江东门、安德门、麒麟门、姚坊门（尧化门）等。明初建都在南京共五十三年。明成祖朱棣于 1421 年迁都北京，南京还一直保持"留都"的名义。

明末清初是社会变动异常剧烈的时代，南京是当时东林党后继者"复社"名士们聚集的中心。清兵南下，很快占领南京，统一全中国。这时有以龚贤为代表的"金陵八家"画家。龚贤在清凉山麓的半亩园和扫叶楼从事创作，抒发爱国主义的情怀。孔尚任的名著《桃花扇》就是以在南京的南明王朝为历史背景写成的传奇。后来，著名小说《儒林外史》的作者吴敬梓，也是以南京景物为素材而成书的。

公元 1851 年，洪秀全率领太平军从广西起义，以破竹之势席卷南方各省。1853 年攻取南京，定都为"天京"。当时的天京被称为"东方革命风暴的中心"。太平天国在天京前后共十一年。洪秀全在城里所建的天王府，是利用清朝两江总督旧址加以扩建的，分外城（太阳城）和内城（金龙城）两组建筑，中有宏丽的金龙殿，东西两侧有二十四间朝房。其后天王府虽被清兵焚毁重建，但西花园的石舫依然为当年旧物，朝房也大体如故。辛亥革命后，民国政府定南京为首都。孙中山曾将天王府西侧平房作为临时大总统办公处，以后蒋介石也利用天王府做"国民政府"和"总统府"。

 城记 发思古之幽情

桨声灯影里游秦淮河 "十里秦淮千年流淌，六朝胜地今更辉煌。"秦淮河是南京城的"母亲河"，这条河自古就和思古扯上关系。看看秦淮八艳、以及秦淮文学就知道了。

秦淮八艳的事迹，最先见于余怀的《板桥杂记》，分别写了顾横波、董小宛、卞玉京、李香君、寇白门、马湘兰等六人，后人又加入柳如是、陈圆圆而称为八艳。

"倾国名姬陈圆圆，风流女侠寇白门，长斋绣佛卞玉京，侠骨芳心顾横波，艳艳风尘董小宛，傲骨嶙峋柳如是……"若论中国的名媛佳丽们，可谓繁星灿烂，不胜枚举。

如倾国倾城的西施，闭月羞花的貂蝉，引剑向颈、血光长溅的虞姬，"回眸一笑百媚生，六宫粉黛无颜色"的杨玉环……而那碧水白花的秦淮水影中荡漾的八位女子，却往往最能打动人心，她们就是"秦淮八艳"。

曾见金陵玉殿莺啼绕，秦淮水榭花开早，至今却已瓦解冰消，秦淮八艳早已随着漫天卷起的烟尘走远。"烟笼寒水月笼沙"的秦淮河凝结了太多的惆怅与忧伤，沉淀了太久的沉重与伤怀。作为歌妓，她们纵然心比天高，却难逃身为下贱，难逃世人的唾弃、嘲讽，难逃花花公子的玩弄调戏，与她们的天生丽质、妩媚风流一脉相承的是同样的千秋骂名。人们往往不了解她们就指责她们，不正视她们就否认她们，因此对于她们可谓是谤满天下。她们都不约而同地没有留下辩解的语言，选择沉默的命运。

西谚有云：历史是任人打扮的小姑娘。可是，真正的历史是掩饰不住的，相信历史有双雪亮的眼睛会还秦淮八艳以清白。

她们八人有几个共同点，首先都具有爱国的民族气节。秦淮八艳除马湘兰以外，其他人都经历了由明到清的改朝换代的大动乱。当时好多明朝的官吏贪生怕死，卖国求荣，而与其形成鲜明对比的是：秦淮八艳虽然是被压迫在社会最底层的妇女，在国家存亡的危难时刻，却能表现出崇高的民族节气。同时她们在诗词和绘画方面都有很高的造诣。她们八人个个能诗会画，只是大部分作品已经散失，只有柳如是的作品保留下来较多。她们创作勤奋，努力表达自己的生活感受。

她们不是没有灵魂的肉体，而是忠贞爱国的志士。崇祯末年，清军大兵压境，柳如是劝其夫钱谦益以死殉国，岂料他跳入水中，一会儿就爬上岸来说了一句"水太凉了"，却是柳如是奋力欲沉池水中，自沉以没，以表忠心。后人赞柳曰："通权达变，大义凛然，苟利国家，生死以之。"看来，堂堂"东林泰斗，清流领袖"竟不如一个青楼女子。更有顾横波之夫龚鼎孳，是一个不折不扣的"三姓家奴"。南京将破时，顾横波谓龚若能死，就请自缢，以身殉国。然而胆小惜命、见利忘义的龚鼎孳还是负了她的一片忠心，投降了清军。可以看出，这些歌妓要比同时代的复社

广东汉剧《白门悲柳》剧照。剧作描写了秦淮八艳之首柳如是的个人命运，她为了"脱风尘入清流做一个人上人"而经历的荐婚、专宠、夜谈、弄箫、改笺、投池与梦祭等情节，揭示出柳如是人生理想的"希望——失望——再希望——再失望——绝望"的心路历程。

柳如是戏鹦图

李香君像

君子们更懂得什么是忠孝节义。在家国俱亡的时刻，她们却守卫着不屈的人格。"国在哪里，家在哪里，君在哪里，父在哪里，偏是这点花月情根，还割它不断吗？"

秦淮八艳更不是无情无义的娼女，而有着忠贞的灵魂。诗酒笙歌，吟风弄月中飘荡的一生，平生所求无非一个爱字。女人如水，秦淮八艳如水，也正因为如水，她们才兰心蕙性，玉洁冰清，才义无反顾，细水长流。天命注定，李香君与侯方域相遇、相知在天涯一角，两人情投意合，一见倾心，不久便日日笙歌，后来，风花雪月过后，侯方域因事离香君而去。这时，纨绔子弟阮大铖也为香君的美貌而意乱情迷，便采用卑劣的手段抢亲。李香君为守名节，毅然头撞石柱，血溅桃花扇。此外，还有为寻真爱绝望一世的陈圆圆，为求自尊而拒绝强权之爱的寇白门，风尘中钟情一生的董小宛，因回忆而活着的柳如是……秦淮八艳，宛如一条条小溪，当遇到知己时，便会以一泻千里的气势汇成滔滔江河，义无反顾地奔流。"拼得一命酬知己，追伍波臣作鬼雄。"

就这样，秦淮八艳带着所有的痴情走了，带着所有的忠心走了，进入了任人凭吊的如梦似雾的历史洪流中。留下了几个残败的童话，柳如是自缢绛云楼，李香君血染桃花扇，卞玉京血书《法华经》，陈圆圆殒命莲花池……匆匆登场的一代红装，谢幕又那么匆匆。历史的长河过于冗长，只给了吴女如花零星的点缀，白描轻轻勾勒的一笔；历史的长河又过于湍急，怎记得红颜远去的孤影和生生被扯断的痴情。对于她们，任何溢美之词都是徒劳，任何流言飞语都不堪一击。她们可算得上是中国历史上最美的红颜。

唐朝诗人刘禹锡游金陵，看着以前非常显赫而后来又成为废墟的王谢宅第，曾作《乌衣巷》诗一首，慨叹这种历史变迁："朱雀桥边野草花，乌衣巷口夕阳斜。旧时王谢堂前燕，飞入寻常百姓家。"

东晋著名书法家王羲之、王献之也住在这一地区。夫子庙附近的桃叶渡，据说是王献之迎接其妾桃叶的渡口。相传王献之的爱妾桃叶与其妹桃根乘舟来到这里，王献之来到渡口迎接，并作《桃叶歌》相赠："桃叶复桃叶，渡江不用楫。但渡无所苦，我自迎接汝。"桃叶渡以王献之的风流故事吸引着一代又一代的文人墨客，其"桃叶映红花，无风自婀娜"的优美景色使人陶醉。

"梨花似雪草如烟，春在秦淮两岸边。一带妆楼临水盖，家家粉影照婵娟。"这是清代戏剧家孔尚任在《桃花扇》中所描绘的当时秦淮河畔的繁华景象。

朱自清和俞平伯曾共游十里秦淮并且各自写了一篇游记散文，都以《桨声灯影里的秦淮河》为名。在他们清新优美的笔墨中，可以看到作者对卖艺歌女的同情与尊重，更可以看到作者对十里秦淮的喜爱与眷恋。

金陵小吃，自六朝时期流传至今，多达80多个品种。名点小吃有荤有素，甜咸俱全，形态各异，尤其是以秦淮八绝（八道点心）叫绝。前国家副主席荣毅仁在夫子庙品尝秦淮风味小吃后，题写横幅："小吃好吃"，亦作"吃好吃小"。

第一绝：永和园的黄桥烧饼和开洋干丝

第二绝：蒋有记的牛肉汤和牛肉锅贴

第三绝：六凤居的豆腐涝和葱油饼

第四绝：奇芳阁的鸭油酥烧饼和什锦菜包

第五绝：奇芳阁的麻油素干丝和鸡丝浇面

第六绝：莲湖糕团店的桂花夹心小元宵和五色小糕

第七绝：瞻园面馆熏鱼银丝面和薄皮包饺

第八绝：魁光阁的五香豆和五香蛋

吃完小吃后，品文论诗无疑是南京秦淮文化的一大特色。

城缘 领江山之风骚

王安石与南京 王安石，这位"中国11世纪的改革家"，虽然出生在江西，却与南京有着不解之缘。他在南京度过青春时代，在南京三次任知府、两度守孝、两度辞相后居住，在南京先后生活了近20个年头，逝世后又葬在南京钟山脚下，与南京城结下了不解之缘。

王安石17岁那年，因父亲王益任江宁通判而随迁来南京居住。两年后，他的父亲因病去世，葬于中华门外的牛首山。于是，王安石就在南京钟山守孝，刻苦读书，"虽寝食，手不释卷"。22岁的王安石一举考中进士，名列前茅，从此踏上仕途，以"意行直前，敢当天下大事"的气概，投身于改革之中。他给宋仁宗写了一封万字《言事书》，建议朝廷全面改革当时的法度，主张以管好财

南京方山定林寺

定林寺塔。该塔始建于南宋乾道九年（公元1173年），塔高约14.50米，为七级八面仿木结构楼阁式砖塔。因年久失修，腰檐、塔顶及塔刹已毁，塔身向北倾斜，倾斜度超过闻名于世的意大利比萨斜塔，又被人称为方山斜塔。方山斜塔建在流沙与乱石之上，近千年不倒，堪称奇迹。

政作为整个改革的中心，但是得不到宋仁宗和当政大臣们的重视。后来王安石母亲吴氏逝世，他回到江宁守丧。守丧期满后，王安石仍然留在江宁家中收徒讲学，他还写了《洪范传》等著作，批驳了天人感应的谬论，体现了天变不足畏的思想。王安石入朝任同平章事（宰相）后，在政治、经济、军事各方面制定了一套新法，以惊人的魄力，大刀阔斧地开展了一次以富国强兵为目的的变法运动，给国家带来了生机。这就是我国历史上著名的"王安石变法"。

不久，王安石被迫辞去宰相职务，回到江宁府再次担任江宁知府。在南京，作为南京人民的父母官，他十分关心南京人民的生活。他看到南京贫富差距悬殊，而玄武湖中有不少可以耕种的土地空着，就向宋神宗奏请将玄武湖泄水改田，宋神宗很快批准了他的请求。

王安石后来接到要他第二次任相的诏命，立即离开江宁府到开封去就职，准备继续推行新法，富国强兵。但上任不久又遭保守派排挤，愤而罢相后回到南京居住。他在江宁府城东门到钟山的路上的白塘，为自己建造了住宅，取名"半山园"。辞官以后，王安石潜心撰写《字说》，这是王安石在南京定林寺昭文斋中编写的文字训诂方面的书。

王安石非常热爱南京。他访遍了金陵的山川名胜、古寺名宅，结交了许多朋友，其中有著名的书法家米芾，画家李公麟，文学家欧阳修、曾巩、苏东坡，以及蔡襄、叶梦得等。他跟苏东坡的交往就更多了。有一次，苏东坡乘船经过金陵，王安石特地骑着驴子，穿着粗布衣服到江边去迎接。苏东坡也不冠而揖，曰："轼今日以野服见大丞相。"王安石笑着说："礼岂为我辈设哉！"既而两人说佛吟诗，王安石还邀请苏东坡同游钟山，并各自赋诗。两个人政见虽不同，但私人感情和诗文之谊还是非常深厚的。

在定林寺昭文斋中，王安石结识了李公麟。据说王安石病重时，曾嘱咐李公麟为他画一张大的骑驴图，李公麟熬了整整10个昼夜，终于画出来了，送去的时候，王安石已逝世，李公麟用两只枯瘦的手拍打着灵柩，失声痛哭，颤抖着把那张特大的《王荆公骑驴图》挂在灵柩前面，众人都深受感动。

王安石在南京期间，写了许多美丽而深沉的诗篇词章，其代表作如《桂枝香·金陵怀古》："登临送目，正故国晚秋，天气初肃。千里澄江似练，翠峰如簇。征帆去棹残阳里，背西风，酒旗斜矗。彩舟云淡，星河鹭起，画图难足。念往昔，繁华竞逐，叹门外楼头，悲恨相续。千古凭高对此，漫嗟荣辱。六朝旧事随流水，但寒烟、衰草凝绿。至今商女，时时犹唱，《后庭》遗曲。"这首词，在描写了金陵的秀丽江山之后，感慨六朝兴亡及其历史教训。这是同一时期 30 多位词家所填《金陵怀古》中最好的一首，可算是千古绝唱。

后来王安石把半山园改为僧寺，并由宋神宗命名为报宁禅寺。他把半山园及附近的几百亩田一律送给寺庙，自己在秦淮河畔租了一个小小的独院居住，直至 66 岁时与世长辞。

王安石生前热爱南京，南京历代士大夫和广大人民也热爱王安石、怀念王安石。《道山清话》说："王安石配享孔子庙庭，坐于颜、孟之下，十哲之上。"《清波杂志》也说，当时士大夫到金陵未有不上荆公坟者。"彼之士子节序亦有往奠者。"

半山园。是王安石辞官后为自己建造的居室。因主塘距江宁城东门七里，距钟山主峰也是七里，所谓半途上处，故将居室命名为半山园。在园内，王安石结交了许多高逸之友，包括米芾、李公麟、欧阳修和苏东坡等人。

西安：它很古朴传统

 城画 悠久的历史和古朴的风貌

《秋兴八首》是杜甫寓居四川夔州时写下的以思念长安为主题的一组七言律诗，它是杜甫七律的代表作，在其中发出了"秦中自古帝王州"之叹：

> 瞿塘峡口曲江头，万里风烟接素秋。
> 花萼夹城通御气，芙蓉小苑入边愁。
> 珠帘绣柱围黄鹄，锦缆牙樯起白鸥。
> 回首可怜歌舞地，秦中自古帝王州。

西安古城墙 城墙是中国古代城市的传统防御设施。距今 6000 年前，在西距西安城 6 千米处为半坡人的居住地，他们在居住地周围挖掘深沟，以防御野兽和外部落的袭击。如果把半坡村落视为城市的最初萌芽，那么深沟也就是当时相当于城墙的设施。到人们发明筑墙技术后，城墙自然伴随城市的建立而诞生，成为古代城市的

西安吊桥和护城河

显著标志。据史册记载，"鲧筑城以卫君，造郭以居，此城郭之始也"。这大约是在距今约4500年前的原始社会晚期。西安作为千年古都，历代曾多次修筑城墙。它们多数被历史的尘埃掩埋，但人们现在看到的这座城墙仍可以追溯到公元6世纪的隋代。

西安古城墙位于市中心，呈长方形，规模宏大，有城门4座：东长乐门、西安定门、南永宁门、北安远门，每个城门都由箭楼和城楼组成。现存的城墙建于明朝初期，至今已有600多年历史，是我国现存最完整的一座古代城垣建筑。古城墙是这座13朝古都地面之上最辉煌的建筑遗存，其价值可以说无与伦比。

西安的城墙从定都以来就有了，可以说，古城墙上的每一块城砖，犹如古书函，是解读这座13朝古都的典籍。

早在隋朝时，人们就开始修建宫城和皇城。唐王朝建立后，先后修建唐城外部城墙和东、西、南三面的9座城门及城楼。长长的城墙把城包围起来，形成了一个巨大而又威严的城市。全城面积84平方千米，规模宏大，布局严整，南北向大街11条，东西向大街14条，全城划分为109个坊和东、西两市。正如白居易所描述的"百千家似围棋局，十二街如种菜畦"。唐城，成为当时世界上最大的都城，俨然是世界文明的中心。

唐末，一系列战乱使唐城成了废墟。驻守长安的节度使韩建，改建长安城，舍弃了原来的城郭和宫城，以皇城墙为新的长安城墙。至此，巨星渐渐失去光彩。明朝，南城墙和西城墙在隋唐皇城墙的基础上，加高加厚，并分别向东、向北延长四分之一；东城墙和北城墙则拆除另建，后来又为原来的明城墙内外包砌了青砖。清代则整修城楼，增砌包砖，完善了排水系统。至此，这座城墙才得以保存下来。

西安钟楼夜景

现存的西安城墙是明朝初期在明太祖朱元璋的"高筑墙、广积粮、缓称王"政策的指导下，在唐皇城墙的基础上建成的。完全围绕"防御"战略体系，城墙的厚度大于高度，稳固如山，墙顶可以跑车和操练。城墙自建成后还历经过三次大的整修。

如今，当你坐火车到西安，一走出火车站，映入眼帘的就是那巍巍城墙，虽然一眼就能看出上面整段整段的"现

代补丁"，但望着城门下那宽阔笔直的大路，古城墙历史和古朴的画面依然会深深地印入脑海。

 城传 一部灿然的历史书

西安作为中国著名的七大古都之一，其历史实际上是以男人武王开头，由女人杨贵妃结尾。

长安城 俗语说，长安，长安，常年平安。的确如此，虽然这个名字从汉代才开始出现。

从某种意义上说，关中平原孕育了西安城。西安城恰好位于关中平原的中央，处于山环水抱之中。它的南面就是中国南北气候分界的秦岭山脉，巍峨青翠，峰峦叠嶂，附近还有南五台、翠华山、骊山。陕北高原的南缘山脉，虽然距离西安城较远，但似条条游龙，各趋一方，构成关中北境的天然屏障，汉唐诸陵多在渭北高原或北山脚下，说明北山山脉与古老的西安城血肉相连，不可分离。渭河自西向东横贯关中平原，两岸支流众多，犹如一片叶脉，向各个方面伸展开去。西安附近河流密集，有"八水绕长安"之说。它们把长安城围在中心，以丰沛的汁液滋润着这座美丽的古城。

西安的名称虽然起于明代，但西周的丰镐，秦的咸阳、西汉和隋唐的长安城都是它的前身。尽管这些城址也有迁移，但其发展演变却一脉相承，可以看做是西安城市发展中的不同历史阶段。

在西安地区最早兴起的城市就是西周的国都丰京和镐京，分别位于丰河的西岸和东岸。周平王东迁以后，丰镐残破不堪，到春秋时，地面建筑物已荡然无存了。

大明宫复原图

永宁门建于隋初，是西安城门中资格最老、沿用时间最长的一座，现在叫做南门。

现在，只剩下一些车马坑和一座大型建筑物的遗址。

秦国占有关中以后，经过几次迁都，终于定都咸阳，但秦王朝一灭亡，项羽就西屠咸阳，东烧秦宫室，"火三月不灭"，堂堂一代帝都，顿时化为灰烬。

刘邦决定建都关中以后，就不能不选择龙首原以北的长安另建新都。长安城的名字终于出现在史籍上。汉长安城位于西安西北的汉城一带，周长25.7千米，面积为36平方千米，城的平面为不规则的方形，缺西北角，犹如天上的北斗星一样，故有"斗城"之称。实际上这并不是有意所为，而是受到渭河流向制约的结果。

隋初迁都龙首原以南，修建了一座规模更大、布局异常整齐的城市，名为大兴城，唐改名为长安城，今西安及其附近郊区就是它的所在地。宫城和皇城位于外郭北部中央，是唐长安城的核心。前者是皇帝居住和处理朝政的地方，后者为中央政府机关所在地，是全国行政的中枢。城的平面为一个大长方形，以6个东西向的高坡为核心进行设计，凡皇宫、政府机关和重要寺院等，大都位于高坡之上。这样安排，除显示皇权至高无上外，还为了增大城市的立体空间。而坡与坡之间的低地则是开渠或开凿湖泊的理想地区，以便绿化和发展风景区。域内东西14条大街，南北11条大街，把全城分割成110个坊。由于城的东南角向内作直角曲折，实为109坊。坊有围墙，是当时主要的居民区。西市和东市分别位于皇城的西南和东南部，是全城经济活动的中心。东西市各有井字形街道，商贾云集，市场繁华，据说公元843年农历六月二十七夜晚，东市失火，烧毁"曹门以西十二行四千余家"。实际上西市比东市更为繁华，云集这里的"胡商"很多，"四方珍奇，皆所积集"。每年正月十五夜间观赏花灯，西市热闹异常，王公贵族也前来观赏，夺门争道者不乏其例。

唐代的宫殿也有三组，这就是宫城内的太极宫、龙首原上的大明宫和春明门内的兴庆宫。其中以大明宫最为辉煌壮丽，是唐代皇帝居住时间最长的一座宫殿。兴庆宫的规模较小，但仍比今北京故宫大出将近一倍。它的建筑物高大雄伟、气势磅礴，"东北何霭霭，宫阙入烟云"，就反映了这种情况。诗人李白也曾在兴庆宫沉香亭前，为正在观赏牡丹的唐玄宗和杨贵妃赋诗。李白挥笔而就，赋《清平调》三章，以"解释春风无限恨"和"可怜飞燕倚新妆"来讽刺这种放荡淫乐的生活。唐长安城规模宏大，整齐美观，完全采取左右对称的布局，有明显的中轴线。南北向的朱雀大街宽达 155 米，也是全城的中轴线。

这座壮丽的都城同当时世界上 300 多个国家和地区有联系，是各国人民友好往来和学习的中心。唐代的文化传播到世界许多国家，而长安城也接受了其他国家的先进文化。譬如长安的衣食住行、音乐舞蹈、文体活动等，无不受到外来文化的影响。波斯传来的波罗球和西域传来的胡旋舞等，在长安就非常盛行。长安集世界先进文化之萃，仅城市建设一项，就堪称当时世界上最伟大的杰作。

唐朝末年，朱温拆毁了长安城，韩建以皇城为基础，重建了一座"新城"，这就是五代、宋、元时期的长安城。明代又把"新城"加以扩建，重筑城墙，并包砌了青砖，使西安成为控制西北和西南地区的军事重镇。

兴庆宫，现在是西安城市公园，图为公园内"太白醉酒"雕像。

城记　豪放地生活和歌唱

西安是中国历史文化最悠久、建都时间最长的古城，是整个人类文化艺术的巨大宝库。去看看半坡遗址，就知道这片土地多么有底蕴。

唱秦腔　"八百里秦川黄土飞扬，三百万陕人高吼秦腔。"秦腔是唱出来的，更准确地说是吼出来的。那种发自内心的声音，绝对能震撼每个人。

秦腔源于古代陕西、甘肃一带的民间歌舞，在关中一带生长壮大起来，经历代人民的创造而逐渐形成，因周代以来关中地区被称为"秦"，秦腔由此而得名，因以枣木梆子为击节乐器，又叫"梆子腔"，因以梆击节时发出"咣咣"声，俗称"桄桄子"。清人李调元《雨村剧话》云："俗传钱氏缀百裘外集，有秦腔。始于陕西，以梆为板，月琴应之，亦有紧慢，俗呼梆子腔，蜀谓之乱弹。"秦腔的表演朴实、粗犷、细腻、深刻，以情动人，富有夸张性，现在唱腔从高亢激昂趋于柔和清丽，既保留原有的风格，又融入新的格调。

秦腔后来传入其他地方。因其流行地区的不同，演变成不同的流派：流行于关中东部渭南地区大荔、蒲城一带的称东路秦腔；流行于关中西部宝鸡地区的凤翔、岐山、陇县和甘肃省天水一带的称西路秦腔；流行于汉中地区的洋县、城固、汉中、沔县一带有汉调桄桄；流行于西安一带的称中路秦腔。其中的西路入川后成为梆子，东路在山西为晋剧，在河南为豫剧，在河北成为梆子，所以说秦腔真可以算是京剧、豫剧、晋剧、河北梆子这些剧目的源头。各路秦腔因受各地方言和民间音乐影响，在语音、唱腔、音乐等方面，都稍有差别。

作为生于八百里秦川、长于八百里秦川的西安人，自然了解这与秦地共荣辱的秦之音。

看看关中人的描写：

在关中农村某个山村，山上人声嘈杂，山腰的祠堂前红幡绿旗，热热闹闹。忽传来"呀"的一声吆喝，接着又"安"的一声长叹，在空中盘旋跌宕，荡气回肠，充满了山谷。二胡、板胡、钹儿、梆子、边鼓一齐响，托出一片哀婉凄凉的氛围来。这时，一位年约40岁的妇女，正做了一个戏台上打马上路的姿势，口里不绝地拖唱了一字"哎"，一脉三叹，三弦也响起低沉的声音，激越处大鼓大锣"当、咚咚……"响个不住，平地起一声惊雷似的镇住了周围的人。嗑瓜子儿的忘了嘴里的瓜子儿而将皮连肉一齐吃进去，吃进去了，才觉着，急忙弯下腰"咔咔"地咳起来，咳了会儿又觉得不对劲儿，忙捂了嘴，变成了"呜呜"的声音。

一位头戴礼帽的中年男子上场了，唱的是老段子《斩秦英》，只见他一提气，长喝一声，转目、提臂、蹬腿、捋须，一个李世民便赫然出现在了场上，虽然他没有穿戏台上那身惹眼的戏装，但却使观者顿时觉得一股浩然正气从脚底一直升了上来冲击了脑袋，于是雷鸣般的掌声久久不绝。稍候，男子又蓦地吐出嘶哑低沉的嗓音，一下子吸引很多人伸长了脖子，像一只只鸭子，更像是被场

秦腔《斩秦英》剧照

秦腔《庵堂认母》剧照

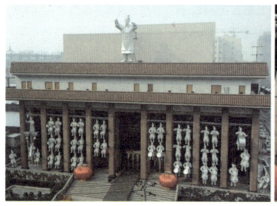

中人吸走了一样。如果说观看者是一块块的铁，那么唱者必然是吸力极大的磁铁了。

易俗大剧院为迎接秦腔晚会，门口布置了富有创意的"兵马俑乐队"。

　　秦腔给人们的生活带来了希望和憧憬，正像贾平凹的秦腔散文里所记的："也许他们眼里共产主义的五大要素确实包括秦腔，应该说，不仅包括秦腔，而且包括生命都是秦腔的化身。他们生在这秦地上时演一场秦腔迎接新生命，入了黄土唱一场秦腔送走阳间去阴冥的人。秦腔正是贯穿他们整个生命的东西，正是这东西使他们能顽强地活在这一望无际荒凉的黄土世界中，并且今后至永远，秦腔都与他们不能割舍，不能离分。"

　　大开大合的厚重，精深入微的怪诞，就是对秦腔这种文化的概括。

城缘　历史在这里书写

　　司马迁的"史家绝唱"　　司马迁并不是长安人，而是出生于现今的韩城，靠近龙门，所以司马迁自称"迁生龙门"。龙门，很有名气。传说大禹曾在龙门开山治水。龙门山的南面是黄河。司马迁的家正好在黄河、龙门山之间。当地名胜古迹很多。司马迁从小在饱览山河名胜的同时，也有机会听到许多历史传说和故事。司马迁的少年时代，"耕牧河山之阳"。司马迁在这"山环水带，嵌镶蜿蜒"的自然环境里成长，既被山川的清淑之气所熏陶，又对民间生活有一定体验。

　　司马迁的祖先并不十分显要，其家族世代任太史一职。但是司马迁和他的父亲司马谈都以此为荣，在他们的心目中，修史是一项崇高的事业，他们为此奉献了自己一生的精力。

　　大约在10岁时，司马迁随父亲至京师长安，得以向老博士伏生、大儒孔安国学习，家学渊源既深，又受名师启发，获益匪浅。这个时候，正当汉王朝国势强大、经济繁荣、文化兴盛的时候，张骞奉旨通西域，卫青、霍去病大破匈奴，汉武帝设立乐府……也是司马迁在京城里丰富见闻，迸发热情的时候。

大约20岁时，司马迁开始外出游历。回到长安以后，他做了皇帝的近侍郎中。公元前110年，司马谈病死在洛阳。病危时，司马谈拉着儿子的手，流着眼泪对他说："我死了以后，你一定要接着做太史，千万不要忘记我一生希望写出一部通史的愿望。你一定要继承我的事业，不要忘记啊！"这一番嘱托极大地震动了司马迁，他看到了父亲作为一个史学家难得的使命感和责任感，他也知道父亲将他毕生未竟的事业寄托在自己的身上。司马迁低着头，流着泪，悲痛而坚定地应诺道："儿子我虽然没有什么才能，但我一定完成您的心愿。"

司马迁38岁时正式做了太史令，有机会阅览汉朝宫廷所藏的一切图书、档案以及各种史料，他一边整理史料，一边参加改历，完成了我国第一部历书《太初历》，之后不久，他就动手编写《史记》。

公元前99年，李陵出塞攻打匈奴战败被俘，司马迁替李陵说了几句解释的话，触怒了汉武帝，被处以宫刑。司马迁在狱中，又备受凌辱，"交手足，受木索，暴肌肤，受榜棰，幽于圜墙之中。当此之时，见狱吏则头抢地，视徒隶则心惕息"（司马迁《报任安书》），几乎断送了性命。他本想一死，但想到自己多年搜集资料要写部历史书的夙愿，于是就忍辱负重，"苟且偷生"。在长安城里，司马迁终于完成了这部伟大的历史巨著。"史家之绝唱，无韵之离骚"也许是对司马迁的史学成就的最好评价。

感悟中国历史名城

SENSING CHINA'S WELL-KNOWN HISTORIC CITIES

■洛阳：雍容华贵的洛神　　■开封：风吹雨打仍风流　　■曲阜：圣人故乡的文明故事

城画城传

城记城缘

记录城市最为精致的面孔

发现城市不同寻常的轨迹

感悟城市不停跃动的脉搏

阅读城市流传不已的情怀

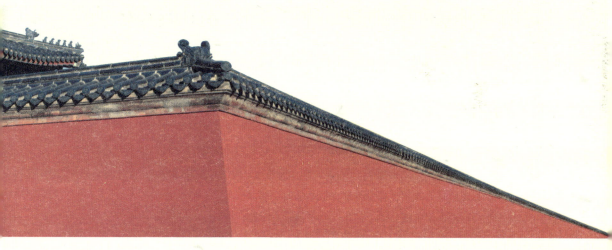

第二章　文明圣地诉说华夏往事

洛阳：雍容华贵的洛神

 城画 端庄富丽如妃子

洛阳八景 洛阳作为千年帝都和牡丹花城，拥有许多古迹新境。最为有名的还是龙门山色、马寺钟声、金谷春晴、邙山晚眺、天津晓月、洛浦秋风、平泉朝游、铜驼暮雨八景。

"龙门山色"很早被誉为洛阳八大景之首。龙门，古称伊阙，隋唐以后始称"龙门"。这里两山夹峙，形若门阙，伊水流经其中，宛如一条长龙穿门而过。白居易曾说"洛阳西郊山水之胜，龙门首焉"。

"马寺钟声"是洛阳八大景的另一景。白马寺到了北魏、唐、宋时代，因为佛教极盛，寺院殿堂巍峨，曾有僧众千余名，僧人们每天早晚按时上殿诵经。每当月白风清之夜，晨曦初露之时，殿内击磬撞钟诵佛，钟声悠扬飘荡，远闻数里，听之使人心旷神怡。到了明代，寺内有口大铁钟，重约5000余斤，钟声特别响亮。据传这口钟与洛阳东大街钟楼上的一口钟振动频率相同，可以共鸣。人们往往在听到白马寺钟声的同时，紧接着洛阳城钟楼上的钟也响了，民间流传着"东边撞钟西边响，西边撞钟东边鸣"的佳话。

龙门山色

白马寺

人们把"金谷春晴"誉为洛阳第三景。金谷园，是西晋石崇的别墅，遗址在今洛阳老城东北七里处的金谷洞内。石崇是有名的大富翁，他因与贵族大地主王恺争富，修筑了金谷别墅，即称"金谷园"。园随地势高低筑台凿池，园内清溪萦回，水声潺潺。石崇因山形水势，筑园建馆，挖湖开塘，周围几十里内，楼榭亭阁，高下错落，金谷水萦绕穿流其间，鸟鸣幽村，鱼跃荷塘。石崇派人用绢绸和铜铁器等去南海群岛换回珍珠、玛瑙、琥珀犀角、象牙等贵重物品，把园内的屋宇装饰得金碧辉煌，宛如宫殿。每当阳春三月，风和日丽的时候，桃花灼灼、柳丝袅袅，楼阁亭树交辉掩映，蝴蝶翩跃飞舞于花间，小鸟啁啾，对语枝头。

"邙山晚眺"又是一景。邙山又名平逢山、太平山、郏山。它像一条长龙蜿

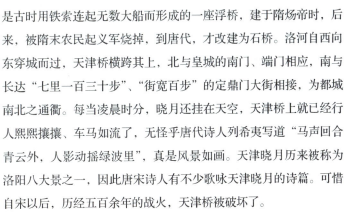

蜒横卧洛阳之北，东西横旦数百里，海拔约250米，如同洛阳的天然屏障。俗话说"生在苏杭，葬在北邙"，古人把气势雄伟、土质深厚的北邙当做死后长眠的好地方。孟津新庄村附近古冢林立，这就是东汉诸陵和王公大臣们的墓葬区。每当春天清明时节和秋高气爽的重九（农历九月九日），成群结队的男女都要踏青登高远望。特别是城北的翠云峰，唐宋时代苍翠如云，是人们登高游玩的胜地。每当夕阳西下，暮色茫茫，万盏华灯初上，万户炊烟袅袅，站在峰顶观看山下高大的城郭，雄伟的宫阙，秀美的园囿，富丽堂皇的楼阁，十分壮观。

洛阳天津桥

"天津晓月"最有历史故事性了。天津桥，在洛阳桥东100米处，是古时用铁索连起无数大船而形成的一座浮桥，建于隋炀帝时，后来，被隋末农民起义军烧掉，到唐代，才改建为石桥。洛河自西向东穿城而过，天津桥横跨其上，北与皇城的南门、端门相应，南与长达"七里一百三十步"、"街宽百步"的定鼎门大街相接，为都城南北之通衢。每当凌晨时分，晓月还挂在天空，天津桥上就已经行人熙熙攘攘、车马如流了，无怪乎唐代诗人列希夷写道"马声回合青云外，人影动摇绿波里"，真是风景如画。天津晓月历来被称为洛阳八大景之一，因此唐宋诗人有不少歌咏天津晓月的诗篇。可惜自宋以后，历经五百余年的战火，天津桥被破坏了。

"洛浦秋风"。洛河，自隋唐直至北宋五百余年，经过千百万劳动人民的治理，既有舟楫之便，又有风景之胜。那时的洛河，桃李夹岸，杨柳成荫，长桥卧波，一年四季风景如画。特别是"金风消夏"、"半月横秋"的时节，更是充满诗情画意。千余年来，洛河景色便使许多诗人流连忘返。早在三国时，曹子建说他在河畔遇到一位神女，他就借题发挥写了一篇《洛神赋》。号称初唐四杰的王勃、杨炯、卢照邻、骆宾王曾徘徊洛河，不忍离去。唐高宗时，上官仪循着河堤，缓辔咏诗，洛河景色之佳，可以想见。

"平泉朝游"也是一景。在洛阳城南30里，龙门西边的山脚下，有个梁家屯村。这里山峦环抱，林木掩映，泉水源流，清溪萦回，这就是唐朝宰相李德裕的别墅。

"铜驼暮雨"是洛阳八大景的最后一景。城东关外的中通巷,隋、唐、宋时叫"铜驼陌",它位于隋唐城的城东北隅,在当时的国际贸易市场"丰都市"一带。它西傍洛河,桃柳成行,高楼瓦屋,红绿相间,每当阳春时节,桃花点点,蝴蝶翩翩,燕剪碧浪,其景色之美,别有洞天,不亚于石崇的金谷园。隋唐时代这里人烟稠密,每当暮色茫茫,家家炊烟袅袅上升,犹如蒙蒙烟雨,纷纷扬扬,这就是人们赞不绝口的"铜驼暮雨"的由来。

 城传 无与伦比的建都史

"洛阳纸贵"这个成语现在很多人都知道,但是它由来于哪里呢?原来,在西晋太康年间出了位很有名的文学家叫左思,他曾著一部《三都赋》在京城洛阳广为流传,人们啧啧称赞,竞相传抄,一下子使纸昂贵了几倍,不少人只好到外地买纸,抄写这篇千古名赋。可见,那时洛阳已经成为了西晋全国的政治、文化中心了。

"十三朝古都" 周公旦赞美这里居"天下之中,四方入贡道里均",在这里营建了著名的成周城。从东周起,历东汉、曹魏、西晋、北魏(孝文帝以后)、隋(炀帝)、唐(武后)、后梁、后唐,先后九个朝代建都于此,因此称为"九朝古都"。"九朝古都"的"九"指公认的九个朝代,也有人认为是多的意思,但"十三朝古都"中的十三指的是建都的朝代实数,曾有过十三朝的中央政府。

据《尚书·洛诰》记载:周公"卜涧水东、水西,惟洛食";"又卜水东,亦惟洛食",说明在涧水东、水西和水东洛水之滨建城都卜兆大吉。于是周公便把营建洛邑的地图和卜兆呈送给成王,得到成王的批准后,才正式动工。当年年底,成周建成。为了表示对成周的重视,成王把代表国家的重器九鼎也迁到成周来。为什么叫"成周"呢?据东汉时的大经学家何休说:"名为成周者,周道始成王所都也。"因为王都在此,所以后来也称为王城。

根据《逸周书·作雒解》记载:成周"城方千七百二十丈,郭方七十里,南系于雒水,北因于郏山(即北邙山),以为天下之大凑"。

王城的具体方位究竟在哪里?史无明确记载,只有在先秦古籍《国语·周语》中说到:"灵王二十二年,谷洛斗,将毁王宫。"谷

汉魏洛阳图

洛阳老城区，位于洛阳市区中东部。自公元前1050年周公姬旦营建洛邑至今，已有3050多年的历史。

老城区的敦志街和营林街

水曾与涧水汇合，此处所谓谷水实即涧水，王城的位置应靠近涧水入洛水一带。这座城西跨涧水，东墙距隋唐故城的西墙甚近，南面临洛水。西周王城很可能在涧水之东、洛水之北这一范围内。

东汉光武帝刘秀即位后，正式迁都洛阳，在洛阳城内广建宫殿和台、观、馆、阁。另外，为了供帝王游猎，还修建了不少苑囿，例如上林苑、芳林苑、灵囿等。在洛阳城南修建了明堂、辟雍和灵台。明堂是天子的太庙，辟雍是作为"行礼乐、宣德化"的地方，灵台在明堂、辟雍之西，"高六丈，方二十步"，是用来观测天象的地方。现在洛阳汉魏故城南的灵台遗址尚存，这是我国现存最早的一座天文观测台遗址。

东汉洛阳的商业也盛极一时。当时的著名学者王符在《潜夫论》中说，其时洛阳多弃农经商，市面上多是专供享乐的奢侈无用之物，"举俗舍本农，趋商贾，牛马车舆，填塞道路，游手为巧，充盈都邑"。东汉末人仲长统也说，当时的洛阳"船车贾贩，周于四方；废居积贮，满于都城。琦赂宝货，巨室不能容；马牛羊豕，山谷不能受"。

东汉末年，洛阳一度遭到董卓的严重破坏，他一把大火，致使"二百里内无复孑遗"。到魏文帝曹丕又营建洛阳宫，并迁都洛阳。晋代洛阳开始呈现出一派繁荣景象。当时洛阳有三市：一个是金市，在城内宫城之西；另一个是马市，在城东建春门外谷水南，或称牛马市；第三个是羊市，在大城南。永嘉之乱以后，洛阳又遭到极大破坏，许多宫殿被焚烧，财产被抢掠，城市化为一堆瓦砾灰烬。

隋朝杨广即位后，改洛阳为东京，不久又决定迁都洛阳。大业元年（公元605年）三月，炀帝命尚书令杨素、将作大匠宇文恺营建东京。当时因为汉魏洛阳故城荒颓不堪，所以在故城西营建新都，并迁全国富商大贾数万家于此。

隋朝营建东京洛阳，工程非常浩大。据《隋书·食货志》记载："始建东都，以尚书令杨素为营作大监，每月役丁二百万人。"如此巨大的工程，在当时的技术条件下居然能在一年的时间内完成，不能不说是一个奇迹。东都城西建西苑，"周二百里"。苑内沿龙麟渠建十六所官院，征集了各地的奇花异草，珍禽异兽，供炀帝观赏游乐。今洛阳市金谷村以西，到新安县境，北自邙山，南到伊阙诸山，都是隋时西苑之地。

唐代武则天正式称帝后，改唐为周，以洛阳为周都，并"徙关外雍、同、秦等七州户数十万，以实洛阳"。总的来说，唐代洛阳和长安的地位差不多相等，甚至超过长安。

安史之乱以后，洛阳遭到严重破坏。据《旧唐书·郭子仪传》载，这时的洛阳"宫室焚烧，十不存一"。到五代时，梁太祖朱温令张全义加以修葺，筑南北二城，数年后才又兴盛起来，不久他就迁都洛阳。后唐李存勖在魏州（今河北大名县东北）称帝，灭梁后也迁都洛阳，以洛阳为洛京，后又改称东都。

宋代建都东京（今开封）。此时洛阳虽然不是都城，但仍为学术中心。例如宋代理学大师程颢、程颐兄弟就是洛阳人，他们的学派称为"洛学"。另外，司马光、欧阳修等也都曾在洛阳居住。司马光居洛阳十五年，他的一部史学名著《资治通鉴》就是在这里写成的。

后来金人南下，洛阳成为战场，隋唐旧都宫阙，破坏殆尽。金宣宗在洛阳设金昌府。今天的洛阳旧城就是金代修筑的。

 城记 唯有牡丹真国色

牡丹花会 牡丹是中国著名的传统观赏花卉，花朵硕大，华丽无比，在中国素有"花王"之称。而"天下名园重洛阳"、"洛阳牡丹甲天下"之盛名流传于世，

洛阳最常见的牡丹——洛阳红　　　姚黄　　　酒醉杨妃

名园代出，国色天香，艳冠群芳。今天，牡丹已成为洛阳的市花。每年 4 月 15 日至 25 日洛阳都会举办牡丹花会，各个公园的牡丹竞相开放，引来国内外数以十万计的宾客。

洛阳地处一个小盆地里，土壤、气温、雨量适于牡丹生根、开花、繁衍。西周至北宋，洛阳园圃，数以百计，玲珑剔透，姹紫嫣红。历代文人骚客，泼墨古刹，挥毫岩壁，为古城增添诗情画意。牡丹是我国传统名花，花朵硕大，色泽艳丽，国色天香，自古就有富贵吉祥、繁荣昌盛的寓意，代表着中华民族泱泱大国之风范，"洛阳地脉花最宜，牡丹尤为天下奇"。牡丹在洛阳生根，始于隋代，盛于唐代，昌于宋代。它的名字和洛阳不可分割地连在一起，是由于女皇帝武则天的一个神话传说。传说有一年冬天，武则天在京城长安的御花园里，下诏令百花一夜齐开放。花仙子们慑于武则天女皇的天威，一夜之间遍开满园，唯独牡丹仙子蔑视权贵，抗旨忤上，拒不开花。武则天大怒，下令将牡丹逐出京城长安，贬至东都洛阳。岂知迁洛后竟吐蕊怒放。武则天闻知，命火烧牡丹。牡丹枝叶烧焦，次年却依旧叶荣花发，且花更大，色更艳。其实，在此之前，"隋帝辟地二百里为西苑，诏天下进齐花，易州进二十籍牡丹……"西苑即东都洛阳的西苑，唐代改为禁苑，即官民莫进的禁地。

洛阳牡丹于是驰名天下做花魁，洛阳人培育牡丹、观赏牡丹亦日盛成俗。正如唐代诗人刘禹锡和白居易所赞："唯有牡丹真国色，花开时节动京城"、"花开花落二十日，一城之人皆若狂"。

到北宋，洛阳为京城开封的陪都，史称西京，欧阳修在洛阳做了三年官，为西京的牡丹所陶醉，于是撰写了一部《洛阳牡丹记》，对当时洛阳牡丹的品种和栽培技术作了详尽记载，并得出结论：洛阳牡丹，天下第一！

二乔

凤丹白

洛阳牡丹珍品——豆绿

洛阳的标志——龙门石窟

 城缘 与一个非凡女人的不解之缘

　　武则天　她是中国历史上第一位女皇帝，她自立为则天皇帝，在洛阳称帝，国号为周，史称"武周"。从此，武则天就与洛阳结下了不解之缘。

　　实际上，在称帝洛阳之前，武则天就经常和唐太宗、唐高宗来到洛阳居住。到高宗时，她差不多就常住洛阳了。可以说洛阳成就了武则天的帝业，武则天创造了洛阳近半个世纪的辉煌，那么武则天为何常住洛阳近50年？洛阳是武则天入宫的地方，她认为洛阳是其最初的发迹地，选择在这里称帝是为上上策，而且长安是李家王朝的中心，皇族势力和门阀影响过于强大，武则天要想成就自己的帝业，必须远离这两股守旧势力，另外培育和建立自己的政治力量。有史料称，武则天残忍害死萧淑妃和王皇后以后，噩梦困扰，长期失眠，萧淑妃被废遭到囚禁之后，曾经大骂武则天："愿阿武为老鼠，我做猫，生生扼住她的喉咙！"武则天知道后，大怒，有意远离长安皇宫。这多少有些传说意味了。据正史记载，以佛抗道，李唐建国后，一直把老子李耳奉为自己的先祖，把老子追封为太上玄元

皇帝，把道教奉为国教，甚至将"道德经"大量地印成小册子，发给所有成年百姓。武则天想登上皇位主掌朝政，必须利用其他宗教来排斥道教。洛阳恰是佛教的首传之地，佛教极为盛行，佛教圣地理所当然地成为武则天的首选。而从地理位置上看，洛阳地处中原，交通便利，经济发达，自然条件十分优越。因此，武则天来到洛阳以后就声言："永居洛阳，不回长安！"

武则天到洛阳后，就与龙门石窟、洛阳牡丹、洛阳水席结下情缘。这三物被称为"洛阳三绝"。龙门石窟中雕琢比较精美的一些洞窟，都是武则天当皇帝期间建造的，尤其是奉先寺卢舍那大佛的造像，她一次就赞助了脂粉钱两万贯，奠定了龙门石窟一千多年的辉煌。

武则天非常喜欢牡丹，虽然在历史上曾有武则天贬牡丹的传说，但估计后来是恨到极点就成了爱。据《牡丹赋序》记载："天后之乡西河也，有众香精舍，下有牡丹，其花特异。"这正说明了武则天的家乡种有许多牡丹，而且品种"特异"，超过京城的许多品种。由于她的喜爱和推广，牡丹才逐渐有了甲天下的美誉。

武则天像

有上千年历史的"洛阳水席"，被誉为"天下第一席"。据说，有一次，武则天巡视洛阳，地方就以"水席"供奉，吃腻了山珍海味的武则天品尝了这荤素混做、花样众多、清新可口的宴席，不仅自己赞不绝口，还询问陪侍的臣僚味道如何。臣子们见女皇喜欢，当然都附和。由于武则天的竭力推介，水席就从民间进入了宫廷，每逢有什么喜庆大典，武则天总以水席犒赏臣下，使水席从此登上了大雅之堂。臣僚们群起仿效，官场上的宴请，也多用水席，因此唐代就把水席称为"宫廷宴"、"官场宴"。由于在宫廷和官府盛行，水席就更为普及了，制作技术、花样造型等也不断丰富和发展，成为我国现存最古老的一套宴席。

武则天时期唐东都皇宫模型

后来，由于年老体衰，身边的宠臣趁机反叛，武则天不得不还位给李唐。没过多久，81岁的一代女皇武则天病死于洛阳上阳宫。

开封：风吹雨打仍风流

 城画 刚直硬朗的建筑

龙亭 开封是中国六大古都之一，作为北宋王朝的都城达 167 年之久。当时的宋京极为繁盛，宫殿建筑很辉煌。可惜金人侵占开封时，宋皇宫建筑大部分被烧毁了。后来，又经过多次兵燹和黄河决堤，宏伟的宫室已荡然无存。在过去皇宫遗址上只留下了龙亭这座建筑物，而这座龙亭却是清代所建。龙亭坐北朝南，高踞在台基之上。

唐德宗李适在开封（现在龙亭所在地）建永平军节度使治所，即藩镇衙署。后来，五代中的后梁、后晋、后汉、后周相继将其改为皇宫。北宋开国皇帝赵匡胤陈桥兵变后，也把这里作为皇宫。金后同样相中了这块风水宝地。明王朝统治者更是大兴土木，修建了周藩王府。因黄河泛滥，在渐成废墟的煤山上建了一座"万寿宫"，内设皇帝牌位，文武官员定期到此朝贺遥拜，后改称"龙亭"。1925 年改为龙亭公园。1927 年，冯玉祥二次主豫时，更名中山公园。1953 年正式命名为龙亭公园。

开封龙亭。龙亭其实不是亭，而是建筑在一座高达 13 米的巨大青砖台基之上的殿堂。现已成为开封最大的风景区，有"开封览胜必游龙亭"之说。

身为六朝皇宫，占地面积 1038 亩，其中水域面积（包括杨、藩二湖）710 亩的龙亭景区自然有它的内涵。按清万寿宫布局而建的古建筑群体，自南向北由午门（景区南大门）、玉带桥、嵩呼、朝门、东西朝房、照壁、龙亭大殿、宋代蜡像馆、东西垂花门和东西跨院、北宋东京城和皇城模型、北宋皇城拱宸门遗址、《五岳真形碑》方亭、北门、东便门等组成，另有植物造型园、盆景园、梅园、园林景观等等。龙亭景区三面环水，风景秀丽，加上每年一次的菊花盛会主会场设在这里，龙亭成了开封的象征。

铁塔 开封铁塔是中原文化中一颗璀璨夺目的明珠，如擎天玉柱耸立在开封城东北隅，它以精湛绝妙的建筑艺术和宏伟秀丽的身姿而驰名中外。

龙亭大殿

铁塔又名"开宝寺塔",坐落在开封铁塔公园内,因塔身全部以褐色琉璃瓦镶嵌,远看酷似铁色,故称为"铁塔"。铁塔建于北宋,距今已有900多年历史。

铁塔成等边八角形,共十三层,从下向上逐层递减。塔身遍砌花纹砖,上有飞天、麒麟、菩萨、狮子等花纹图案50余种,造型优美,神态生动,堪称宋代砖雕艺术杰作。铁塔以卓绝的建筑艺术闻名中外,其设计精巧,结构坚固,虽经地震、河患、狂风暴雨和人为的破坏,仍巍然屹立。

据史料记载,铁塔的前身是一座木塔,八角形,十三层,高达120米,仅这高度便可想见当年的雄姿了!当时这塔建在开宝寺福胜院内,故名"福胜塔"。古塔大都与佛教相关,"福胜塔"也不例外。当年此塔上安千佛万菩萨,下奉阿育王佛舍利。木塔初成,身倾西北,斜得厉害,世人多不解,以为是建筑失误。设计大师喻浩说,京师地平无山而多西北风,吹不到百年这塔身就正了。可惜,木塔从公元982年建成,到1055年(也有资料称是1047年)就被雷击而焚毁了。从建到毁,不足百年,未能验证西北风的"功力",却给后人留下了一团不解之谜:供奉菩萨的佛塔,为何反遭菩萨的摧毁呢?可见,佛和菩萨以及供奉他们的宝塔,都是人造的,是人们的一相情愿,雷电不认这个账,谁违背它的意志,它就要打击谁。今天看来,一根避雷针,胜烧万炷香!

俗话说旧的不去,新的不来。木塔毁了,人们就建铁塔。当然,这座铁塔用料不是真正意义上的铸铁,而是铁色琉璃砖。用砖砌五十多米高的塔,设计上非同小可。支撑铁塔的力量核心是塔心柱,各种外壁砖瓦构件均与塔心柱紧密扣接,浑然一体,形成了强有力的抗震体系,这在九百多年前,是一个了不起的科学设计。

开封铁塔。铁塔外壁采用28种仿木结构的模制琉璃雕砖砌成,砖上图案50余种;各层出檐以重抄计心五铺做斗拱承托,造型秀丽峻拔。

塔身外镶几十种花纹砖,顶上嵌着一只葫芦式的铜质大宝珠,远远看去,就像出家人戴着庄严的僧帽。塔身的窗子设计也很别致,有明窗和盲窗两种,明窗每层一扇,一层在北,二层在南,三层在西,四层在东,依次类推,直至最高层。所谓盲窗,其实是打不开的窗模。当年,这塔是开封的一大重要景点,名为"铁塔行云"。登塔远眺,黄河如带,大地似锦。但如今看来,五十多米高的建筑物已不算高了。

还有一个传说,铁塔下为一泉眼,与大海相通,人称海眼。倘海水自此眼涌出,即要淹没开封。故建此塔于海眼之上,以镇水患。联想起当年塔身倾向西北为迎击风吹,而此塔基又镇海眼而防水患,可见此塔还是开封的"风水"宝塔呢。

然而，风水好坏并不取决于选址。尽管有"天下第一塔"镇守开封，开封仍免不了经历灾难。有时，人祸比天灾更凶恶。明末李自成起义，率军攻打开封，明朝巡按竟然扒开黄河大堤，企图淹没起义军，结果把开封城淹成一片废墟。包括铁塔的基座，也淹没在黄河水冲来的泥沙之中。如今的黄河，高悬于开封城区地面十米之上，开封人时刻不敢掉以轻心，许多标志性建筑都相当于防洪警示标志。比如在铁塔公园，沟渠纵横，让人一看就觉得这里有一套相当完备的排涝体系，更为明显的标志是，塔基之南，有一方牌匾，上书"天下第一塔"，这匾安放得十分奇特，由一条鳌鱼衔着，或者说是将牌匾整个儿堵在鳌鱼嘴里的，这又让人联想到铁塔镇海眼的说法。

城传　悠悠历史在宋都

汴京　日月如梭，岁月留痕，历史上在开封建过都的有七个朝代。战国时期的魏，五代时期的后梁、后晋、后汉、后周以及后来的北宋和金。历史上的辉煌时期还是北宋时代。

春秋时代，这里是郑国的地方，郑国公在此筑城，取开拓封疆的意思，命名开封。公元960年赵匡胤发动兵变，建立了宋王朝，定都开封，称为东京。此后，赵匡胤、赵光义兄弟用了二十年的时间，结束了五代十国的封建割据局面，开封成为当时中国政治、经济、交通、文化的中心。那时的开封水运十分兴隆，贯穿全城的水道有四条，即汴河、惠民河、五丈河、金水河。当时，汴河一路每年从江南运往京城的粮食就有五百万石到七百万石之多。宋神宗时，宋朝开始治洛入汴水利工程，从汴口往西开渠五十里，引伊洛河水入汴河，水深一丈，使汴河与伊洛河相互沟通，东西横贯全河南省境内，成为当时最重要的交通大动脉。从开封向北，可通辽国的南京（今北京）从开封往西，经郑州、西京、陕西的京兆府（西安）；向西南，经许吕、邓州、襄阳、江陵，直达湖南和两广；往东可达山东沿海各地。那时的开封是一个开放的都市，宗教文化门类多、规模大、知名度高。久负盛名的历代皇家寺院大相国寺、建于北宋供奉佛舍利的开宝寺铁塔、天清寺繁塔、三大道观之一的延庆观、自春秋保存至今的禹王台、兴国寺塔、大云寺塔、东大寺、古观音寺、天主教河南总修院以及建于民国初年的全省首家女子寺院宝珠寺等，宗教门类齐全。尤其是相国寺是开封历史上一座有名的寺院，《水浒传》、《西游记》里都曾描写过与相国寺有关联的故事。

北宋时期开封的繁华情景，除了历来的文字记载以外，描绘得特别生动具体的，要算《清明上河图》了。这幅大型画卷是我国古代绘画宝库中非常杰出的作品，它像纪录影片一样，真实生动地向我们展现了八百多年以前北宋东京的生活情景和社会面貌。中国历史上那么多朝代，能有一幅画具体地反映某个朝代首都面貌的，除此以外，实在不多。

《清明上河图》局部

"靖康之变"后，北宋为金所灭。金称开封为汴京。南宋政府的都城则迁至杭州，于是就有了"暖风熏得游人醉，直把杭州作汴州"的诗句。

后来，海陵王自上京会宁府（今黑龙江省阿城）迁都燕京，称燕京为中京大兴府，称汴京为南京开封府，与北京大定府（今内蒙古老哈河上游的大宁城）、东京辽阳府、西京大同府合称"五京"。而金为了回避蒙古的进攻，把国都南迁到了开封。

开封自从被金攻陷以后，城市遭到破坏，居民流离失所。蒙古灭了金以后，于开封设南京路，以后又改为汴梁路，汴梁得名于此，至元二十八年（公元1291年）属河南江北行省，以汴梁为省会。七朝古都开封在时代的浪潮里，等待再谱写新的篇章，焕发出璀璨的光彩。

城记　品不尽的宋都情

河南开封，这座古城的历史文化时常让人品味不尽。汉代文学家司马迁，唐代的著名诗人李白、杜甫、白居易，宋代的文豪苏轼等都写过赞美开封的诗赋。

其中白居易在《隋堤柳》中写道："大业年中炀天子，种柳成行夹流水。西自黄河东至淮，绿影一千三百里。大业末年春暮月，柳色如烟絮如雪。"从中能够想象出那时的开封是何等壮观美丽。

在开封的历史链条中，名人众多，如蔡邕、蔡文姬、蔡漠、阮籍、崔颢、钟嗣成、王延相等在开封写下了各自的一页。"开封有个包青天，铁面无私辨忠奸"的唱词唱响了大江南北，一代清官包拯为民申冤的故事家喻户晓。满门忠烈的杨家将、抗金名将岳飞、图强变法的王安石、一代清官张伯行、虎门销烟林则徐等脍炙人口的故事流传至今。

古都开封经历了兵、火、水患，曾经失去过灿烂的色彩。现在开封城下13米共埋藏着6座古城，其"城摞城"奇观具有重大的考古价值。开封一度沉寂过，它累了，躺在中原的腹地上沉睡了很长时间，几乎被人们忘却。但时代的步伐也把开封惊醒了，这个历史古都展现出了新的风采。开封水资源丰富，素有"北方水城"之称，包公湖、杨家湖等许多湖泊留下的富有文化气息的动人传说又开始在人们心中荡漾起来。古代巍峨雄伟的宫宇殿堂经过精心修缮，形成了独特的宋代特色。走进开封，耳边是那高亢激越、古朴淳厚、委婉明丽的汴梁音韵，朱仙镇的年画，在明清时最盛，与苏州桃花坞、天津杨柳青、山东潍坊齐名。内容丰富，风格独特，线条流畅，粗犷简练，是中国木版套印艺术的珍品。开封的汴绣独树一帜，山水人物、楼台花鸟，针线细密，不露边缝，色彩丰富，层次分明，立体感强，成为国内外游人必买的佳品。开封种植菊花源远流长，可以追溯到1600多年前的南北朝，唐宋时期就已经驰名全国，明清尤盛，持续至今。"黄花遍圃中，汴菊最有名。"清乾隆皇帝来开封赏菊时亲赋诗词，留下"风叶梧青落，霜花菊百堆"的美句。在开封禹王台，至今还留有乾隆的咏菊诗碑。每到秋季，古城开封秋风

清明上河园。位于开封城西北隅，是以宋代张择端的《清明上河图》为蓝本，按照1：1的比例再现原图风物景观的大型宋代历史文化主题公园。

俯瞰开封府

送爽，菊花飘香，到处繁花似锦，甚为壮观。"花以景衬，景以花容"，人们置身于菊花的海洋里，如痴如醉，真是"十月花潮人影乱，香风十里动菊城"。

在开封，还能看到舞狮、盘鼓、高跷、旱船、唢呐等丰富多彩的民间艺术表演。徜徉在开发一新的包公祠、宋都御街、清明上河园、翰园碑林、天波杨府、开封府、大梁门、龙亭湖、包公湖、繁塔、禹王台等景区，流连于灯火辉煌的夜市，身边是国内外如织的游人，耳边是淳厚的乡音，让人们的心不禁热起来。

 城缘 历史潮流冲不走千古风流人物

包龙图打坐 包拯调任为三司户部判官。当时的三司是中央财政机构，户部掌管全国户口、两税等，户部判官协助三司使的工作。不久，包拯先后担任京东、陕西、河北转运使，转运使负责一路（相当于省）的财政、监察等行政事务。在地方，包拯十分重视体察民情，奏请朝廷让百姓休养生息而安居乐业。两年之后，包拯被召回开封，提升为户部副使。在此期间，他曾前往河北解决军粮问题，又曾到陕西解决运城（今属山西）盐业问题。在河北，他奏请将用作养马的田地还给地方和农民；在运城，他改革盐税法令，以便利于商贩经营盐业。

出色的工作，利国利民的成效，使包拯在皇祐二年（公元1050年）被擢升为天章阁待制。天章阁是存放朝廷图书文献的地方，待制之衔，有名但无权。包拯又叫包待制，不过是对他的尊称。然而，知谏院即兼任谏官之职，却十分重要。谏官的任务是向皇帝进谏朝政的弊端，可以涉及朝政的所有方面。包拯在兼任谏官期间，不但对横行不法的权臣屡次抨击，而且对时政的许多方面提出了革新建议。可惜的是，两年之后，包拯被任命为龙图阁直学士，这也是个虚衔（从此人们又称他为包龙图），并且又一次离开京城，到河北、庐州、池州（今安徽贵池）、江宁（今江苏江宁）等地任地方官。直到至和三年（公元1056年）才回到京城，任开封府尹。嘉祐四年（公元1059年），包拯由枢密直学士、权三司使等官职，升为当时重臣。第二年升任三司使和枢密副使，相当于副宰相之职。但是，年过六旬的包拯，这时已经夕阳西下。嘉祐七年（公元1062年）五月二十五日，包拯病死在开封。仁宗皇帝到包拯家中向包拯最后道别，追认他为礼部尚书，赐谥"孝肃"，所以包拯死后又叫包孝肃。 他晚年在家里立了一块石碑，上刻《戒廉家训》道："后世子孙仕宦，有犯赃者……非吾子若孙也。"他的事迹长期流传民间，过去小说、戏曲多取为题材。元杂剧已有《陈州粜米》等作品，以后流传渐广，形成丰富的传说，遗著有《包孝肃奏议》。

包拯在开封府任职时，作出了新的规定：大开正门，凡是告状的，都可以进去直接见官，直接面陈案情，任何人不得阻拦刁难。不要以为这是一件小事，无论从有助于百姓申冤上讲，还是从有助于审理案件上讲，这都是一项十分重要的改革。这项改革，在我国法律史上，既有一定地位和作用，又有进步意义。包拯办案，有两个特点，一是不畏权势，二是为民申冤。两者结合起来，便是包公。不畏权势，敢于顶风办事，在宋代不是容易的事。那错综复杂的关系，早已用一根充满既得利益及特权的绳索，把官僚、贵族、豪绅、恶霸们联系在一起。要冲破这个已经编织好的、保护地主贵族利益的网络，谈何容易。但是，包拯迎难而上，以不怕身败名裂的勇气，使得"贵戚宦官为之敛手，闻者皆惮之"。

开封城里有一条惠民河，河的两岸，既有平民的住宅，也有达官贵人的住宅。包拯任开封府尹时，天下大雨，河水泛滥，淹没街道，使许多平民无家可归。是什么原因造成了河水泛滥成灾呢？包拯经过调查，了解到河塞不通、不能排水的原因在于大官僚和贵族们在河上筑起了堤坝，将坝内的水据为己有，

开封府府门

包拯塑像。包拯是北宋时期著名的清官，也是中国历史上有名的铁面无私的"包青天"。

种花养鱼，并且同自己的住宅连在了一块，成了水上花园。因此，要为民造福，要疏通惠民河，只有将这些堤坝挖掉。挖掉堤坝，冲走水上花园，贵族们能答应吗？包拯画了地图，拿了有关证据，下令将所有堤坝与花园拆毁。有人自恃权大位显，告到宋仁宗那里。包拯拿出证据，证明他们非法建造水上花园。这样，惠民河疏通了。宋仁宗也只好睁一只眼，闭一只眼，不能为皇亲国戚们说话了。包拯不畏权势，反对以权代法，客观上维护了人民的利益。也还有另一种情况，那就是社会上的一批无赖和偷盗者，这些人虽无权势，却同样危害人民。包拯对他们也毫不留情。

曲阜：圣人故乡的文明故事

 城画 圣洁如十字花瓣一样吸引人

孔庙、孔林和孔府 未到曲阜，就先有了一种神圣的感觉，仿佛仰望一朵悠悠白云，但也有些朦胧之感，如远望一缕袅袅炊烟。曲阜因为孔子而染上了神圣的光彩。

孔庙、孔林和孔府分别是孔夫子的庙宇、墓地和府邸。孔庙是公元前478年为纪念孔夫子而兴建的，千百年来屡毁屡建，到今天已经发展成超过100座殿堂的建筑群。孔林里不仅容纳了孔夫子的坟墓，而且他的后裔中有超过10万人也葬在这里。当初小小的孔宅如今已经扩建成一个庞大显赫的府邸，整个宅院包括了152座殿堂。曲阜的古建筑群之所以具有独特的艺术和历史特色，应归功于2000多年来中国历代帝王对孔夫子的大力推崇。

孔子，是我国古代最著名的思想家、政治家、教育家，是儒家学派的创始人。孔子死后的第二年，人们将其住宅改为祭祀他的孔庙，后代帝王对孔子的思想观点大为推崇，不断为他加封，不断扩建祭祀他的孔庙，逐渐形成今天的规模。

现存的孔庙面积约有327亩，建筑物466间，前后共有9进院落。藏有历朝皇帝赐书的奎文阁在第4进院落中，第7进院落的"杏坛"是传说中孔子为弟子讲学的地方。整个孔庙建筑布局严整，气势宏大，具有平稳、对称、方正、敦厚的艺术风格，标志着中国古代对孔儒思想的尊崇，是儒学文化在建筑中的体现。孔庙主殿是大成殿，高约32米，宽54米，进深34米，廊下还有28根云龙雕柱。孔庙中还有大量的碑刻和画像砖，具有极高的艺术价值，是不可多得的研究中国古代书法和绘画艺术的资料。

孔庙大成殿

孔林又称至圣林，面积约3000多亩，位于曲阜城北1公里处的泗河南岸，是孔子及其后裔的墓地。孔子死后，其弟子将他葬在城北泗水之上。起初还是"墓而不坟"，秦汉时代虽将坟土垒起，但坟地狭小，亦无重要建筑。东汉以后，随着孔子地位的提高，孔林的规模也越来越大。明永乐时扩展孔林为18顷，清康熙年间将孔林扩展为3000亩，因历代帝王都至此谒陵，修建了驻跸亭等建筑。

相传孔子死后，他的弟子从四方带奇木异树来此种植，2000年来不断增加，至今孔林内有树10万多株，成了我国最大的人工园林。孔子的坟墓封土高达6米。林内古木参天，碑碣林立，内有坟冢十余万座。墓碑前的各种形象石刻，都是根据其生前的爵位而雕成的。整个孔林延用时间长达近2500年，是世界上延续年

鸟瞰孔庙全景

代最久远、保存最完整、规模最大的家族墓地。

孔林入口

孔府，本名衍圣公府。是孔子嫡系长期居住的府第。

孔府即"衍圣公府"，位于孔庙东侧，是孔子嫡系长子长孙居住的府第。孔府始建于宋朝，历经扩建形成今日规模，面积约有200多亩，房间480多间，官衙和住宅修建在一起，是典型的封建贵族地主庄园。孔府后有一个花园，清幽典雅，布局独具匠心，是园林建筑的佳作，也是园宅结合的典范。孔府内藏有大量珍贵的历史档案，以及历代服饰、用具等历史价值很高的文物。近千年来，不论国内政治局势如何动荡，王朝如何更迭，衍圣公后嗣均受到历代封建王朝的保护，是享有政治上、经济上各种特权的大贵族。历代帝王多对孔子嫡系后裔加官进爵，以示恩泽，一直延续至孔子家族的第77代，历时880多年，使孔子家族成为中国最大的贵族世家，有"天下第一家"之称。今天的孔府是经过历代不断扩建而成的，规模宏大，占地240亩，前为官衙，后为内宅，是我国封建社会中典型的官衙和内宅合一的建筑。

 ## 城传 圣人故里的文化光辉

辉煌鲁都 曲阜作为鲁国的都城，自伯禽开始至战国末年为楚所灭，历三十四君，延续800余年。这一时期是曲阜历史上的鼎盛时代。

伯禽就封鲁国时，带去了大量周朝的礼乐典籍。周公死后，被允许在曲阜立庙，从天子礼乐进行祭祀。鲁国因为是周公之后，与周王室关系密切，为周文化向东传播的据点，所以曲阜成了周王朝镐京以外另一个礼乐文化发达的城市。春秋时代，孔子出生于此。孔子死后的第二年，鲁哀公将其生前的故所居堂立为庙，"岁时奉祀"，即今孔庙的前身。孔子聚徒讲学于洙泗之间，后世即以洙泗来代称鲁国的文化和孔子的学说。如果说鲁国为当时的礼仪之邦，那么曲阜则是春秋战国时代教育、文化的中心。

"曲阜"二字始见于《礼记·明堂位》。《史记·周本纪》

集解引应劭曰："曲阜在鲁城中，委曲长七八里。"大概指的是曲阜故城东部隆起的地方，是城东防山向西延续的余脉。故城大致呈长方形，东西约 4 千米，南北约 3 千米，城墙周长约 14 千米，总面积约为 12 平方千米。有城门11 座，东、西、北墙各三座，南墙两座，并有干道与城门相连。城区中部为宫殿区，地下夯土基址的范围东西绵延约一千米。宫殿区前面有干道通向南门，构成了鲁城的一条中轴线。宫殿区的东、西、北三面分布着炼铜、冶铁、制陶、制骨等手工业作坊，西北面是几片大面积的墓葬区。整个城市布局井然有序，说明当时是经过巧匠精心设计的。今天的曲阜县城，位于鲁国故城内西南角，约占鲁国故城面积的七分之一。

鲁国故城全景。鲁国故城始建于西周时期，自周公之子伯禽代父就封于鲁开始，至楚灭鲁止，共 800 多年。鲁国故城遗址保存较为完整，城内地下保存着大量的文物。1961 年，鲁国故城被公布为中国第一批重点文物保护单位。

鲁国故城曲阜是我国已发掘的第一座西周城遗址，始筑于伯禽就封鲁国时代，经过春秋战国时的多次整修，规制基本不变，而且一直没有迁都。这在周王朝和主要诸侯国中是绝无仅有的。今天还有不少段古城垣仍耸立在地面上，是先秦故城保存较好的一座。战国末年，楚灭鲁，改鲁国都城曲阜为鲁县。曲阜作为鲁国国都的辉煌一去不复返了。

隋唐盛世　隋初改鲁县为"汶阳"，自鲁国灭亡改为鲁县，至是年止，曲阜以"鲁"为县名，历时长达 833 年。后隋文帝诏改县名为"曲阜"，"曲阜"一名，作为地理名词历数千年，一直沿用至今。

隋唐五代时，曲阜虽不再是鲁南的行政中心，但因其为"圣人"孔子故里而依然受到重视。经过"贞观之治"和"开元盛世"，曲阜的文化、经济也空前发达。晚唐之际，仅孔家就出了 6 位状元和 14 名进士。

城记　与圣人同行

祭孔　祭孔是大事，但最初也只是当地政府悼念他而已。

孔子 73 岁时逝世，死后第二年，鲁哀公下令在曲阜阙里孔子的旧宅立庙，将孔子生前使用的衣、冠、车、琴、书册等保存起来，并且按岁时祭祀，于是就有了诸侯祭孔。汉刘邦经过曲阜，以太牢祭祀孔子，这是帝王祭孔的开始；汉元帝时召孔子第 13 代孙孔霸为帝师，封阙内侯，号褒成君，赐食邑八百户，以税收按时祭祀孔子，这是封孔子子孙为侯，以奉祀孔子的开始；后来汉光武帝派遣大司空宋宏到曲阜阙里祭祀孔子，开创了派遣特使祭孔的先河。

在此以前，所有祭孔典礼都在曲阜孔庙举行。直到汉明帝于太学及郡县学祭祀周公、孔子，从此，中央政府所在地及各地方政府也都在学校中祭孔，祭孔成为全国性的重要活动。汉明帝还亲自赴曲阜，祭祀孔子及其72弟子。后来各朝各代的大多数皇帝都对孔子充满了特殊而复杂的感情。当年唐玄宗到泰山封禅，在到孔子宅、祭孔子墓时，曾吟下一首《经鲁祭孔子而叹之》：

> 夫子何为者，栖栖一代中。
>
> 地犹鄹氏邑，宅即鲁王宫。
>
> 叹凤嗟身否，伤麟怨道穷。
>
> 今看两楹奠，当与梦时同。

现在，祭孔已经成为民间一种对"先贤"的尊敬、仰慕和追思的大型纪念活动。

接北斗 传说孔子是天上的魁星下凡，孔府里有7座楼摆成北斗星的形状，称为"明七星"，表示孔府和天上的北斗星相接。每年农历八月初四，衍圣公都要祭北斗星，名为"接北斗"，以示孔府与天上的联系不断，确保孔府"同天并老"。"接北斗"的仪式很神秘，只有衍圣公带一个"接线人"参加。在内宅前堂楼的墙上，有个玻璃罩子，里面放着一只小表，小表里放着一团线。八月初四晚"接北斗"时，衍圣公和"接线人"悄悄取出这一团线，到佛堂楼，摆五碗供，燃一炷香，将7盏油灯摆成北斗形，名为"七星灯"。摆完供，看着佛堂楼的人出去，衍圣公先叩头，"接线人"再叩头，然后把那一团线拿出来，那是好多根不同颜色的断线，有黄、白、黑、绿、红五色，表示火生土、土生金、金生水、水生木、木生火。"接线人"依次将几段线接上线头，就表示孔府和天上的北斗星接通了。

曲阜祭孔大典

城缘 他影响了泱泱中华

孔圣人与曲阜 曲阜，因为养育了圣人孔子而成为中国的圣地。春秋时，孔子生于这里，因父母曾为生子而祷于尼丘山，故名丘。他父亲在孔子三岁时去世，从此孔子跟随母亲过着贫穷的生活。孔子曾做过各种各样的工作：牧牛羊、记账以及管理图书。22 岁时，孔子的母亲去世，他服了三年丧。孔子 53 岁时晋升为鲁国的大司寇。

据《论语》记载，鲁国当时在孔子的管理下非常繁荣。但这是不太可能的，因为孔子没有在鲁国或别的国家担任过重要职务。传说鲁国的邻国齐国担心鲁国太过强大，于是为了破坏鲁国的改革，送了上百匹好马和 80 位美丽的舞女给鲁国国君。鲁国国君遂沉溺于安逸享乐之中，对政务不闻不问，甚至有一次连续三天没有上朝。孔子极为不满，开始周游列国，拜访中国中北部的一些小国，包括卫、宋、陈、蔡。他宣扬了自己的那些政治信仰，但并没有国家真正实施。孔子 68 岁时回到家乡教书，从事教育事业，成就了他有 72 个得意弟子、追随者无数的佳话。孔子在曲阜终老。他一生都在教育世人，一生都在宣扬他的儒家思想，他的思想从曲阜传播开来，波及各诸侯国，并穿越时空，影响历朝历代，在各阶层群众的心中留下了印记，始终为后人所敬仰，被世人尊称为"圣人"。

"孔子者，中国文化之中心也。无孔子则无中国文化。自孔子以前数千年之文化，赖孔子而传；自孔子以后数千年之文化，赖孔子而开。"

这是近代著名历史学家、文化史家柳诒徵先生在其《中国文化史》中对孔子的评价。到今天，孔子已经不是具体一个人，而是中国传统文化——儒家思想的象征。孔子后人历朝历代受益，他的弟子和追随者们虽命运多舛，却也能享有荣耀。孔子家族当之无愧地成了"中华第一家族"。

孔子教子学诗学礼，历来传为美谈，被称做"庭训"、"诗礼垂询"，孔子后代称此为"祖训"，自称"诗礼传家"。元代孔子 53 代孙、"衍圣公" 孔治"坐堂私第，名以诗礼，誓不忘过庭之教"，明弘治年间于孔子故宅内重建诗礼堂纪念孔子，祭祀前在此演习诗礼；清康熙、乾隆皇帝还亲自题写了"则古称先"的匾额和"绍绪仰斯文识大识小"、"趋庭传至教学礼学诗"的对联，刻制后悬挂在堂内。

孔子画像

孔子教子学诗学礼的事，见于《论语·季氏》。有一次，孔子在家里独自站在庭中，孔鲤迈着小步恭敬地走过时，被孔子喊住了，孔子问孔鲤学过《诗经》没有，孔鲤回答说还没有。因为那时候诸侯国之间主宾的应答，以及上层社会交际场合的交谈都要引上《诗经》中的几句诗。孔子就教育他的儿子说，不学习《诗经》是无法同人交谈的（"不学诗，无以言"）。于是，孔鲤就退回去认真地学习《诗经》。隔了一段时间，孔鲤从院里经过时又被孔子叫住了，孔子问他学习《礼记》了没有，孔鲤说还没有。孔子又教育说，不学习《礼记》是难以立身做人的

孔子杏坛讲学图

（"不学礼，无以立"）。于是，孔鲤就去学习《礼记》。这件事的经过，还是孔鲤对陈亢讲的。

在历朝历代，孔孟思想都受到了尊崇。

被列宁称为11世纪伟大的政治家、改革家的王安石，生前立志改革，实行变法，后来宋朝皇帝认为王安石配享孔庙，位于"邹国公"孟子之次，其塑像被送进大成殿，在当时孔庙中，地位仅次于颜回、孟轲。同时王安石的儿子也被送进孔庙从祀。但王安石父子从祀孔庙遭到保守派的强烈反对。宋理宗终于下令："王安石谓天命不足畏，祖宗不足法，人言不足恤。为万世罪人，岂宜从祀孔子于庙庭？黜之！"王安石父子被赶出了孔庙。

在明初，朱元璋差点儿把孟子赶出孔庙。朱元璋翻阅《孟子》的《离娄章》时，"龙心"大怒。因为在这一章里，有这样一段话："孟子告齐宣王曰：'君之视臣如手足，则臣视君如腹心；君之视臣如犬马，则臣视君如国人；君之视臣如土芥，则臣视君如寇仇。'"胆量好大的孟轲，竟敢鼓动人们在皇帝对待他们不好时，就把皇帝当做仇敌贼寇，那还了得。于是，他就诏告天下，说孟子的这段话"非臣子所宜言"，罢免孟子在孔庙中的配享。朱元璋担心大臣们会反对这一做法，又明告群臣，有敢劝谏者，以"大不敬"论罪处死，"命金吾射之"。当时的刑部尚书钱唐，明知劝阻皇帝有杀头之罪，仍然具本抗旨劝谏，并命役人抬棺随己上殿，"袒胸受箭"。他说："臣得为孟轲死，死有余荣。"朱元璋看钱唐"情辞剀切，为之感动"，急忙命令太医为钱唐治疗箭伤。过了不久，诏告天下，赞扬孟子"辨异端，辟邪说，发扬孔子之道"，又恢复了孟子配享孔庙的地位。

这些举动，丝毫没影响孔子"圣人"的地位。孔子之于中国，正如有人认为的那样，面对春秋时期诸侯争战不休、人民困苦不堪的现实，孔子不是通过天启和神谕来规范人们的思想和行为，而是回首历史，到上古"圣王"那里去寻找智慧。孔子自谓 "述而不作"，实际是以"述"为"作"，通过对历史传统作当代诠释，来实现价值的叠加和转换。他正直、乐观向上、积极进取，一生都在追求真、善、美，一生都在追求理想的社会。他的成功与失败，无不与他的品格相关。他所倡导的儒家思想，几千年来影响着中国人。

感悟中国历史名城

SENSING CHINA'S WELL-KNOWN HISTORIC CITIES

■荆州：历代兵家必争之地　　■襄樊：两座城的完美组合　　■镇江：长江与京杭大运河的扼颈处

城画城传
城记城缘

发现城市不同寻常的轨迹

记录城市最为精致的面孔

感悟城市不停跃动的脉搏

阅读城市流传不已的情怀

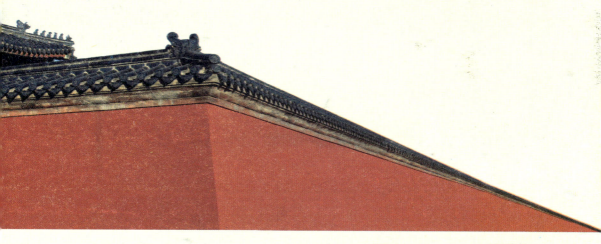

第三章　滚滚长江淘不尽英雄

荆州：历代兵家必争之地

城画　离不开水的城

荆州古城　荆州古城积淀了丰厚的历史文化。荆州城内及其城周附近，有着众多的名胜古迹。大禹治水的息壤，雄楚立国的故都，三国纷争的遗迹，历代名人的行踪似繁星点点，数不胜数。荆州古城墙就是其中最具代表性、最有分量的古迹之一。据《后汉书·地理志》记载，荆州古城墙的修造史，可以追溯到2800多年前的周厉王时期，可以说是我国延续时间最长、跨越朝代最多、由土城发展演变而来的唯一古城垣。

如今耸立在人们眼前的雄伟砖城，为明清两代所修造。砖城逶迤挺拔、完整而又坚固，是我国府城中保存最为完好的古城垣。砖城很厚，墙内垣用土夯筑。墙体外用条石和城砖砌筑。砖城墙体用特制青砖加石灰糯米浆砌筑。特制大青砖每块重约4千克，有的烧制有文字。游客在东门城楼的马道上即可见到部分已被保护起来的文字砖。文字砖记载了操办城砖的官府、官员和烧制时间。从文字砖记载的产地得知，城砖并非只出自原荆州地域，鄂豫陕三省交界的均州、湘桂黔三省交界的靖州、江西省的茶陵以及湖南全省均有文字砖砌在荆州城墙上。而荆州城墙上发现最早的、有年号的文字砖是明洪武二年（公元1369年）的，距今已有600多年的历史。文字砖是荆州古城墙修建史不可多得的档案实证。

荆州古城墙四周，原有城门6座，即东门、小东门（亦称公安门）、北门、小北门、西门、南门。除小东门之外，其他5座城门均有间门，为二重门，二重门各设一个木质对开门，木门内还有一道厚闸板，以防水患。每座城门均设"双保险"，前后两道门，两门之间建有瓮城，以便"瓮中捉鳖"，置攻城之敌于死地。为缓解城内交通，新中国成立后，新开城门3座，即新东门、新南门、新北门。新开的城门均无瓮城。6座古城门上原都建有城楼，现只有东门和大北门两处有城楼。因此，领略古城墙风采，最好的去处就是东门和大北门。东门又称"寅宾门"，城楼为"宾阳楼"，始建于明代，现城楼为1988年重建。东门是迎接来使和宾客的城门，因此，门楼壮观，瓮城也最大。大北门又称拱极门，是通向中原和京城的古驿道出口，人们在这里送亲友远行，习惯折柳相赠，祝福平安，故大北门又称柳门。大北门城楼名"朝宗楼"，城楼脊檩下方写有重建此楼的时间：大清道光十八年岁次戊戌九月壬戌初十戊申吉时丁巳时重建。大北门城楼是古城墙上唯

荆州宾阳楼

一尚存的城楼古建筑。此楼古朴壮观，电影《小花》、《路漫漫》、《战国钟声》等均在此拍摄过外景。宾阳楼和朝宗楼内均设有楼梯，游客可登临其上居高临下，饱览古城的万千神韵。

荆州古城墙作为古时的一项大型军事防御工事，除高大坚固的墙体和瓮城等建筑外，城墙之上还有众多配套的军事设施：城墙上建有城垛4567个，炮台26个，藏兵洞4个，而如今最具作战防御功能、最有特色的要数暗设的藏兵洞，东西南北各一座，分上下两层，可容100多人。每层又有小藏兵洞，每个小洞可容两人，洞中均有射孔。藏兵洞所在的墙体向外呈长方形突出，对攻城之敌可从三面射孔暗箭齐发，使其猝不及防，整个构建精巧、别致。荆州城古老且历经沧桑，如今古城得到了人们的厚爱。特大型环城公园的兴建，使这座国家历史文化名城平添了一道内涵丰富的新景观：城墙上行人，内环道上驱车，外环道跑马，护城河上荡舟。

 城传 长江中游的重镇

荆州就是江陵，江陵历史悠久，城垣也源远流长。早在2600多年前，楚文王都郢之后，郢城就有土筑的城垣，至今它的遗迹犹如巨龙一般盘桓在江陵城北的大地上。秦将白起破郢之后，繁华一时的楚郢都遭到了大规模的毁坏。秦汉时的江陵县和南郡治所，只得南移到楚郢都以南的楚渚宫（楚王别居之宫）原址上建立。《水经注》就有记载说："今城，楚船宫地也，春秋之渚宫矣。"因这里"近州无高山，所有皆陵阜，故称江陵"。最初在江陵构筑城墙的是三国时蜀国守将关羽，晋代的桓温又加以拓建。不过，这时期的城墙不是砖墙，而是土墙。到五代十国时期，南平王高季兴出于割据称雄的目的，驱使劳动人民挖掘周围几十千米内的墓砖构筑砖城。《旧五代史·高季兴传》就说："荆南旧无外垒，季兴始城之。"南、北宋之交，江陵城墙经"靖康之乱"的战火焚烧而逐渐损坏。据《宋史·赵雄传》记载，宋孝宗时，荆州安抚使赵雄又修建砖城。元兵攻占荆州后，元世祖忽必烈下令拆除城墙。明朝建立后，再建江陵城墙，设东门、公安门、南纪门、西门、小北门、大北门6个城门。明末，李自成农民起义军在攻城时又将城墙拆除。现在的江陵城墙，是清顺治三年（公元1646年）在明代城墙旧址重新建造起来的。城周长8千米，高8.83米，6个城门上都建有城楼，其中至今仍保存完好的大北门城楼，气势雄伟，居6城楼之冠。据史书记载，江陵城在建造过程中，城址均用条石垒砌，城砖也用石灰糯米浆灌制，因而十分坚固，素有"铁打荆州府"之称。今天的江陵城墙虽已经历了300多年的风风雨雨，但古貌依旧，雄姿犹在。

司马迁在《史记·货殖列传》中说江陵是故郢都，它西通四川，东有富饶的云梦泽，是一个大城市。《史记》所说的"故郢都"就是指春秋战国时楚国的都城郢，也就是位于现在江陵城北约5千米处的纪南城。《水经注》说："江陵西北有纪南城，楚文王自丹阳徙此。"至公元前519年，楚平王又在旧郢城东南筑新郢城，而旧城因在纪山之南，故名为纪南城。作为春秋战国时楚国国都的纪南城，其规模是相当大的，城东西长4.5千米，南北宽3.5千米，面积为16平方千米。由于楚是春秋战国时期的大国，郢都又位于东西南北水陆交通的要道，其繁华在当时只有少数城市可以与之相比。后汉的桓谭在《新论》里描述楚都郢城的繁华时说："楚之郢都，车毂击，民肩摩，市路相排突，号为朝衣鲜而暮衣弊。"人们早晨穿着新衣服出门，晚上回来新衣就挤破了，这种描绘虽不免夸张，但楚都郢城的繁华由此也就可见一斑了。

那时候，繁华的纪南城不但是楚国的政治和经济中心，而且还是文化中心。根据有关史书记载，春秋战国时期的许多名人学者，例如孔子、墨子、庄子等，都到过纪南城，著名法家吴起还在这里主持过变法，荀子曾做过楚国的兰陵县令，而道家的老子、农家的许行、天文学家唐昧等就是楚国人。另外，古代的楚国还是音乐、舞蹈之乡，大戏剧家优孟、大音乐家钟子期、大歌舞家莫愁都在楚都舞台上有过出色的表演。近年在纪南城四周出土的大批钟、磬、鼓、瑟等各种乐器，有力地再现了古代楚国艺术繁荣的盛况。在文学方面，更出现了我国古代第一位伟大爱国诗人屈原，以他的作品为代表的楚辞文学，在我国文学史上占有十分重要的地位。屈原的代表作《离骚》，其内容之丰富，想象之神奇，水平之高超，是无与伦比的。

荆州古城已有2000多年的历史，自秦汉起，始有城廓，五代十国后，始建砖城，宋、元、明几毁几修。现保存完好的古城墙，为清顺治三年（公元1646年）依明城垣所建。

荆州古城第一重城门内的跑马场，据说这是为了瓮中捉鳖而设计的环形设施。

纪南城，又称郢，位于荆州以北五公里，因"城在纪山之南"而得名，是春秋战国时期楚国的都城。

楚都的繁华，由于文字记载的缺乏，我们今天已不大可能作详尽的描述，但近年来的考古发掘却可以帮助我们了解一些当时的盛况。纪南城周长15.5千米，共8个城门。城内分布有大大小小的夯土台基，最高的可达6米。有的是王室宫殿遗址，有的是手工作坊遗址，其间散布着400多个水井及许多窑址。从已发掘的西城垣北段城门来看，它有三个门道，中门道的车轮痕迹至今还依稀可辨。南北城垣的古河道出口处，又各有水门一座，也有三个门道。从这些考古发现中，我们不但可以看出当时的郢都城确实是住房鳞次栉比，街道纵横交错，而且还可以发现，当时郢城与各地的交通往来十分密切，所谓"北客随南贾，吴榜间蜀船"，每天由水陆两路进出城门的人真有成千上万呢！

秦统一六国之后，楚都郢城虽然遭到毁坏，政治地位有所下降，但由于它地理位置重要、经济文化发达，所以仍然是历代兵家必争之地。从三国时期的魏蜀吴激烈争夺荆州开始，一直到明清时期，无不将江陵作为重镇来防守，向有"江山自古重荆州"之说。

据《三国志》记载，赤壁之战以后，刘备虽然名义上为荆州牧，但实际上只有长沙等三郡之地，而地理位置十分重要的南郡却为孙权所有。为了立足荆州，攻取益州（今四川），他请求孙权暂借荆州数郡以安民。孙权从联刘抗曹的策略考虑，同意了刘备的请求。这就是历史上有名的"刘备借荆州"的故事。这一举动，不但说明了荆州在战略位置上的重要性，而且对后来终于形成三国鼎立的局面也有着重要的意义。《三国志》里说："曹公闻权以土地业备，方作书，落笔于地。"由此可见孙权借荆州给刘备这件事在曹操心里引起了多大的震动。刘备得了益州之后，奠定了立国的基础。孙权多次派人向刘备索取荆州，刘备则以种种借口不还，两国关系不断恶化。当时蜀国镇守江陵的大将关羽，虽是智勇双全的名将，但因骄傲轻敌，不将吴军放在眼里，错误地发兵北攻襄樊，结果后方空虚，为吴将陆逊所算，先失江陵，再败麦城，终于在突围途中为吴军所杀。这就是历史上又一有名的"关公大意失荆州"的故事。关羽被杀后，刘备一心要为关羽报仇，夺回荆州，但因策略错误，终于未能如愿。几年之后，曹魏又派大军袭击江陵，他们在城外"起土山，凿地道，立楼橹临城，弓矢雨注"。由于吴军沉着应战，坚守不屈，

魏军连续围攻6个月，而江陵仍在吴军手中。公元250年，曹魏再派大军直指江陵，也没能破城。后来又过了30年，直到西晋太康元年（公元280年），西晋大将杜预经过长期准备，先破江陵，而后沿江东下，终于灭掉了吴国。

从公元208年的赤壁之战起，到公元280年杜预破江陵止，短短的70多年中，为争夺江陵，各国之间就展开了六七次大战。魏晋之后，南北朝时期的梁元帝萧绎、后梁宣帝萧詧，都在江陵建都。唐中叶以后，也列江陵为南都，江陵与当时的长安、洛阳等城市处于同等重要的地位。五代十国时期，南平王高季兴又建都于江陵。宋元时期，江陵或为府治，或为路治，都是一方重镇，朱元璋建立明朝后，更将江陵封给他的儿子湘献王朱柏，在这里建立藩镇。到了清代，不但在顺治三年修筑了江陵城墙，而且在城东专门驻有满族将士。雍正、乾隆等时期又多次重修江陵城墙。

城记　古城里的靓味

荆州名肴　荆州城有四大名肴和一大小吃，四大名肴是：

其一是"龙凤配"。它以黄鳝、仔鸡为原料，经过煮、卤、炸、溜等多种烹饪方法烹制而成，是荆州地区的传统名菜。传说三国时期，刘备招亲弄假成真，他偕夫人自东吴返回荆州，诸葛亮为他们摆席接风，席上摆出的第一道菜就是荆州厨师特制的"龙凤配"。只见一条大黄鳝被做成龙形，蜿蜒于盘中，鳞甲片片，脚踏祥云，昂首张口，翘角垂须呈飞腾之状；鸡形如凤立于龙旁，引颈展翅，色泽亮丽，头冠殷红、似翩翩起舞。刘备一见，心中大喜，赞不绝口，从此"龙凤配"一菜也就声名远扬。

龙凤配

其二是"鱼糕丸子"。鱼糕丸子是荆州一带特有的风味，以吃鱼不见鱼，鱼含肉味，肉有鱼香，清香滑嫩被人称道。传说鱼糕的制作起源于楚国，在楚都纪南城有一酒店，专做各种鱼菜佐酒。夏日的一天，店主多买了一些鱼，偏偏这天生意清淡，到晚上还剩不少鱼。眼看鱼已离刺将要腐烂，店主急中生智，索性把鱼刺全部剔除，将鱼肉剁碎，掺进几个鸡蛋，加上一些豆粉，又倒点儿白酒除腥，然后做成糕放在蒸笼里蒸熟。第二天把鱼糕切成块装碗蒸热，浇上调料摆案出售，结果大受欢迎。后来鱼糕越做越精美，人们用鱼和肥膘肉做糕，再用猪肉、山药等制成肉丸。

鱼糕丸子

皮条鳝鱼

冬瓜鳖裙羹

肉丸垫底，鱼糕放在上面，最后以肚片、腰片烹炒盖帽，多菜共碗，俗称"杂烩丸子"。

其三是"皮条鳝鱼"。荆州城有个"聚珍园"餐馆，聚珍园的"皮条鳝鱼"是一道传统名菜，鳝鱼是食疗佳品，《名医别录》将鳝鱼列为上品，说它有补五脏、疗虚损的功效。

其四是"冬瓜鳖裙羹"。它用肥大的雄鳖裙边和嫩冬瓜为主，加鸡汤、调料焖煮、清炖而成。据《江陵县志》记载，北宋时，宋仁宗召见荆州人张景，问他江陵有什么好吃的东西，张景回答说："新粟米炊鱼子饭，嫩冬瓜煮鳖裙羹。"可见，"冬瓜鳖裙羹"在宋代就闻名于世了。

一大小吃就是"江陵散烩八宝"，亦称八宝饭，是清朝末年宫廷厨师肖代制作的，专供慈禧太后食用。后来，因肖代流落在江陵的聚珍园餐馆制作八宝饭而闻名。

江陵散烩八宝是用糯米、红枣、莲子仁、桂圆肉、蜜制樱桃、瓜子仁、糖桂花、蜜制冬瓜等蒸熟制成坯儿，再加白糖、猪油散烩而成。它色泽光亮，香甜滋润，油而不腻，甜而不厌，有"浅盏小酌细品尝，离席数时回味长"的赞誉。

 城缘　良将叱咤风云

大意失荆州　荆州之战是三国时期形势最为微妙复杂的战役，在开始阶段，关羽赢得了他戎马生涯中最辉煌的胜利，但此后却一直被敌人玩弄于股掌之上。在《三国志》中关羽被评价为"万人之敌，为世虎臣……有国士之风，然羽刚而自矜……以短取败，理数之常也"。

公元219年，"隆中对"的构想似乎正在一步步变为现实，战略反攻即将展开。水淹七军、威震华夏的樊城大捷，为关羽带来戎马生涯中最辉煌的时刻。

诸葛亮在他那篇著名的《隆中对》中，为刘备日后的发展理清了头绪，设计了一份具有可操作性的战略规划——要想成就匡复汉室的大业，要具备两个前提：一是与孙权结盟，二是占据荆益二州。这样一来，就可寻机发动对曹氏的两线作战，即"天下有变，则命一上将将荆州之军以向宛、洛，将军身率益州之众出于秦川"。

十几年来，诸葛亮的设想似乎正在一步步变为现实。在公元219年初，刘备夺取汉中的战役获得胜利，斩杀了曹军的重要将领夏侯渊，并将亲征的曹操逼入了进退维谷的境地，曹操被迫发出了"鸡肋"令。按照那位因才思敏捷终获罪身死的随军要员杨修的理解，便是食之无味，弃之可惜，曹军撤出汉中指日可待。果不其然，曹操退缩了，这就为刘备打开了进入秦川的通道。但刘备却没有在西线展开进一步的军事行动，而是做起了汉中王。反倒是留守荆州的关羽发动了秋季攻势，兵锋直指曹操南部战线上的重镇襄阳和樊城。

关羽的襄樊之战打得很巧妙：对汉水南岸城池险固的襄阳围而不打，主攻方向则选择在北岸城防相

京剧《关公走麦城》剧照。该剧目表演的是关公"大意失荆州"，遭魏、吴夹击而败走麦城的故事，是一出极为惨烈、悲壮的武戏。

对薄弱的樊城。战役进展得很顺利，樊城恐怕坚持不了多久。曹操慌忙派遣自己的心腹将领于禁督七军驰援樊城。恰在此时，天公眷顾了关羽，连降大雨，汉水泛滥。关羽凭借南方舟楫之利，继续发动对曹军的攻势。只是苦了毫无防备的于禁，大水袭来，三万精锐全军覆没，勇将庞德被斩，于禁被俘"变节"，这可是曹操做梦都想不到的事情。这年秋天，关羽水淹七军，威震华夏，迎来了他戎马生涯中最辉煌的时刻。

曹操只得继续增兵樊城，徐晃的部队派去了，又派出了12营兵力。胜算有多少还未知，而洛阳甚至许都周围又出现了不少打着关羽旗号的游击军，他们应该是当地发生民变后形成的武装。襄樊一旦失守，中原门户打开，关羽率得胜之师挺进"宛、洛"，恐将形成破竹之势。如果照此发展，曹操多年打拼下的基业恐怕难以保全。面对危局，曹操一时也乱了方寸，作了最坏的打算——继撤出汉中之后，再撤出荆北河南，甚至迁徙许都以避关羽锋芒。

一切似乎都在向促成关羽取得最终胜利的方向发展。然而，战术上的得当，并不等于战略上关羽会成为赢家。为什么这么说呢？

在公元218年末，曹操控制的荆州北部发生了一起兵变，首领是宛城（今河南省南阳市）守将侯音，他明确表示要寻求关羽的支援，实际上就等于归顺了关羽。但是，关羽却无丝毫反应。要知道，在侯音兵变之际，刘备已经率军进入汉中。如果关羽这时能够及时北上，充分利用兵变在荆州北部所造成的混乱局面，或可

轻松肃清襄樊守军，接着就能进逼中原，施压于曹操的政治核心地带，形成与刘备的呼应之势，曹军将陷入两线作战的被动之中。十几年前诸葛亮的战略规划便可正式进入实施阶段，刘备匡复汉室的大业成功在即。如此千载难逢的大好时机摆在眼前，而关羽却没有珍惜，实在令人扼腕叹息并怀疑关羽的判断决策能力。至于关羽后来北伐出于受命还是自主，就目前所见到的史料来看，后者的可能性要远大于前者。

荆州的归属是孙刘联盟的定时炸弹，刘备始终是理亏的一方。单刀会的谈判与小说中截然不同，孙权意欲弥补裂痕却反遭关羽的侮辱。

关羽既已起程，就必须意识到身边还存在着一个重要的不稳定因素，那就是孙吴。孙刘在208年缔结联盟尽人皆知，但时过境迁，刘备势力在江南的存在，已经严重威胁到吴地的安全。任何一个有军事常识的人都明白，若刘备控制了长江上游，孙吴就无法像防御曹军那样，可以凭借大江之险从容应对了。孙吴的指挥官们，无论是主战派的周瑜，还是主和派的鲁肃，都很清醒地认识到这一点。用周瑜临终的话来说："刘备寄寓，有似养虎。"因此，只要是曹军对孙吴的军事压力稍有减轻，孙吴方面就要打一打荆州的主意，开始还算是客气，只是搞点儿小摩擦，没有使冲突升级，后来形成了对峙状态。

孙刘之间的荆州之争虽然暂告一个段落，但二者终归貌合神离，嫌隙已生。关羽仍旧控制着江防要地，时刻威胁着东吴安全。更何况关羽北征之前，孙权曾经想与关羽缔结姻亲，为自己儿子向关羽女儿求婚，但关羽不但拒绝了孙权的好意，还辱骂使者，如此一来，关羽与孙权之间又结下一层私人仇怨。

形势最为微妙复杂的荆州战役将"多算胜少算不胜"的至理名言印证得淋漓尽致，自从樊城大捷之后，关羽一直被敌人玩弄于股掌之上。

《关羽擒将图》

曹操的使者已经和孙权达成协议：孙权称臣，以使关羽放松或备；作为回报，同时也是为给孙权宽心，曹操下令驻扎在居巢（今安徽省巢湖市），南防孙吴的部队撤防。居巢撤防对于曹操来说，也承担着相当大的风险，但从战略上讲却相当划算。除了宽慰孙权，一来居巢沿江水网密集，曹军陆战优势不易施展，不如回撤至北部平原。一旦孙权毁约，吴军只有弃舟登陆才能打击曹军有生力量，失去水军优势的吴军更易战胜；二来大军云集，可以为樊城造足声势，亦可相机而动；第三，从集结地点上分析，剿灭洛阳和许都南部山区中的"暴民"，也是需要用兵的地方。回撤的居巢驻军实际上就成为曹操手中的总预备队。

得到消息的樊城守军士气倍增，而此时的东吴方面，也早已为关羽布下了天罗地网。打从孙权的决心一下，吴军方面就传来消息，主将吕蒙生病已经离开防地，接替他的是年轻无名的陆逊。陆逊到任后还专门给关羽写了一封信，着重歌颂了关羽的功德。关羽果然放松了警惕，将留守防吴的部队调往樊城前线。从曹军处得知孙吴意欲偷袭，关羽的满腹狐疑完全在董昭的意料之中：不能因为敌方的胡言乱语扰乱军心，不能中了曹操的奸计而前功尽弃。只要后方没有警报，一切等到打下樊城再说。

然而此时，吕蒙的作战计划已经进入到最后的攻坚阶段。经过精心伪装的船队满载吴军精锐，昼夜兼程溯流而上。摇橹者都一身平民打扮，船面之上也只见商贾模样的人，关羽沿江所设的观察哨被一一骗过，也被一一消灭。吴军神速前进，关羽守军却浑然不知。这也难怪关羽在樊城前线得不到后方的丝毫消息了。吕蒙未费吹灰之力，便先后攻占了关羽苦心经营的两处军事要塞——公安和江陵，切断了关羽的后路。而公安、江陵守将之所以未作丝毫抵抗，只是因为关羽素来看不起他们，加之他们又在保障后援上没有尽职尽责，关羽已经扬言要惩治他们。与其和吴军拼死一战，为关羽卖命，再等着接受关羽惩治，倒不如降了吴军。

后院起火前，前方的战事也不顺利，过去的老友徐晃成功遏制了关羽的攻势，曹魏援军陆续来到，兵势转盛。当后方沦陷的消息传来时，军心涣散，这场仗再也打不下去了。大势已去，不但秋天刚刚收获的风光被冬天的寒风一扫而空，在麦城，关羽连同其儿子关平也被俘身亡。

襄樊：两座城的完美组合

城画 铁打的襄阳

全国最宽护城河 天下护城河，以襄阳护城河最宽，据史料记载，早在宋代，它的平均宽度就超过了180米，最宽处达到250余米，堪称华夏第一城池。

襄阳城位于汉江南岸，襄樊市中心。三面环水，一面靠山，是一座山清水秀、景色宜人的古城。因"城在襄水之阳，故曰襄阳也"。

襄阳护城河，号称天下第一护城河。

襄阳城在汉水中游，楚为北津戍，至今已有2800多年的历史，城池始建于汉，周长7千米。

环绕襄阳城的古护城河是古城美景之一。绕城泛舟而游，但见城垣高筑、城堞处处，垂柳掩映、灌木葱茏，仿佛置身于画中，美不胜收。

襄阳护城河之所以这么宽，原因之一就是襄樊具有悠久的历史。严爱华在《襄樊风情·历史》一书中曾撰文指出，历史上的襄樊是古代几条重要水陆交通线的枢纽，由于其独特的地理位置，至春秋战国时期，襄阳声名渐隆，地位日重，成为一座重镇。

春秋战国时期，当时襄樊境内的诸侯国先后为楚所灭，为了抵御韩国的南侵，楚国将具有重要战略、交通意义的襄阳置为军事防御的"北津戍"。襄阳当时就成了楚国的北大门，成了联结楚国与周天子及郑、晋、卫等诸侯国的通道。秦统一六国后，废分封，立郡县，将襄阳以汉江为界，置南阳郡（江北）和南郡（江南）。后来曹操占据襄阳，分南郡置襄阳郡，襄阳置郡从此开始。

南宋抗金名将岳飞视襄阳为"恢复中原之基本"；清朝著名学者顾祖禹在他的《读史方舆纪要》一书中对襄阳、武昌、荆州三个重镇在湖广形势中的不同地位曾作过一番分析比较，结论为："以天下言之，则重在襄阳；以东南言之，则重在武昌；以湖广言之，则重在荆州……三郡相较，襄阳殆非武昌、荆州之比也。"

后代史学家对襄阳的军事战略地位有这样的总结："襄阳为楚北大郡……代为重镇，故典午之东迁，赵宋之南渡，忠义之士，力争上游，必以襄阳为扼要；晋之平吴，元之伐宋，皆先取襄阳，为建瓴之势。"（清·王万芳《襄阳府志》）

历史上，在襄樊发生的有史料记载的大大小小的战争共有200多次。从每次的战局来看，襄樊的得失，直接关系到中原战争的全局。尤其是当中国出现南北政权对峙时，襄樊的战略地位就显得尤为重要。襄樊是我国历史文化最为悠久的地区之一，并一直是区域性的政治、经济与文化中心，也是兵家必争之地，因此，护城河的宽度为天下之最，并不为过。

襄阳护城河的宽度与襄樊的水资源丰富也是分不开的。古襄阳城内，除了汉水之外，还有襄水。这为护城河的水源补给提供了有力的保障。实际上，襄阳护城河在形成之初，并没有这么宽，它也经历了拓宽、拓深的过程。

不仅如此，襄阳护城河还有一套完善的排水系统。据《襄阳县志·岁修章程》一文记载："宋郭杲旧设二闸，盛涨之时闭北闸，开南闸，放浑水入汉（汉江）；

大水既退，则闭南闸，开北闸，导清水入壕，方法极为尽善。"

城墙是沿护城河而建的，由城墙的形状就可以知道护城河的形状。现在人们看到的古城墙大部分依护城河而建，而从临汉门至闸口的长门（振华门）区域内，城墙与护城河之间却有一段距离，而且这一段护城河居然出现在城墙之内。这是因为明代以后，汉水河道有所改变，在现在夫人城的位置上形成了一个水中脊头，导致它以下的流水变缓，泥沙逐渐沉积下来，时间一长，襄阳城东北一带便淤积出大片土地，从而使这一段的古城墙不再临水。当时，明朝政府根据这种情况对城墙进行了改建，就形成现今的样子了。

襄阳城墙不同时代的墙砖

 城传 双城记

在金庸的《射雕英雄传》里，郭靖和黄蓉夫妇为击退蒙古军，死守襄阳城，取得了胜利。襄阳就是襄樊组合之一，在历史上也确实是个军事重镇。

襄樊市是襄阳和樊城的合称，地处湖北省西北部。长江的最长支流汉水从两城之间流过，南是襄阳，北为樊城，两城隔水相对。襄阳南有凤凰山、岘山、真武山等十几座山峰，北水南山，构成了襄阳的天然屏障，易守难攻，故历来为兵家所必争。樊城北面比较平坦，实际上是南阳盆地的组成部分，进取较为容易。为此，襄、樊二城就有"铁打的襄阳，纸糊的樊城"之说。不过，从全国总的形势来说，由于襄阳和樊城处于进退东南或西北的咽喉地带，地理位置都十分重要，历代都将它们作为军事重镇。宋代的陈亮说得很好：襄樊"东通吴会，西连巴蜀，南极湖湘，北控关洛，左右伸缩，皆足以为进取之机"。明清之际的顾祖禹也说过："夫襄阳者，天下之腰膂也。中原有之，可以并东南；东南得之，亦可以图西北者也。"历史上，魏蜀吴三国曾经反复争夺襄阳；前秦

襄樊古城

陈老巷，是樊城的一条历史街区。

苻坚欲攻东晋也是先取襄阳；元军要灭南宋更是先从襄阳入手。这些史实说明，陈亮和顾祖禹的话实际上是对历史经验的总结。

襄樊虽然是襄阳和樊城的合称，但两城在历史上却往往属于不同的州府。襄阳在春秋战国时属楚国所有，秦属南郡，汉置襄阳县，后汉末分置襄阳郡，郡治襄阳。三国时属魏，东晋襄阳仍为郡治，并置雍州和梁州。西魏有襄阳后，改雍州为襄州，后周又于此置总管府。隋初废襄阳郡，炀帝又废襄州，复改为襄阳郡。唐初仍改称襄州，并置山南道行台于此。元为襄阳路治，明清均为襄阳府治。

而樊城据说在西周是仲山甫的封地，春秋时为邓国所有，后属楚。秦置邓县，属南阳郡。两汉与秦时相同。三国时属魏，晋初邓县改属义阳郡。南北朝刘宋时以邓县属京兆郡，西魏据有其地后，别置安养县为河南郡治，又置樊城县。后周废樊城县和邓县。隋初废郡，安养县改属襄州。后又废襄州，安养县属襄阳郡，唐初属襄州，后改为邓城县，而樊城降为镇。北宋时，邓城县属襄阳府，至南宋废邓城县为镇，地属襄阳县。到新中国成立后，襄阳和樊城合二为一，成为襄樊市。

 **城记** 三国文化

襄樊是一座历史文化名城，有丰厚的三国历史文化底蕴。据史料记载，东汉末年，荆州刺史刘表把管辖南阳、南郡、江夏、武陵、长沙、桂阳、零陵七郡的荆州治所，从武陵汉寿（今属湖南）迁至襄阳，使襄阳一跃成为统辖今湖北、湖南两省和河南、广东、广西、贵州一部分的荆州首府，成为荆州的政治、经济、军事、文化中心。当时，有数千学士聚集在荆襄，使荆襄代替洛阳成为全国的学术中心。后来三国中的许多杰出人才就聚集在荆襄。诸葛亮、"建安七子"之冠的王粲等都在襄阳居住过较长时间。曹操，魏国名将曹仁、徐晃、乐进，吴国的开创者孙坚，吴国名将陆逊，蜀主刘备以及他的名将关羽、张飞、赵云等等，都在襄阳活动过。西晋名将羊祜、杜预镇守襄阳10多年，使襄阳成为灭吴国的策源地、战略基地。天归于统，此可谓三国历史终于襄樊。

三国历史中，襄樊是争夺战的焦点地区之一，是三国史实及三国故事频发地。

罗贯中的《三国演义》120回中有32回的故事都与襄樊密切相关。如孙坚与刘表争夺襄阳并被乱箭射死发生在襄阳城南3.5千米的凤林关；曹操率大军占领襄阳，在汉水之滨设宴召集"建安七子"，以汉水女神为题吟诗作赋；关羽发动襄樊战役，水淹七军，斩杀庞德，活捉于禁，其间还发生了华佗为关羽"刮骨疗毒"的故事。檀溪和檀溪湖在襄樊几乎是尽人皆知，在国内外也颇有影响。

文化总有物化的东西存在。不仅在襄樊城里，襄樊各地还散布着三国传说中的遗迹。如关羽读书台，在南漳县春秋寨；关羽收周仓之地，在南漳县卧牛寨；走马荐诸葛的徐庶，其庙在南漳县城关镇；诸葛亮岳父黄承彦故里，在襄阳城西黄家湾；樊城山陕会馆有关公庙等。此外，诸葛亮、刘备、关羽、张飞等三国人物的民间传说，在襄阳流传甚广。

悠久历史带来了具有深厚底蕴而又灿烂的文化脚本。三国戏剧在本地久演不衰。襄樊是越调和汉剧的发源地，目前搜集整理越调三国戏33个剧目、汉戏36个剧目。人们还通过举办诸葛亮文化节，纪念诸葛亮从隆中出山，挖掘三国文化。

城缘　隆中卧龙

隆中在襄阳城西10公里处，松竹繁茂，溪水潺潺，环境清幽。诸葛亮随叔父来到襄阳，17岁起耕读于隆中，27岁受刘备三顾，离开隆中走上历史舞台。

襄阳深厚的文化底蕴，启迪了诸葛亮的心智；古城荟萃的人才群落，开拓了诸葛亮的视野；隆中清幽秀雅的山水，滋养了诸葛亮的灵性。正是在这样的人文环境和灵山秀水的孕育之中，诸葛亮从一个饱经忧患的少年成长为一代青年才俊，成长为"大名垂宇宙"的著名政治家、军事家。

因为家乡遭遇战乱，叔父诸葛玄带领诸葛亮姐弟4人离开故乡琅邪，辗转到达襄阳，投靠荆州牧刘表。诸葛亮在襄阳上了三年学堂。诸葛玄去世后，不愿寄人篱下的诸葛亮带着弟弟诸葛均来到城西10公里的隆中，开始了10年的躬耕苦读生活。

隆中10年，是诸葛亮躬耕垄亩、自食其力、磨炼意志的10年。叔父去世，诸葛亮失去依靠，17岁的他勇敢地挑起了生活的重担。诸葛亮的大姐、二姐在襄阳时就出嫁了，他和弟弟在隆中山盖起了三间茅庐。茅庐有高高的台基，他们在院子里掘了一口深井，山坳里有百亩薄田。他在这里学会了犁田耙地、耕耘收获，过起了日出而作、日落而息、晴耕雨读、春种秋收的农家日子。他边劳动、边学习、边总结，很快成为远近闻名的种田能手。

为了从繁重的体力劳动中解放出来，诸葛亮改制了独轮车和双轮牛车。许多老百姓也跟着仿制，但他们的车不是车轮散开就是车架脱榫，于是就去请教诸葛亮。诸葛亮告诉他们一个诀窍：做木工活，凡开眼的料用湿木，开榫的料用干木，在不适合加楔子的地方，开内槽，用干销联结，这样做出的车子就不会散架脱榫了。直到现在，隆中一带还把"干榫湿眼"当做木经流传。

隆中10年是诸葛亮勤学苦读、广交朋友、立志成才的10年，他常常自比管仲、乐毅，抱膝长吟，以待天时。

隆中紧靠襄阳，襄阳是战乱中的一块绿洲。由于社会安定，文化鼎盛，关西、兖、豫学士数千人被吸引到这里，其中多为海内优秀人才。荆州牧刘表为汉末"八俊"之一，他兴建学校，博求儒术，广搜遗书。在他的倡导下，鸿儒们朝夕讲经论学，士族子弟每天听讲者千余人，出现了群贤毕至、才俊蜂集的生动景象。诸葛亮忙完农事，就要走上20里路来到襄阳城内，广交士林，虚心求学。他不肯死读书、读死书，而看重游学。游学是当时的风气，青年学子往往离家，慕名到经师大儒处拜师求教，更愿意到大型的学术活动中相互交流，增长见识。在游学交流中，他结识了好友石韬、徐庶、孟建，还有许多襄阳的学友师长。

襄阳古隆中。隆中之所以天下闻名，原因有三个：一是诸葛亮的躬耕之地，二是刘备三顾茅庐之地，三是著名的"隆中对策"的提出之地。

由于怀着做大事的抱负，诸葛亮读书则"观其大略"，关注治国治军的大节，领会精神实质，不像汉儒注经那样在细枝末节上耗费精力。在学习内容上，他博览百家兼收并蓄，批判地运用。

为了使学问得到进一步提升，诸葛亮还广泛结交荆襄在野派重要人物，同他们建立起牢固的师友和亲戚关系。在野派领袖庞德公，在襄阳儒林中德高望重，诸葛亮的二姐嫁给了庞德公的儿子庞山民，两家结为秦晋之好，诸葛亮被当地儒林和在野派吸纳为重要成员。在这个大的人才群落里，庞德公的侄子、被誉为"凤雏"的庞统，襄阳豪族出身的习祯和马良等，也都与诸葛亮结为师友。德公对这位谦恭敦厚、聪慧勤勉的学生非常器重，称他为"卧龙"，意思是诸葛亮遁世绝俗，不追名逐利，身逢乱世，却超凡脱俗，目前在隆中种地读书，但早晚会有惊天之举。

诸葛亮人在隆中，思想的触角却伸向八方，敏锐的视野可以洞观全局。阅历见识的不断提高，思想认识的逐步深化，使诸葛亮变得胸襟宽广，眼光高远，成为襄阳的一流人才。

北固山春景

北固铁塔，其中两层是宋朝的原物，另外两层是明朝所铸。

镇江：长江与京杭大运河的扼颈处

城画　天下第一江山

"何处望神州，满眼风光北固楼" 镇江扼南北要冲，得山水之胜，钟灵毓秀，代不乏才。历代文人墨客纷来寻幽探胜，寄情抒怀，耕耘风雅，播种斯文。其中有李白、杜牧、范仲淹、王安石、苏轼、陆游、辛弃疾等才士名贤。王昌龄的"洛阳亲友如相问，一片冰心在玉壶"，王安石的"春风又绿江南岸，明月何时照我还"，辛弃疾的"何处望神州，满眼风光北固楼"等成为千古绝唱，流风余韵，至今袅袅不绝。李白的"丹阳北固是吴关，画出楼台云水间"，杜牧的"青苔寺里无马迹，绿水桥边多酒楼"，范仲淹的"山分江色破，潮带海声来"，沈括的"楼台两岸水相连，江北江南镜里天"，萨都剌的"野人一过竹林寺，无数竹林生白烟"，冷士嵋的"槛外晴川甘露寺，窗前秋水玉圙峰"，是一

镇江"天下第一江山"题词

幅幅活色生香的有声画、无声诗。

北固山坐落在镇江市区北面长江边上，山壁陡峭，形势险固，南朝梁武帝曾题书赞其为"天下第一江山"。北固山由前峰、中峰和后峰三部分组成，主峰即后峰，是风景最佳处。雄踞山巅的甘露寺建于东吴甘露年间，游人至此，不由要以刘备招亲的故事为线索去寻找有关胜迹和传说。因其北临长江，形势险固，故名北固。北固山与金山、焦山成三山鼎立之势，在控楚负吴方面北固山更显出雄壮险要。

坐落在长江之滨的北固山，可说是一座"三国山"，但它更是一座充满了英雄豪气的山。因为有孙刘联姻的故事，千百年来，无数文人墨客，登临北固，即景抒情，壮怀激烈，留下很多气吞山河的壮丽诗篇。

"何处望神州，满眼风光北固楼，千古兴亡多少事，悠悠，不尽长江滚滚流。年少万兜鍪，坐断东南战未休，天下英雄谁敌手？曹刘，生子当如孙仲谋。"南宋大词人辛弃疾登上北固山，观景抒情留下千古绝唱。

三国时，刘备来甘露寺招亲，当他看到北固山雄峙江滨，水天开阔，风景壮美时，不禁赞叹道："此乃天下第一江山也。"

孙刘联姻往事千年，不论是人以物传世，还是物以人扬名，孙刘联姻的故事在北固山留下了浓墨重彩。

甘露寺雄踞在北固山后峰的顶上，所以北固山有"寺冠山"之说。《三国演义》第54回"吴国太佛寺看新郎，刘皇叔洞房续佳偶"的故事就发生在这里。

甘露寺

赤壁大战后，刘备借东吴的荆州不还，周瑜向孙权献计，以其妹孙尚香为饵，设下美人计，诱刘备来京口联姻招亲，趁机扣为人质，以讨还荆州。诸葛亮将计就计，使孙刘联姻弄假成真，使东吴赔了夫人又折兵，京剧《龙凤呈祥》唱的就是这段故事。

甘露寺招亲，弄假成真，刘备得了便宜卖乖，孙权是哑巴吃黄连，二人心照不宣。这一天，二人同游，刘备见水池中有一块巨石，便拔出佩剑，仰天默祷："我若能返回荆州，成王霸之业，剑下石裂；若死于此地，剁石不开。"手起剑落，石头应声开裂。孙权在旁明知故问："玄德为何剑劈此石？"刘备自然口是心非。孙权也拔出宝剑，向另一块石头劈去，剑落石开，孙权这一剑问卜的是什么，刘备明知故不问。两人相视，仰天长笑，于是留下了这两块裂开的石头，后人叫它们"试剑石"。

多景楼西侧有一石，形状似羊非羊，腹部镌有"狠石"二字，据说赤壁之战前夕，刘备来京口，孙权陪他巡览铁瓮城，在后峰的狠石旁，他们远眺江北，定下了联合抗曹之盟。晚唐诗人罗隐有《题润州妙善前石羊》诗云："紫髯桑盖此沉吟，狠石犹存事可寻。汉鼎未安聊把盏，楚醪虽美肯同心？"这可证明唐以前北固山上孙刘联合抗曹的故事就已广为流传了。

孙刘试剑塑像

这条两面山崖夹峙、中通一线的小径，叫溜马涧。相传，一日孙权与刘备在甘露寺中饮酒，江风浩荡，刘备见江面上的一只小船在波涛中行驶自如，不禁赞叹道："南人善舟，北人善骑，信有之也。"孙权闻言不悦，对刘备说道："谁言南人不善骑？"言罢，命左右牵马，孙权离座，飞身上马，沿溜马涧向山下驰骋而去，刘备见状，也不甘落后，飞身打马朝孙权追去，这条岩间小道，因孙刘赛马逞强的故事而得名"溜马涧"。

北固山后峰绝高处的北固亭，又名祭江亭。相传刘备西征入川后，孙权诡称母病，骗得孙尚香回吴。一日，孙夫人闻刘备兵败，死于军中，悲恸欲绝，望西遥哭，投江殉情。后人为纪念孙夫人，亦称北固亭为"祭江亭"。

祭江亭

城传 镇压江河

镇江，群峰环抱，江水滔滔。"九省通衢"的历史地位，赋予它独特的人文背景和丰富的自然景观。金山、北固山，风光万千，见证着镇江的历史和今天；古刹、道观，幽静神秘，回荡着宗教文化的精髓；焦山碑林、南朝石刻，浑朴凝重，积淀了几多过去的沉响……江山之美，钟乎其人：刘裕金戈铁马，气吞万里；陈东不避死难，伏阙上书；刘鹗以笔为刃，名扬天下……风流人物，不胜枚举。历史的风烟并未散尽，"代不乏材"的镇江，还会续写辉煌的历史，铸就明天的希望。

镇江这个名字，有两种说法。一是因镇江北部沿江岸一带地势比较低洼，在古代常受水害，所以在水名之前加一吉祥词，以示祈望；二是在宋代，改润州为镇江府时才有的。据说，当时统治者认为镇江的地理位置优越，背山面江，形势雄险，为镇守江防之地，故取名镇江。镇江之名至今已沿用了800多年，镇江名称的演变反映了镇江一直是重要的政治中心和兵家必争之地。

城记 　奇怪的饮食文化

镇江饮食有"三怪"，所谓"香醋摆不坏，肴肉不当菜，面锅里面煮锅盖"。

醋是酸性调味品，用于拌凉菜、烹饪菜肴；醋能缓解疲劳，防止动脉硬化，并具有杀菌、保健、美容等功能。《本草纲目》中记载："醋可消肿痛，散水气，杀邪毒，理诸药。"

醋"以江苏镇江为最佳"。镇江香醋，在我国诸多醋品中别具一格，其色、香、酸、醇、浓俱全。尝一口，酸而味鲜，香而微甜，不涩，存放愈久，味道愈醇，而且不会变质。这就是"三怪"中的"香醋摆不坏"。

镇江香醋具有得天独厚的地理优势与独特的精湛工艺，以优质糯米为主要原料，采用优良的酸醋菌种，经过固体分层发酵、制醅、淋醋三大过程，40多道工序，历时70多天精制而成，再经过一段时间的储存，然后才能出品。

而说到"肴肉不当菜"，则有个故事。相传很久以前，镇江城里一对夫妻开了一家小酒店。除夕，妻子上街买回一包做鞭炮用的硝，随手放在锅台上。丈夫腌猪蹄，盐不够，误把硝当盐抹在猪蹄上。几天后夫妻俩看看硝腌的蹄子颜色发红，不敢食用。但扑鼻的香味引得八仙中骑毛驴的张果老闻香下驴，进店品尝，一杯香茶、一盘肴肉，吃个精光。

镇江的肴肉，又叫水晶肴蹄，皮白肉红，卤冻透明，一块块晶莹发亮，煞是可爱。其肥而不腻，香酥鲜嫩。如果再蘸点姜丝、香醋，就更别有风味，能使品尝者产生香嫩酥鲜之感。

以前，镇江人吃肴肉有个习惯，清早上馆子，泡壶茶，放碟姜丝，将肴肉蘸着香醋姜丝吃，所以有"不当菜"之说。

"土特产"镇江锅盖面又称伙面，在镇江家喻户晓，于全国恐怕也是赫赫有名。其做法并不复杂：将面粉揉好后擀成薄片，再用刀细切，与锅盖一起下锅煮熟，捞起放入调好作料的碗里即可。锅盖面的特点是软硬恰当，面的柔韧性好，老少皆宜。然而正是这种并不复杂的煮面方法，被誉为是镇江人在饮食技艺上的一项创举。

关于锅盖面的来历，民间有很多种说法。有乾隆下江南的典故，有张嫂子锅盖面店的故事，有夫妻合伙做伙面的传说……这里记叙另一种说法：有一对姐弟，相依为命。弟弟有病，胃口不佳，姐姐天天下面给他吃，可弟弟总是说面条下硬了。于是，姐姐想办法擀细面条，将面团放在案板上，用一个竹杠，人坐在上面压着面团跳，从左到右、再从右到左，将面团压得薄薄的，然后削成细细的面条。

姐姐将面条放进锅里，又想加点青蒜，手忙脚乱之际，将旁边汤罐上的小锅盖放进了大锅。没想到，这样的面条却让弟弟吃得又多又香。原来，用小锅盖四周透气，这样下出的面不容易烂，又筋道，味道更佳。从此，镇江的锅盖面名声大震，大街小巷里出现了很多做锅盖面的伙面店。

城缘　抑郁的辛弃疾

千古江山，英雄无觅孙仲谋处。舞榭歌台，风流总被，雨打风吹去。斜阳草树，寻常巷陌，人道寄奴曾住。想当年，金戈铁马，气吞万里如虎。

元嘉草草，封狼居胥，赢得仓皇北顾。四十三年，望中犹记，烽火扬州路。可堪回首，佛狸祠下，一片神鸦社鼓！凭谁问：廉颇老矣，尚能饭否？

——《永遇乐·京口北固亭怀古》

宋宁宗年间，辛弃疾64岁时，被任命为绍兴知府兼浙东安抚使。这以前，辛弃疾被迫退居江西乡间已有十多年了。起用他的是执掌大权的韩侂胄。因为那时蒙古族已经崛起在金政权的后方，金政权日益衰败，并且起了内乱。韩侂胄要立一个伐金的大功，以巩固自己的地位，于是起用了辛弃疾作为号召北伐的旗帜。第二年，任他做镇江知府。

其实辛弃疾与镇江早有很深的渊源。归宋之初，辛弃疾寓居镇江，娶了爱国官吏范邦彦之女为妻。范邦彦本是金国蔡州新息县令，在辛弃疾南归前一年已全县归宋，家住镇江。辛弃疾与妻兄范如山十分投合，范如山的儿子范炎后来又娶了辛弃疾的女儿为妻。两代姻缘，关系非同寻常。因此辛弃疾早年曾经多次到过镇江，并结识了一些志同道合的镇江友人。

镇江，此时成了南宋与金人对垒的第二道防线（第一道防线为淮河）。

就任镇江知府后，辛弃疾很振奋，想借此机会实现多年抗金夙愿。据史料记载，辛弃疾在镇江知府任上，曾提出详细而有远见的抗金北伐备战计划，同时做了大量细致的抗金北伐准备工作，秣马厉兵进行备战。他一边派遣谍报人员渗透到敌人后方，侦察敌方的兵马屯戍、仓库位置以及将帅姓名等军事情报，一面派人分头在江淮一带加紧招募了一万多名有较强作战能力的士兵，又赶制了一万套军服，加紧训练兵士。经常亲往沿江一带观测地形，作好防守与进攻的具体部署。

他明确断言金政权必乱必亡。他还认为，南宋要取得对金作战的胜利，必须做好充分的准备工作。他曾对宋宁宗和韩侂胄提出过这些意见，并建议应把对金用兵这件大事委托给元老重臣。这无疑是包括辛弃疾在内的。可是韩侂胄一伙人不但不采纳，反而有所疑忌不满，他们借口一个小事故，给辛弃疾一个降官的处分。后来索性把他调离镇江，不许他参与北伐大计。

江西上饶铅山陈家寨村阳源山辛弃疾墓前塑像

辛弃疾23岁从山东起义南来，怀着一腔报国热情，在南方待了43年，开始遭到投降派的排挤，现在又遭到韩侂胄一伙人的打击，他那施展雄才大略来为恢复大业出力的愿望又落空了。北固亭是京口(镇江)名楼，登楼可望已属金国的长江以北的广大地区。可以想象，辛弃疾在京口期间，肯定不止一次登楼，登楼之时，心中定生几多感慨，蓄积起来，如鲠在喉，不吐不快，吐之为是词。

公元1205年7月，北伐壮志再次落空的辛弃疾，怀着满腔悲愤郁郁离开了镇江，回到江西铅山。1206年，韩侂胄仓促北伐，很快大败。1207年秋，辛弃疾大呼数声"杀贼"，忧愤而终，享年68岁。他的爱国情怀，留在了他的词中，激励着后世的人们，成为爱国主义不竭的精神力量。

感悟中国历史名城

SENSING CHINA'S WELL-KNOWN HISTORIC CITIES

■大同：北方锁钥　　■银川：边塞上的江南之城　　■呼和浩特：草原"青城"

城画城传

城记城缘

记录城市最为精致的面孔

发现城市不同寻常的轨迹

感悟城市不停跃动的脉搏

阅读城市流传不已的情怀

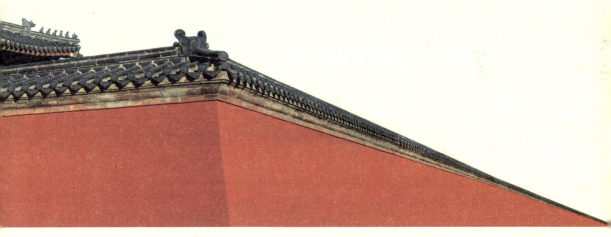

第四章　北方游牧民族的宿地

大同：北方锁钥

城画 晋北凤凰城

大同市，一个浓缩着悠久历史和灿烂文化的古都，由于其特殊的地理位置，古人描述为："三面临边，最号要害。东连上谷，南达并恒，西界黄河，北控沙漠。实京师之藩屏，中原之保障。"

行旅三晋，看那开阔之地，必是古代展开过恶战之地。晋北大同自古就是军事重镇，战争不断，但是它还有个具有浪漫色彩的别名：凤凰城。

很久以前，晋北一带的火山群无声地喷发了，那炽热的岩浆曾为天空大地染上了绚丽的色彩！

很久以后，晋北一带便出现了一座凤凰城，因为传说中的凤凰是火鸟，生于丹穴山，为火精，可为人们带来温暖与光明。

华严寺

晋北之地，远古为泽国，岸边一定少不了翁郁的丛林，林中又岂能少了"凡鸟不得近，唯待凤凰来"的梧桐树呢？

传说，当美艳的凤凰飞临边地上空时，竟被一位壮士弯弓走箭射下来，它便轰然坠地化作了城池。又一传说，凤凰颇具神力，飞矢强留下的只是它的一片右翅，由此羽化为城。很难想象，在遥远的过去，鲜卑人在这里营造出了一座容纳百万人口的城池，契丹人又以同样的热情拓建了这座历史厚重的城池！现今，人们从现存的断壁残垣中也不难看出，明代大将军徐达督建的这座老城，规模竟比现存的平遥古城大了许多倍，那是一座以大片民宅与周长十余里的城墙组合而成的恢弘的城池，也是一座依据传说中的坠凤演化而来的凤凰城。站在高山远眺，可以看到一只凝固的卧凤，凤之巨，城之阔，可供日月观赏，那真是"凤为城，城即凤"的鸿篇巨制！

凤凰城的城池形态，却形同孔雀，只在尾部呈现了三缕极短的凤尾。凤凰城的造型，虽然夸张而简约，却又不失精巧，比如城内的小东门小西门喻为凤眼，双关之门喻为双层眼皮，这便彰显出了凤眼的妩媚！城池虽为国内罕见的"棋盘街"格式，极为方正，却也适度地显现了凤首、凤躯、凤翅、凤尾，乃至凤口。

凤凰城中，寺庙楼阁遗存的不是很多了，可它们形态各异，古朴却不失秀丽。华严寺在大同城内西街，原建于辽代1038年，到公元1122年，大部分毁于

华严寺大雄宝殿

善化寺

兵火，仅存薄伽教藏殿。金代时又在旧址上重建大雄宝殿。寺中有条小巷把华严寺分为两部分，巷西称上寺，巷东称下寺。大雄宝殿和薄伽教藏殿，都是坐西朝东的木构建筑。其所以坐西朝东，可能和契丹族崇拜太阳的特殊风俗有关。大雄宝殿是上寺的主要建筑。殿身面宽9间，进深5间。檐高9米，鸱吻高约4米，为我国现存最大的两座木构建筑之一（另一座为辽宁义县奉国寺大殿）。薄伽教藏殿小一些，是下寺的主殿。殿内宽大的佛坛上，完整地保存着31尊辽代塑像。塑造艺术水平很高，其中以合掌露齿菩萨最出色，是现存辽塑中的精品。殿内四周，依壁设有两层阁楼式的藏经柜38间。后壁的悬空拱桥尤引人注目，桥上设天宫楼阁5间。这组木雕中的斗拱、屋檐、栏杆等，都是按照建筑物结构的比例制成，玲珑精巧，既是精确的建筑模型，又是出色的工艺品。它为研究辽、金时代的建筑，提供了实物例证。

　　善化寺原名开元寺，是唐朝开元年间修建的国寺。辽代毁于兵火。金代在开元寺旧址上重建，历时15年竣工。公元1445年又加以修整，改名为善化寺。现在寺内的重要建筑有大雄宝殿、三圣殿、普贤阁、山门（天王殿）四处。整个寺院布局大方，建筑对称，是汉民族风格。三圣殿和大雄宝殿的结构，又体现了金代建筑的特点。最突出的三圣殿在建筑手法上采用了减柱法。整个大殿只有四根主柱和四根辅柱。大雄宝殿内，正面高大的莲台上，塑有神情端庄凝重的五方佛像。它的两侧塑有神态各异的24尊护法诸天像，是金代雕塑艺术的杰作。

　　九龙壁是明洪武年间修建的。壁高8米，长45.5米，厚2米有余，通体用五彩琉璃砖砌成，是现存全国最大的琉璃照壁。九龙壁上部为仿木建筑，中部为壁身，

九龙壁

下部为须弥座。两端脊兽制作生动，加以黄、蓝、赭、紫、白各种颜色，使整个照壁色彩鲜明，富丽堂皇。特别是壁身用特制琉璃砖组成的九条龙，神采奕奕，雄健活泼，飞腾于波涛云气之中，真是巧夺天工。它体现了明代琉璃烧造的水平和绝妙的建筑艺术。壁前有一池清水，壁影倒映水中，随微波荡漾，真是活龙活现，为静静的照壁又增添了生气。

城传 　彩凤飞来第一都

魏都 大同城也叫凤凰城，这里面有个美丽的传说：天宫凌霄宝殿之上有只金色凤凰，某次跟随玉皇大帝去赴瑶池仙会，众仙酒醉，个个兴高采烈，谈笑风生，尤其是八洞神仙将人间美景说得绘声绘色，十分动听，金凤听罢，暗自思忖："我在天宫，法纪森严，孤单寂寞，何不趁此机会跟随八仙去人间一游！"想到此处，遂衔住张果老衣襟，张果老立即会意，他们悄悄离座来到暗处，金凤求张果老将自己带到人间，张果老说："到人间，倒也是件好事，

大同城墙。明洪武二十五年（公元 1392 年）在北魏平城上增筑而成，墙体以"三合土"夯填，墙表包以青砖，高约 14 米，比西安城墙还高 2 米。

我定鼎力成全。"金凤说："你看人间哪方宝地可以落脚？"张果老说："大同是块风水宝地，民情淳朴，遍地梧桐。且我在恒山修身炼丹，你在大同落脚，相隔不远，有事也好互相照应。"说罢悄然归座。

且说玉皇大帝退朝之后，金色凤凰乘凌霄宝殿无人之际，摇身变做一只蜜蜂，躲过守门武士，逃出宝殿，现出金凤原形展翅飞翔，迤逦来到大同，落在梧桐树上。次日，玉皇大帝早朝不见金色凤凰，急令二郎神杨戬四处捉拿，杨戬腾云驾雾来到大同上空，手拨祥云观察，发现了金色凤凰，便喝令其立即回天宫，金凤执意不从，杨戬便说："你私自出宫，触犯天条，若不回宫，要受责罚！"金凤哀求说："我情愿受罚，也不回天宫。"杨戬听此言，立即恼羞成怒，拈弓搭箭朝金凤猛射一箭，正中金凤右翅。金凤忍着疼痛，逃到恒山，找到张果老后，服用止痛仙丹，病体立即痊愈。然后，由张果老给明朝皇帝托梦，授意他将大同城建成凤凰展单翅形状，明王朝认为这是天意安排。于是，在洪武五年（公元 1372 年），令大将军徐达于

辽金"云中土城"旧址增筑大同城；景泰年间，令巡抚都御史年富于城北筑"北小城"；天顺年间，令巡抚都御史韩雍于城东筑"东小城"，于城南筑"南小城"。

事实上，大同早已成城。北魏建都，辽重熙十三年（公元 1044 年）于今大同城建西京，置大同县附郭，后以大同称之。

公元 395 年，居晋冀鲁豫辽五省、东晋十六国中最强大的鲜卑国家后燕向西北发展，进攻居晋北蒙南的另一个新兴的鲜卑国家北魏。北魏皇帝拓跋珪领两万精骑兵与后燕十万大军在参合陂（今山西大同东南）展开一场血战。后燕军大败南退，北魏乘胜南下，一路夺取晋冀重镇，终拥有黄河以北地区，成为北方的强大势力之一。

为进军中原，逐鹿天下，公元 398 年，北魏从盛乐（今内蒙古和林格尔）迁都于平城，即今天山西大同。拓跋珪在大同称皇帝，即北魏的第一个皇帝——魏道武帝。北魏以大同为都将近一百年。在这一百年的时间里，北魏的实力迅速发展。

建在大同城墙上的雁塔，原名文峰塔，因春夏飞雁众多故俗称"雁塔"。始建于明代天启四年（1624 年），高度约 17 米，为八角七级砖构宝塔，底部每面石碣上还镌刻着全城历朝举子姓名及其功名，以激励后人奋进。

北魏的开国皇帝拓跋珪非常欣赏汉文化，他弃游牧而奖励农耕，招纳汉族加入统治集团，加快了鲜卑拓跋部的汉化进程。在拓跋珪之后，其子拓跋嗣（魏明元帝）、其孙拓跋焘（魏太武帝）承其前业，继续擢用汉族人才担任官职，形成了拓跋贵族与汉人世家豪族的联合封建政权，一时国势大盛。特别是在拓跋焘时代，16 岁时领军亲征，打败了北方大漠政权柔然的疯狂入侵。数年后先后 13 次出兵反击柔然，终使柔然臣服，统一漠北。接着向西灭大夏国，向东灭后燕，接着平山胡，逐吐谷浑，灭北凉，终使北方长期的分裂割据局面复归于统一，南北朝对峙局面正式形成。

公元 471 年，北魏孝文帝拓跋宏继位。这位皇帝在位时作出的最大决策，就是将鲜卑族彻底汉化。孝文帝汉化的第一步是迁都。大同为都以来，北魏的国力一直在上升，但大同之地过于偏北，对于南下统一中国不利，且这个地方常年发生旱灾，疾病肆虐。更重要的是，这一带的人民以少数民族贵族居多，保守势力十分强大。要想将整个民族汉化，必须要迁都到汉化程度较高的洛阳。于是孝文帝于公元 493 年借口南伐齐国，亲率步兵骑兵 30 多万及大多数文武大臣南下。

一路上秋雨连绵，道路泥泞，行军非常困难。到洛阳的时候，众臣实在是走不动了，纷纷劝孝文帝停止南征。孝文帝道："这次我们兴师动众，如果半途而废，岂不是被后代人笑话。如果不能南进，就把国都迁到这里，诸位认为怎么样？"众臣这才知道上了当，也只得如此。

孝文帝定都洛阳之后，立刻改革鲜卑旧俗：禁止鲜卑贵族穿着胡服，一律改穿汉族衣服；禁止鲜卑贵族讲鲜卑语，一律改说汉语。不久，又下令改鲜卑复姓为汉姓，首先把皇族的鲜卑姓氏拓跋氏改为汉姓元氏，并把其他的100多个鲜卑姓氏全部改为汉姓。同时下令改变鲜卑人的籍贯。规定凡是迁到洛阳的鲜卑人就算是洛阳人，死后不许归葬塞北；提倡鲜卑贵族同汉族通婚；改鲜卑官制、法律、礼仪、典章为汉制，革除鲜卑旧制。

通过孝文帝的改革，鲜卑族的经济文化得到了迅速发展，比起同期进入中原的羯、氐等其他民族，鲜卑族的汉化程度是最高的。改革在一定程度上缓和了阶级矛盾，使北魏政权得以巩固。

城记 充满能量的文化气质

民风、民俗是最直观的文化现象，它折射着一个城市的历史、文化和气质，特殊的地理位置和历史渊源造就了大同独特的民风。

如果讲到大同的民风，可以概括为三点，第一就是这个地方比较尚武，大同人，尤其是县里的人，一直都保留着练武的习惯，这与这个地方战争频仍、参军的人数多有关系；另外，大同人比较善歌，几乎每个县都有小剧种，比如灵丘的罗罗腔、广灵的大秧歌、朔州的秧歌、右玉的道情、阳高的二人台、浑源的扇鼓，还有北路梆子等，共有十几种之多。遗存这么多小剧种是由于当时很多少数民族在这儿交流、融合。每一个来这儿的民族都带着老祖宗的一种音乐载体，发展到现在就是那些小剧种。另外，还有一点就是大同人比较爱美，过去大同的老百姓把家里收拾得特别干净，大同人还特别讲究衣着。

大同煤雕"唐马"

在大同，你会发现这里的人大多都长得眉清目秀，尤其是大同姑娘，几乎个个都是美女。其实大同多美女是古已有之，《大同府志》记载民间有谚语："宣府的校场，蔚州的城墙，大同的婆娘，为三绝。"

这与大同历史上少数民族的融合是分不开的，包括匈奴人、鲜卑人，鲜卑这个民族，现在好像从地球上蒸发了一样，这个民族到哪儿去了？其实鲜卑从北魏那个时候就改了汉姓了，这些人都融入到当地了。鲜卑人有个显著的特点：高鼻子，

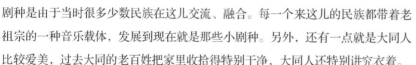

大眼睛，这些人和汉族人通婚，那么生出的后代就要漂亮一点儿，恐怕这是大同出帅哥美女的根本原因。

大同工艺品历史悠久、种类繁多、技艺精湛，其中，铜器加工工艺可谓闻名中外。至今在大同，手工制作铜器的作坊还在传承着古老的手艺。大同的铜器加工始于北魏时期，距今已有1500多年。民国《大同志稿》记载："大同虽非铜区，而铜制品向颇著称，物美价廉，多运往外蒙古地方。手工业中，铜工最为独步。"民间流传着"五台山上拜佛，大同城里买铜"的说法，足见大同铜器的声名远播。描龙镂凤的铜火锅与其说是炊具，不如说是一件工艺品。1973年，法国总统蓬皮杜访问大同时，周恩来总理将雕有"九龙奔月"图案的铜火锅赠送给他，一时使大同铜火锅享誉四方。

大同素有"煤海"之称，煤炭开采历史悠久。北魏郦道元在《水经注》中已有当地居民开采煤炭用以炊煮取暖的记载。唐宋时大同煤炭开采已较为发达，煤炭成为商品流通于市场中。由于煤炭采掘历史悠久，矿工众多，以往民间有每年冬至庆祝矿工节的习俗。当天，大街小巷、商店住户门前都要用煤块垒成圆碉形"旺火"，到了晚上，满城大大小小的旺火点燃，一片欢腾热闹的气氛。

城缘　一门忠烈永垂不朽

杨家将　北宋初期，雁门关一带是宋辽（契丹人）激烈争夺的战场。著名爱国将领杨业（又称杨继业）及其夫人折太君（又称佘太君）等杨家将士都曾在这里大显身手，为国立功。北宋太平兴国四年（公元979年），杨业任代州刺史兼三交驻泊兵马都部署以后，曾多次以少胜多，大败辽兵，当时人们赞誉杨业为"杨无敌"。雍熙三年（公元986年），在雁门关附近的战斗中，由于统帅潘美的指挥失误、临阵脱逃和挟嫌报复，使杨业陷入重围，最后全军覆没，在朔州的陈家谷他自己身负重伤为辽兵所俘，他宁死不屈，最终绝食

佘太君庙

山西雁门关

而亡。后人为纪念他的战功和忠贞精神，在雁门关北口立了"杨将军祠"。

杨令公和折太君的彩塑至今还凛然地静坐在雁门关附近的杨家祠内。

杨家是一门忠烈，折太君不愧是巾帼英雄。折太君，名赛花，西京大同人，乃后周四镇节度使折从阮之孙女，永安节度使镇府州折德扆之女。折太君自幼随父折德扆镇守府州，善于骑射，配给北汉名将杨业为妻。折太君生性敏慧，弓马武艺皆熟，深知兵法，辅佐杨业屡立战功，杨业官居云州观察使，号称杨无敌。

清朝光绪年间《岢岚州志》所述："杨业妻折氏。业，初名刘继业，仕北汉，任犍为节度使，娶折德扆女。后归宋，赐姓杨。折性敏慧，尝佐业立战功，号'杨无敌'。后杨业战死于陈家谷，潘美、王侁畏罪，欲掩其事，折上书辩夫力战获死之由，遂削二人爵，除名为民。"又《保德州志》云："折太君，宋永安军节度使镇府州折德扆女，代州刺史杨业妻。性警敏，尝佐业立战功。后太平兴国十年，契丹入寇；业进兵击之，转战至陈家谷口，以无援兵，力屈被擒，与其子延玉皆死焉。太君上书陈夫战殁，由于王侁违制争功。上深痛惜，诏赠业太尉，除王侁名。"宋太宗下诏"故云州观察使杨业，挺陇上之雄才，本山西之茂族……（死后）赠太尉，大同军节度，赐其家布帛千匹、粟千石"（《宋史·杨业传》）。

杨业为国捐躯之后，折太君又协助长子杨延昭抗辽立功，累任崇仪副使、江淮南都巡检使、知定远军、保州（保定）缘边都巡检使、本州防御使、高阳关副都部署、加如京使。杨延昭戍边二十余年，"契丹惮之，目为杨六郎"，宋朝皇帝真宗也赞扬说:"延昭父业为前朝名将,延昭治兵护塞,有父风,深可嘉也。"北宋大中祥符七年(公元1014年)杨延昭病逝军中,终年57岁,河朔之人多望延昭灵柩痛哭流涕,悲声直上九霄。杨延昭之子杨文广从狄青南征有功,授兴州防御使、知泾州,为定州路副都总管,迁步军部虞侯,卒后赠同州观察使。

杨家将从杨业之父杨信到其孙杨文广,祖孙四代驰骋疆场,英勇杀敌为国捐躯,堪称"一门忠烈",折太君正是杨家将的中坚。虽然正史上对折太君没有更多记载,但是折太君那深通兵法、久战沙场、忠心爱国、顾全大局、深明大义的巾帼英雄形象,却深深地印在广大人民脑海之中。她指挥杨家将英勇杀敌的可歌可泣的英雄事迹,已经达到家喻户晓、老幼皆知的程度。后来的评书、戏曲剧目如《杨家将》等广为流传。

银川:边塞上的江南之城

 城画 塞上江南好风光

在银川这块土地上,有黄河、平原、贺兰山,还曾出现过一个威猛勇敢的古老民族:党项羌族。他们在这里建立了一个辉煌一时、也曾震慑过当时的北宋王朝的国家,即西夏国。银川平原上的水土滋养了他们,他们也在这里留下了许多历史遗迹,等他们灰飞烟灭后我们才能感受到历史的真实。

神秘的西夏王陵　有"东方金字塔"之称的西夏王陵作为中国20世纪100项考古重大发现之一,以及消失了770多年的西夏王朝的标本和缩影,价值自不待言。因为神秘,便给了我们无限探索的可能性。在银川市向西35千米的贺兰山东麓,一块平坦开阔的山前洪积扇地带,便是西夏王陵的所在了。

贺兰屏障下、黄河怀抱里的西夏王陵处在所谓"后有走马岗,前有饮水塘"的上吉之地,在近50平方千米的荒漠上,铺排着9座西夏帝王陵园,是中国现存规模最大、地面遗迹保存最完整的帝王陵园之一,与北京的明十三陵、河南巩义的宋陵相当。

明朝之前就遭到全面破坏的黄土陵台早已褪尽了

西夏王陵九座陵墓中规模最大的3号陵

富丽，消散了华饰，一切棱角都被磨平，一切直线都变成了颤笔，默默地矗立在那里。专家说，与西夏王陵同时代的陵园都已不见踪迹，相比之下，西夏陵算是保存得好的。

3号陵是9座王陵中占地面积最大、保存最完好的一座，据考是西夏开国皇帝

西夏王陵3号陵文物人首鸟身迦陵频伽像，据称这是《阿弥陀佛经》中记载的迦陵频伽，迦陵频伽是梵语，汉译为"妙音鸟"，也是佛教中的"极乐鸟"。

西夏王陵6号陵文物——琉璃鸱吻，鸱吻是传说中龙的九个儿子之一。

李元昊的墓地，俗称"昊王坟"。陵塔位于墓室的正后方，与中原地区陵墓不同，反映了西夏贵族特殊的葬俗。在对3号陵进行发掘前，专家均认为"东方金字塔"建筑为实心夯土台、八角锥形，而这些发掘已肯定是圆形塔基，直径约有34米，这便是党项羌族的创造。

战火湮没了显赫的王朝，却留下了辉煌的历史遗迹。西夏王陵成为西夏王朝留给世人的最大一处遗迹，展现着历史的背影。一切摧毁都是具体的，一切委屈都难以言说，不必怀疑的是结果，大漠、黄土，承载着那个光耀一时的王朝的千秋家国梦。

由废墟怀想盛世，是需要想象力的。好在有不少的文物，有可能采访到与西夏文化息息相关的人们，于是西夏在我们的怀想中，因为细节而有了血肉和灵动。

1975年，在西夏王陵出土了6座男性人像碑座石雕，长高宽均为60厘米左右，石雕造型为男性人体全身跪姿，轮廓浑圆，颧骨高突，粗眉上翘，双目圆睁，下颌置于胸前，肩与头齐，双乳拖腹，双手或拉膝、或上撑，下肢跪曲，腹脐清晰凹陷。大胆夸张的表现手法被外国研究者称为"东方维纳斯"。

夕阳西下，暮色已沉，远处的贺兰山朦胧在一片岱青的雾霭中，暮色使王陵更加落寞。西天还留下一抹明艳的淡彩，在陵墓的背脊上轻抚。起风了，而沙漠的明月，已朗朗在天。

 城传 大夏鼎足而立

银川因西夏国定都于此而具有了更绚烂的历史色彩。西夏，自公元982年建国，到1227年被蒙古所灭，历时246年。在近两个半世纪里，以党项羌族为主体的

西夏王朝，统辖今宁夏、甘肃大部、陕西西北部、青海东部、内蒙古西部，创造了中华文明的重要组成部分、极富特色的区域性民族文化——西夏文化。如今，空留下座座陵台，像一声声沉重的叹息。

　　　　贺兰山下古冢稠，

　　　　高下有如浮水沤。

　　　　道逢古老向我告，

　　　　云是昔时王与侯。

　　我们无法想象，公元 1227 年，在这碧血黄沙上，蒙古与西夏之间上演了一场怎样的血雨腥风。战火湮没了显赫的王朝，而经历了毁灭性的杀戮后，《二十四史》也对这个王朝视而不见、避而不谈。

　　西夏是公元 10 世纪至 13 世纪，以党项羌族为主体建立的封建性民族国家政权。党项羌族，是我国古代广布于西羌族中较晚起的一支。起初居住在今青海东南部的黄河九曲之地。到隋末唐初，活动范围逐步扩展，"东距松州，西叶护，南春桑、迷桑等，北吐谷浑"，即在今四川、西藏、青海交界一带的辽阔草原上。当时党项羌族有 8 个部落，各自独立，而以其中的拓跋氏最为强盛，起着主要的领导作用。

贺兰山岩画。古老神奇的贺兰山岩画把千年前的西夏人的生活、信仰毫无保留地展示在我们眼前。

　　因为强大的吐蕃政权的威胁，党项羌族逐渐迁徙到陇东、陕北一带。居住在庆州（今庆阳）一带的党项羌族部落叫东山部落；居住在夏州（今靖边）一带的叫平夏部落，他们都依附于唐朝。唐末，党项羌族平夏部落参加了对黄巢农民起义军的镇压，因作战有功，其酋长拓跋思恭被封为定难军节度使，赐给李姓，爵号夏国公。从此以后，夏州拓跋氏称李氏，统辖夏、绥、银、宥四州之地，成为地方割据势力。五代十国时，他们利用各封建势力之间的矛盾和斗争，继续壮大力量，到宋初已有了相当雄厚的实力。党项羌族首领李继迁又利用宋辽之间的矛盾，采取了联辽反宋的策略，在经济上大得利益。公元1021年，李继迁攻占西北边塞重镇灵州（今宁夏灵武西南），改为西平府，作为自己的都城，为西夏的建立奠定了初步基础。在汉族封建文化的积极影响下，党项羌族的政治、经济发生了深刻的变化。经李德明一代的发展，到李元昊时，党项羌贵族已基本上完成了封建化，他们迫切要求在政治、经济上统一，建立自己的政权，以保障既得利益。在祖孙三代长期准备的基础上，公元1038年，李元昊正式称帝，国号大夏，定都兴庆府（今宁夏银川市），建立了以党项羌族为主体，包括汉、回鹘等民族在内的封建国家政权，因其地处祖国疆域西北部，故史称西夏。

在西夏存在的历史年代中，它先后和北宋、辽以及南宋、金鼎足而立。

经元昊祖辈的努力发展，西夏在元昊时得以立国。元昊早在即位（正式称帝）前，便采取了一系列措施，在注重党项羌族的民族固有传统的同时，他积极加强封建化。

公元1032年，他首先去掉唐、宋所赐的李、赵姓氏，号"嵬名氏"，自称"吾祖"（即青天子），改宋明道年号为显道，开始使用自己的年号。建国后，他又下秃发令，恢复旧俗。都兴庆府，设文武两班，立军名，用兵制，新制文字，改定礼乐等。这些措施实际上使王权得以巩固和发展，但同时也使王权与贵族的矛盾进一步加深；加上建国称帝，他也日益骄淫，终于因贪好女色，遇刺身亡。

元昊死后，子谅祚即位，年满周岁，朝政大权被母后没藏氏控制。毅宗谅祚亲政后，对西夏的政治、军事实行了加强汉化、整治军队等一些重要改革，不仅巩固了新政权，而且对以后各朝产生了深远影响。谅祚死后，子秉常即位，政权又一度陷入母党手中，她们恢复旧藩礼，形成了以梁乙埋为首的贵族专权政治。秉常亲政后，下令以汉礼藩仪，遭到保守派的极力反对，梁氏幽禁了秉常，并不断进犯北宋，引起

贺兰山岩画中最负有盛名的"太阳神"造像

战争，造成国力困乏，人民不满。皇权与母党矛盾激化，梁氏只得让秉常复位，国内矛盾缓和。惠宗秉常卒后，年仅3岁的乾顺即位，政权又落入秉常妻乾顺母梁氏及梁乞逋手中。在母党专权的10年里，梁乞逋倚仗"梁氏一门二后"的威势，又连连发动战争，使西夏遭受严重损失。乾顺执政后进行了一些改革，加强汉文化的推广，同时也注重对文职人员的培养。这一时期经济得到了较大发展。

西夏首领印。铜铸，方印圆角，印台薄。印文为西夏白文，释为"首领"；印钮的两侧往往刻有成列的西夏文，释印文内容及执掌者，目的是加强对官印的使用与管理。

夏大德五年（公元1139年）六月，乾顺卒，年56岁。子仁孝即位，时年16岁。仁孝即位时期，西夏境内发生了严重的饥荒和强烈的地震，由此爆发了西夏历史上规模最大的以哆讹领导的党项羌族人民大起义，迫使统治阶级采取了一些缓和阶级矛盾的措施，仁孝实行了一系列改革：用法律形式保护私有财产和自由买卖土地，巩固了封建土地所有制；改革地租和赋税制度；发展教育，实行科举；推崇儒术，以科举取仕；改革礼乐和法律，推行直言、节俭等。这些改革措施，缓解了生产关系与生产力之间的矛盾，使生产力获得大发展。仁孝在位54年，在此期间，夏国基本上保持社会稳定，经济、文化得以迅速发展，到天盛年间经济繁荣，出现了前所未有的盛况。仁宗于公元1193年卒，子纯祐即位，时年17岁。

桓宗纯祐基本上还是奉行了仁孝时期的外交政策，对内安国养民，对外与金、宋友好。但是，随着国家的安定和封建势力的发展，党项羌族统治阶级开始贪图安逸，日益腐败堕落，而由乾顺朝开始的重文轻武、推崇儒术的无为思想和方针，从客观上使得西夏社会由盛转衰，至此已成为不可逆转的趋势。

同时，纯祐时期，正是蒙古族兴起并且日益强大的时期，来自蒙古的严重威胁和大肆侵略也加速了西夏由盛转衰的历史进程。夏天庆三年（公元1196年）十二月，仁孝弟越王仁友卒，其子安全上表炫耀先世功绩，要求承袭越爵位。纯祐不许，降其为镇夷郡王，安全不满，遂生篡夺帝位之心。不久即与纯祐母罗氏合谋，废纯祐自立为帝。公元1206年，纯祐暴卒，年三十。襄宗安全篡位后，改变了长期与金盟好的政策，依附日益强大的蒙古，与金进行了长达十余年的战争，使双方损失很大，西夏国内阶级矛盾也进一步激化。公元1211年齐王遵顼发动宫廷政变，废襄宗安全自立为帝。在强大蒙古的威胁下，要使国家继续存在和发展，西夏的国策只能是安定国内，联合金、宋，共同抗蒙。而遵顼夺位后，仍全盘承袭了安全的亡国政策，坚持附蒙抗金，造成社会经济凋敝，阶级矛盾激化，即使有联金抗蒙的正确主张也难以实现。到头来蒙古还是与其反目成仇，多次借机率兵围攻西夏。神宗遵顼为了逃避大敌当前的严酷现实，自称上皇，传位于其子德旺，是为献宗。夏献宗在其继位的第四年的七月，听说蒙古大军前来进攻，忧惧而卒。

其弟清平郡王之南平王继位，仅一年，即降于蒙古，南平王被杀，西夏遂亡。

西夏王国的出现，是我国古代历史发展中的重大事件。这一时期，西夏与北宋、辽、南宋、金并立长达近两个世纪。如果从"虽未称国而王其土"的拓跋思恭所建立的夏州政权算起，西夏历时比同时期的宋、辽、金更为长久。疆域上西夏境土之大，"东尽黄河，西界玉门，南接萧关，北控大漠"，即包括今宁夏全部，甘肃大部，陕西北部，青海、内蒙古部分地区。在那个时代，西夏创造了辉煌灿烂的民族文化，对于祖国西北地区的开发，曾起过积极的作用。但是，只因为蒙古灭西夏后，元人没有写出一部足够有分量的西夏纪传体专史，致使公、私所拥有的西夏史料因未被系统整理而愈来愈少，造成了不可挽回的损失。在西夏历史即将湮没的现在，唯有屹立于贺兰山下的一座座陵墓，或许还能使我们想见王国昔日曾有过的盛景。

城记　安逸的城与人

从耸入云霄的承天寺塔极目眺望，四郊景色尽收眼底。峰峦重叠、峻峭巍峨的贺兰山耸峙于西，犹如一架大屏风，阻遏了来自西北方的戈壁沙尘和寒流，使这里蓝天明净，气候温和。滔滔黄河在东边奔腾北流，宛如一条晶莹的玉带，以它的乳汁染绿了塞上千里沃野。汉延、唐徕、惠农、四干四大干渠流贯南北，湖沼、鱼塘、水田星罗棋布，这就是东西宽40余千米、南北长165千米、有2000余年历史的宁夏青铜峡灌区，素来被誉为"塞上江南"，她哺育了银川城。

银川城很小，人也少。走在街上，尽管人来人往，却不拥挤，在很多街道，宽阔的空间让人眼前一亮，真想跑上几圈，而且也不用担心车辆的过往，因为这里路面实在太宽，而车并不太多。

宽阔的大路，放慢了人们的脚步。美丽的风景，舒缓了人们的压力。慢节奏生活是这里的特色。银川人的安逸可以从街头散步人的脸上看出来，可以从年轻人的时髦的穿着上看出来。在城中的中山公园里，男女老幼或尽情地晒太阳，或逗弄广场上的鸽子。在银川郊外，一大堆的历

银川承天寺塔

西夏王宫。位于距银川市东13公里处的金水（黄河）旅游区内，"横城古渡"自古就是宁夏八景之一。因拍摄西夏历史主题电视连续剧《贺兰雪》而重新修建。

史古迹，每天都迎接着来自国内外的游客，然而银川人却并不是很想去凑热闹，他们只是很享受地在城里，平静地过着自己的生活。

外地人会觉得银川特别美。因为这里没有什么大的企业，空气好，什么时间都是蓝天白云，城市不大，街道特别整齐，步行街是在最繁华的地方，旁边就是新华百货。城市不大就没有那么多车，基本上是不堵车的，透着一股宁静和整洁。冬天的银川特别冷，气温虽说比西安低不了多少，但是蒙古大草原刮下来的风还是特别厉害的，卖菜的全部用棉被做成口袋把菜装进去，以防把菜冻坏了。夏天不热，无论多热的天气晚上睡觉还需要盖被子。所以夏天如果想避暑，去银川是特别合适的。

银川的老城，即兴庆区，历史上是西夏国的首府，城市商业与对外贸易相对繁荣。在古代，这个城中有宫城和宏大的宫殿。城西北角建有"逶迤数里，亭榭台池，并极其胜"的元昊避暑宫。西郊贺兰山上筑有多处离宫，成为京畿最大的王家林苑。城内外还广建佛寺僧院，高塔凌云，构成城市的独特风貌。这里是西夏的文化中心，以党项羌族为主体的各族人民，共同创造了灿烂的西夏文化。现在，这里仍是银川繁华之地。银川人很多搬到新城去住，但有时间总会来老城逛，就好像来赶集一样。老城的氛围总是很怀旧的。

现在，银川人提出建设"大银川"的口号，他们不满足于现有的城区区域。这座安逸的城市正在焕发神秘的魅力，吸引着世人。"贺兰山下果园成，塞北江南旧有名。"唐代的诗句今天依然被银川人吟诵。在西北的大漠荒原，一个"城在园中、园在城中、城在湖中、湖在城中、城在林中、林在城中"的"塞上湖城"正在展开它那秀美的画卷。

城缘　　一代枭主——李元昊

西夏王朝的建立者　公元1004年，一个婴儿在灵州呱呱坠地，他刚出生就啼声连连，双目炯炯。他就是后来正式建立西夏王朝的第一代皇帝李元昊。

李元昊雕像

西夏文石经板

少年时代的元昊，喜读诗书，对兵书更是爱不释手，专心研读，尤倾心于治国安邦的律法著作，一向善于思考、谋划，对事物往往有独到的见解。宋朝边将曹玮，早想一睹元昊的风采，但总不能见到，后派人暗中偷画了元昊的画像，曹玮见其样貌不由惊叹："真英勇也！"

元昊成人后，对于先辈称臣于宋，特别是对因宋朝的恩赐而改变本民族的生活习惯十分不满。父亲李德明对他说："吾久用兵疲矣，吾族三十年衣锦绮，此宋恩也，不可负！"元昊反驳父亲道："衣皮毛，事畜牧，蕃性所使，英雄之生，当王霸耳，何锦绮为？"

李元昊崭露头角是在公元1028年进攻甘州（今甘肃张掖）回鹘政权的战争。元昊由于显赫战功而被李德明册封为太子，一举成名。突袭甘、凉的成功，不仅使党项族的势力扩展到河西走廊，也使年轻的李元昊赢得了荣誉。

公元1032年，李元昊在兴州（今宁夏银川）以太子的合法身份和自己的军事才干以及显赫的战功，取得了党项政权的最高统治权。此时，西夏所控制的领土"东尽黄河，西界玉门，南接萧关，北控大漠"、"方二万余里"，事实上已形成了与宋、辽三足鼎立的局面。

元昊继位后，为了强化民族意识，加强党项羌族内部的团结，争取贵族上层和广大党项部落人民的支持，首先抛弃了唐、宋王朝赐封给其祖的李姓、赵姓，改姓嵬名，称"吾祖"。"吾祖"为党项语，意为"青天子"。元昊自以为祖宗为鲜卑拓跋，为了怀念祖先，保持旧俗，他率先剃光头，并穿耳戴重环饰，以示区别。同时强令族人一律"秃发"，且限期三日，有不服从者，任何人都可以处死他。一时间，党项民众争相秃发。

公元1034年，李元昊升首都兴州为兴庆府，在城内大兴土木，扩建宫城，广建殿宇。兴庆府的布局，仿照唐都长安、宋都东京。李元昊还依照中原王朝的礼仪，设立文武百官和各级政府机构。对官民服饰分别作了严格的规定。这些措施，进一步推进社会内部日益增长的封建关系，同时也适应对广大新占领的汉族地区的统治需要。

公元1038年，在兴庆府的南郊，元昊在亲信大臣野利仁荣、杨守素等人的拥戴下，正式登上了皇帝的宝座，国号称大夏。这年元昊34岁。

李元昊建国称帝，一个重要的原因是以西夏社会经济的发展为物质基础的，而西夏社会经济之所以取得了较为迅速的发展，在短时间内完成了向封建制的转化，是和李元昊致力于加强同中原地区的经济联系、吸收中原先进的经济体制、改变西夏原有的社会经济结构分不开的。夏国的中心地带，处于黄河上游两岸富庶的银川平原，"天下黄河富宁夏"是历史上对这个地区的荣称。

元昊建国后，在疏通原有渠道的基础上，又修筑了由青铜峡至今平罗县境长达100多千米的水利工程，后人称之为"昊王渠"或"李王渠"，沟渠遗迹，至今仍存。"昊王渠"等的修筑，使首都兴庆府周围成为夏国主要的粮食生产基地之一，元昊还在国家机构中设置"农田司"以管理农业。党项羌族历来以畜牧业为其经济基础，在元昊攻占了自古即有"畜牧甲天下"美称的河西走廊甘、凉地区后，畜牧业经济的发展基础更为雄厚。著名的"党项马"及其他牲畜和畜产品是党项羌族与汉族地区进行贸易交易的主要商品。频繁的战争大量消耗和损失牲畜，没有畜牧业的发展也难以维持。正因为畜牧业在党项羌族社会中具有特殊的地位，所以李元昊十分重视畜牧业，为了使本民族的传统经济继续得到发展，建国后设立了专管全国畜牧业的群牧司。

元昊建国后形成的宋、辽、夏三国鼎立的局面，使当时的局势复杂化，出现了三国角逐的形势。元昊时期的对外政策，既不同于一贯的联辽抗宋，又不与宋、辽和平相处，而是根据实际利益，随机应变。抗衡宋、辽，视二国"之势强弱以为异同"，这是十分灵活的外交政策。

元昊继位后，同辽联姻，受辽封号。在两国因党项羌族叛附问题发生纠纷并引起战争时，元昊在给辽以重创之后又立即以胜求和，恢复两国友好。对待宋朝，结盟于辽，有恃无恐，悍然发动攻略战争。当元昊看到辽以出卖夏国利益从中渔利时，便立即决定同宋媾和，在一向坚持的名分问题上向宋作出了让步。这一步不仅使元昊脱离了由长期战争造成的困境，而且避免了辽为从宋得到经济实惠，有可能牺牲夏国，使夏国遭到两面受敌的危险；对宋妥协，两国议和，还可以从宋得到经济实惠，可谓一举三得。

元昊对夏国文化建设的最大贡献就是主持创制了西夏文字。元昊规定西夏国内所有艺文史牒，一律都用新制夏字书写。由于元昊的大力提倡和推行，西夏字在上自官方文书，下至民间日常生活中，得以广泛使用并迅速流行，这不仅对于元昊加强统一、巩固统治起了巨大作用，也是元昊加强民族意识建设的又一突出贡献。元昊继位后，对党项羌民族实行受唐宋影响的礼乐制度十分不满。他按照"忠实为先，战斗为务"的标准，认为唐宋以来的中原礼乐过于繁琐，不符合党项羌民族的习惯，于是"裁礼之九拜为三拜，革乐之五音为一音"，简化了礼乐制度。

但是，元昊和历史上许许多多的统治者一样，也有自身固有的和难以克服的缺点和不足。他陶醉于自己的赫赫战功，不理朝政，经常在贺兰山离宫和诸妃嬉戏、纵情声色，最后竟死于儿子之手。

呼和浩特：草原"青城"

城画   "召城"里的大召寺

呼和浩特是蒙古语，意为青色的城市，有首词《念奴娇·召城》这样写道：

塞外名城，叹千古风云，拥黛青冢。默川春胜芳草，芒干襟带阴山屏。六桥烟柳，杏坞翻红，辽塔竿光映。经幡蔽日，一片弥陀号声。 三世达赖临幸，佛光普照，百姓多善诚。云丹嘉措坐床处，舍利图召妙境。顺治父子，延寿斋供，御马趵醴泉，胜迹犹存。五塔春晓玉磬。

呼和浩特也是有名的"召城"，有"一座城池半城庙"之称。"召"是寺庙的意思，而绝大多数是喇嘛庙。

历史上，呼和浩特曾建造过几百座各种寺庙，但主要是以喇嘛教的召庙为主，而且占地面积也最大。这样就名副其实地形成了人们所说的"召城"。喇嘛庙的大量建造和召城的形成主要集中在明、清两代。从明朝的万历年间到清代的乾隆时期，在仅仅200余年的时间里，呼和浩特就出现过三次大的建庙高潮。从明末到清代前期，特别是"康乾盛世"，是这一地区喇嘛教发展最繁盛的时期。当时，呼和浩特市区及

草原上的蒙古包

呼和浩特大召寺，是市里有名的喇嘛庙。

周围地区约有一半以上的土地是属于召庙的庙产。召庙中的喇嘛达到万人之多。当地的蒙古族男子中，平均每 2 ～ 3 人就有一个人出家当喇嘛。可谓是召庙林立，信徒众多，佛教鼎盛的时代。

在历史的长河中，绚丽多彩的"召庙文化"曾吸引了无数的中外游人、旅行家和专家学者们来到这里，一睹召城的风采。直到今天，呼和浩特还保存着一些极有特色的召庙古迹。

呼和浩特昔日的召庙数不胜数，"七大召、八小召、七十二个免名召"，这是过去人们形容召庙众多的一句俗语。其实，旧时召城中的召庙远远不止这些，但常人只知其多，却难以尽述其名。

呼和浩特的召庙中，最负盛名的还是大召。它也是召城中最早的召庙，早在 400 多年以前就已闻名塞外了。大召，蒙古语称"伊克召"（"伊克"汉译为"大"）。明代时，朝廷赐汉名"弘慈寺"。以后，清代又赐名"无量寺"，一直沿用至今。大召，建成于明朝的万历年间，它既是呼和浩特建的第一座召庙，也是内蒙古地区建的第一座喇嘛庙。

大召闻名于世，不仅仅是因为它建造年代久远，更主要的原因还是大召本身的价值和它所带来的各种影响，再加上民间许多神奇美妙的传说，大召至今仍吸引着成千上万的游人争相前往。

大召像一座神圣的宫殿，暗红色的围墙和金黄色的殿顶，看上去显得肃穆而庄严。游人踏进经堂、佛殿时，就会看到在那忽明忽暗的酥油灯光下，香烟缭绕的迷雾中，有无数个大大小小的佛像和护法的神灵，一种神秘莫测的感觉油然而生。

大召有三绝：银佛、龙雕、壁画。银佛即释迦牟尼佛像，至今还供奉在大召佛殿的正中。银佛坐在那里，有两人多高，全身由纯银铸成。据说当年落成后，西藏的达赖喇嘛专程赶来为银佛举行了"开光"法会。因此，大召又有"银佛寺"之称。龙雕说的是银佛座前的两条金色蟠龙。分别雕在两根露明柱上，很高。由下向上望去，金龙张牙舞爪，腾云吐雾，活灵活现，犹如传说中的真龙一般。壁画布满了经堂和佛殿的四壁，内容是依据佛教中的经典故事，描绘了天上、人间及地狱间的各种景象，其中尤以如来佛祖与外道六师辩经斗法图最引人入胜。

城传 八旗子弟来了

清朝雍正十三年，清廷再一次派官员来呼和浩特勘察地形，选择了土默川四王庄南面的一片坡地作为建城基地。

四王庄在归化城东北五里，在公主府东南五里，此处地势为东北高、西南低，恰好是块建城的风水宝地。

乾隆二年，右卫的建威将军王常（昌）改称为绥远将军。被迁驻到这里建造新城，因此，新城建城时也就以王常的称号"绥远"（经乾隆批准）作为城名，称为"绥远城"了，这就是绥远城名称的由来。可以说，先有城号，后有城市。

绥远城是公元1737年（乾隆二年）动工，1739年（乾隆四年）完工的。新城呈正方形，原计划城周一千九百六十丈（合十里有余），结果偷工减料，以城垣内线当成外线修成，城周仅有九里十三步。

新城有四座城门——东曰"迎旭"，南曰"承熏"，西曰"阜安"，北曰"镇宁"，门额皆为满、汉、蒙三种文字刻写。四门外又都有瓮城、石桥和护城壕。城门上有望楼，四角有角楼。城中央有一座钟鼓楼，从钟鼓楼到四门有四条大街——东西南北街，东街和北街临城门处都带拐弯，俗称"骆驼脖子"。所以，东西门不对着，南北门也错开。这是旧时的讲究，怕跑了风水。

绥远将军衙署现为内蒙古自治区重点文物保护单位

绥远将军衙署位于新城区，衙署建筑风格严谨对称，按一品封疆大吏官署规格营建，占地约3万平方米，共有132间房屋。

绥远将军衙门在西街路北，当时，城中官员瓦房有3083间，土房有1653间，八旗兵丁及其家属的老官房有12000间，铺面房有1530间。

新城是呼和浩特地区各族人民共同建造的一项伟大工程，可称为当时的"现代化城市"；新城也是各族人民聪明才智和力量的结晶。从今天残存的城墙、石桥、老官房、将军衙门和左领衙署，以及棋盘状的27条大街和26条小巷（当然，如今街巷变化很大，已与上述数目不符）来看，新城的布局和规划，在当时来说是十分先进且相当合理的，这也显示出当时呼和浩特地区的建筑技术是很高明的。

绥远城建筑的目的就是现今仍然保存在将军衙门影壁上的四个石刻大字："屏藩朔漠"。它是光绪十六年绥远将军克蒙额建立的。

"屏藩"也称"藩翰"、"屏翰"，是遮蔽和卫护的意思，后来用以比喻镇守一方的长官，"因以称为国家藩卫之重臣"。"朔漠"，北方沙漠，指戈壁沙漠以北的广大地区。"屏藩朔漠"就是"保卫边疆"的意思。绥远城是在与准噶尔议和之后兴建的，当时内外蒙古各修一座：外蒙古叫鄂尔昆城，内蒙古就是绥远城。后来鄂尔昆城因地处沙漠不易耕种，加上交通不便，因此废了，于是，就只剩下这座绥远城了。

绥远城建成后，把原驻在山西右玉的大部分八旗兵移来驻防，传说绥远城有三族八旗兵近一万人。其实，满、蒙、汉步、骑兵共有4300名，工匠54名。驻防官兵全部携带家眷。可以说，今天的新城区就是由绥远城（新城）沿革而来的。也可以说，新城区有史以来便是满族聚居区。

绥远城里的驻防兵，原来是满、蒙、汉八旗皆有，可谓是一座满蒙汉三族八旗兵联合驻防的城市，这在全国也是少有的。满蒙八旗驻城内，他们的大校场在西门外，即今天的内蒙古政府大院东部一带；汉军八旗驻在新旧城的中间，即今天的回民区营坊道一带，他们的操场小，叫小校场，在今天的内蒙古医学院与内蒙古体委一带。后来因西北战争结束，就把这里的汉军八旗官兵调往直隶、山西等省去补充绿营。留下的八旗兵营房，便让批准迁入市内的回民居住，久而久之，逐渐形成回民聚居区域。回族原先住在城南郊区八拜一带。所以说，今天的回民区就是在原八旗兵营房的基础上发展而来的。

蒙古官兵后来也减去一半，只有满洲官兵有增无减，又从北京增派官兵来充实。这样，绥远城便逐渐由起初的满蒙汉三族八旗兵的驻防城，变成了大多是满洲八旗和半数蒙古八旗联合驻防的城市了。

从历史上看，满族大规模地移入呼和浩特有两次：一次是康熙三十六年，由恪靖公主带来的陪嫁"包衣"，大概有近千人，他们住在今天的府兴营子和小府村，后来，这部分满族大都改为蒙古族；另一次就是新城筑成后移入的八旗官兵及其家属。当然，以第二次移入的满族人数最多。

呼和浩特新城，"大青山拥其后，伊克图尔根（大黑河）、巴罕图尔根（小黑河）之水抱其前，喀尔沁之水带其左，红山口之水会其后，地势宽平，山林拱响"，正是"背山、面水、扎大营"的好地方。

清朝，全国各地的八旗兵城有宁夏的满城、成都的满城等，还有广州和杭州等地的满营，这些地方都是驻防重地。但是，由满蒙汉三个民族联合驻防的满城大概只有绥远城了；而且绥远城的将军权力很大，官位从一品，与加尚书衔的总督同级。与驻防"西宁"的抚远将军同为全国常设的两个大将军。

自乾隆二十六年始，原定五年一换防的制度取消了，八旗官兵家属一律迁入城内。那时，新城的八旗兵住一样的"老官房"。他们按旗分居：蒙古八旗在城内四角居住，满洲八旗分居城中，满洲八旗每旗又分两个甲喇，所以，就有"四翼八旗"之说。

"四翼"指城内四个拐角，由四个旗的蒙古八旗驻防。"四翼蒙古"和"满洲八旗"合称"四翼八旗"，总共有12个旗，其中，"满洲八旗"共分16甲，每甲有兵丁165人。当时全城常驻甲兵的数目为3300余人。每甲打一眼井，所以，从当时城内的36眼水井数目，也可以知道八旗甲兵的数目（大衙署各自有井除外）。各驻防城的官兵应三年或五年换防一次，后来变成了常驻部队，把家眷也接来定居，这样，呼和浩特新城的满族来源大致是东北老家来的，北京换防来的，右卫调防来的这样几批，其中，以右卫调防来的最多。

绥远城内除了"四翼八旗"外，还准许少量的汉族和回族迁入居住。汉族，大都是随军服务的管理钱粮的"掌案"和"库丁"、"仓斗子"，他们大都是山西人，世代在粮饷衙门当差。他们住在文昌庙一带。还有一些汉人是来自浙江绍兴和江苏盐城的"师爷"，在衙门当幕僚。他们及其家属就寄居在南街路西的第一条小巷的馆驿内，后来这条小巷就叫"江南馆巷"。绥远城内的回族是为八旗官兵提供日用品的商贩。他们居住在今天的艺术厅南街一带。后来，在那里还兴建了一座不太小的新城清真寺。

新城自古以来就是一座多民族聚居城市，不过满族人还是最多的。

城记　牛羊成群——中国乳都

坐落于内蒙古博物馆门前的"中国乳都"雕塑

喝牛奶，往往避不开"伊利"和"蒙牛"。在呼和浩特这片土地上，牛羊成群是经常可以看见的，"天苍苍，野茫茫，风吹草低见牛羊"。自古以来，土默川平原就是水草丰美的优质牧场，种植业与饲养业一直是这里农民的基本谋生手段。呼和浩特走出传统的小农生产壁垒，做出现代大农业的妙笔文章！

呼和浩特市确立了"乳业兴市"战略，牵住了改变传统种植业和养殖业的"牛鼻子"，重点培养伊利、蒙牛两大龙头企业。经过几年的发展，首府的乳品产业地位日益突显，伊利、蒙牛两大乳业巨头长成了参天大树，由其释放出的动力引擎作用，产生了强大的辐射力。随即跟进的玉米、肉、薯、菜、饲草料等其他五大主导产业也渐成气候，带动了全市经济的整体发展，乳业成为兴市富民的第一大支柱产业。

时光回溯到令人难忘的2005年，那一年，呼和浩特无疑成为全国的一颗耀眼"明星"：呼和浩特市被正式命名为"中国乳都"。

城缘　草原女杰三娘子

曾有诗云：

> 麟阁云台盖世勋，
> 论功一例逊昭君。
> 若从边塞争芳烈，
> 顺义夫人亦不群。

——傅增湘《咏昭君墓》

这首诗把三娘子与千古流芳的民族团结使者王昭君放在一起，赞美三娘子这位巾帼英雄充满传奇色彩的一生，因为她卓越不凡的历史功绩并不比王昭君差。

这是因为三娘子与塞外古城呼和浩特有着很深的渊源。呼和浩特除了被称作"塞外青城"，还被称为"三娘子城"。这个名字的来历，就与呼和浩特古城的创

美岱召泰和门

建者——蒙古族女英雄三娘子密切相关。

至今有座寺庙名为美岱召，它名副其实。寺后是一高耸的山峦。寺里窗幔低垂，香烟缭绕。里面供奉着三娘子及其家族的画像。

三娘子聪明貌美，能歌善舞，尤善骑射，同比她大数十岁的久负盛名的蒙古族首领阿勒坦汗成婚。阿勒坦汗是成吉思汗的后裔，曾因要与明朝廷做生意，明朝廷一直没有回应，而带兵围困北京三天，欲以战逼迫交易，但无功而返。后在三娘子的劝阻下，和明朝议和，停止了连续多年的战乱，实现相互贸易。

美岱召就是阿勒坦汗及三娘子居住和议政的地方。

阿勒坦汗病逝，三娘子和阿勒坦汗的长子黄台吉成婚，继续保持对蒙古的实际影响。黄台吉死后，三娘子又下嫁给黄台吉前妻的儿子，连续辅佐三代顺义王。自从阿勒坦汗病逝以后，三娘子主持政务30余年，《明史》上说她"历配三王，主兵柄，为中国守边保塞，众畏服之"，不愧是深明大义、足智多谋、文武双全的民族女英雄。

美岱召阿勒坦汗及其妻三娘子的雕塑

美岱召内三娘子画像

那时候，蒙古草原上是没有城的，三娘子为改变蒙古族"逐水草而居"的生活方式，就建议阿勒坦汗兴建一座城。这一计划得到了明朝廷批准后，三娘子亲自审议实施方案，调遣蒙汉民工，终于在草原上建起了第一座城市，蒙语名为"库库和屯"，意思是青色的城，明朝赐汉名"归化"城，后来经扩建，成为塞北第一大城，人们称此城为"三娘子城"。后来清军将该城付之一炬，独留下银佛寺未焚。清初，在原城废墟上重建了归化城，当地人还是习惯地称之为"三娘子城"。这座新"三娘子城"，就是现在呼和浩特的前身。

感悟中国历史名城

SENSING CHINA'S WELL-KNOWN HISTORIC CITIES

■敦煌：大放异彩的艺术明珠　■吐鲁番：火焰山下的"世外桃源"　■喀什：丝绸之路上的泪珠

城画城传

发现城市不同寻常的轨迹

记录城市最为精致的面孔

城记城缘

感悟城市不停跃动的脉搏

阅读城市流传不已的情怀

第五章　丝绸之路上的风情

敦煌：大放异彩的艺术明珠

城画

"敦，大也；煌，盛也。"

敦煌莫高窟　央视春晚节目"千手观音"和"飞天"中柔美的线条，跃动的舞姿，无不昭示了神秘的内涵，这些都会让人想起敦煌的莫高窟绘画艺术。

莫高窟位于敦煌市东南的鸣沙山东麓断崖上。洞窟分布高低错落、鳞次栉比，上下最多有五层。它始建于十六国时期，据唐《李克让重修莫高窟佛龛碑》的记载，僧人乐僔经过此山，忽见金光闪耀，如现万佛，于是便在岩壁上开凿了第一个洞窟。此后法良禅师等又继续在此建洞修禅，称为"漠高窟"，意为"沙漠的高处"。后世因"漠"与"莫"通用，便改称为"莫高窟"。北魏、西魏和北周时，统治者崇奉佛教，石窟建造得到王公贵族们的支持，发展较快。隋唐时期，随着丝绸之路的繁荣，莫高窟更加兴盛，在武则天时有洞窟千余个。安史之乱后，敦煌先后被吐蕃和归义军占领，但造像活动未受太大影响。北宋、西夏和元代，莫高窟渐趋衰落，仅以重修前朝窟室为主，新建极少。元朝以后，随着丝绸之路的废弃，莫高窟也停止了兴建并逐渐被湮没于世人的视野中。直到清康熙时期，这里才重新为人注意。近代，人们通常称其为"千佛洞"。

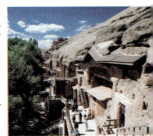

莫高窟窟区南区

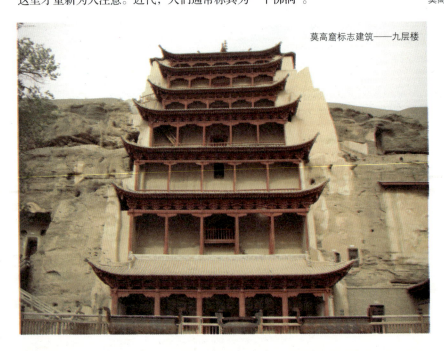

莫高窟标志建筑——九层楼

莫高窟112窟的《伎乐图》。伎乐天仙手持琵琶、举足旋身，使出了"反弹琵琶"的绝技。壁画人物造型丰腴饱满，线描写实明快，体现了唐代佛教绘画民族化的特色，是敦煌壁画中的代表作品。

莫高窟现存北魏至元朝的石窟，分为南、北两区。南区是莫高窟的主体，为僧侣们从事宗教活动的场所，北区是僧侣修行、居住和死亡后掩埋的场所，有土炕、灶坑、烟道、壁龛、台灯等生活设施。

莫高窟是一座融绘画、雕塑和建筑艺术于一体，以壁画为主、塑像为辅的大型石窟寺。它的石窟形制主要有禅窟、中心塔柱窟、殿堂窟、中心佛坛窟、四壁三龛窟、大像窟、涅槃窟等。各窟大小相差甚远。窟外原有木造殿宇，并有走廊、栈道等相连，现多已不存。

莫高窟壁画绘于洞窟的四壁、窟顶和佛龛内，内容博大精深，主要有佛像、佛教故事、佛教史迹、经变、神怪、供养人、装饰图案等七类题材，此外，还有很多表现当时狩猎、耕作、纺织、交通、战争、建设、舞蹈、婚丧嫁娶等社会生活各方面的画作。这些画有的雄浑宽广，有的瑰丽华美，体现了不同时期的艺术风格和特色。中国五代以前的画作大都已散失，莫高窟壁画为中国美术史研究提供了重要实物，也为研究中国古代风俗提供了极有价值的形象和图样。

莫高窟所处山崖的土质较松软，并不适合制作石雕，所以莫高窟的造像除四座大佛为石胎泥塑外，其余均为木骨泥塑。塑像都为佛教的神佛人物，排列有单身像和群像等多种组合，群像一般以佛居中，两侧侍立弟子、菩萨等，少则3身，多则达11身。彩塑形式有圆塑、浮塑、影塑、善业塑等。这些塑像精巧逼真、想象力丰富、造诣高深，而且与壁画相融相衬，相得益彰。

莫高窟是一个九层的遮檐，正处在崖窟的中段，与崖顶等高，巍峨壮观。其木构为土红色，檐牙高啄，外观轮廓错落有致，檐角系铃，随风作响。其间有弥勒佛坐像，很高，由石胎泥塑彩绘而成，是中国国内仅次于乐山大佛和荣县大佛的第三大坐佛。容纳大佛的空间下部大而上部小，平面呈方形。楼外设两条通道，既可供就近观赏大佛，又是大佛头部和腰部的光线来源。这座窟檐在唐以前就已存在，当时为5层，北宋和清代都进行了重建，并改为4层，后来形成9层造型。

在莫高窟的壁画上，处处可见漫天飞舞的美丽飞天——敦煌市的城雕也是一个反弹琵琶的飞天仙女的形象。飞天是侍奉佛陀和帝释天的神，能歌善舞。墙壁之上，飞天在无边无际的茫茫宇宙中飘舞，有的手捧莲蕾，直冲云霄；有的从空中俯冲下来，势若流星；有的穿过重楼高阁，宛如游龙；有的则随风悠悠漫卷。画家用那特有的蜿蜒曲折的长线、舒展和谐的意趣，为人们打造了一个优美而空灵的想象世界。

炽热的色彩，流动的线条，在这些西北的画师对理想天国热烈和动情的描绘里，我们似乎感受到了他们在大漠荒原上纵骑狂奔的不竭激情，或许正是这种激情，才孕育出壁画中那样张扬的想象力吧！

城传 挥舞彩丝带的日子

至今，敦煌壁画还记录着张骞出使西域的历史。公元前 2 世纪，中国的西汉王朝经过文景之治后国力日渐强盛。第四代皇帝汉武帝刘彻为打击匈奴，计划策动西域诸国与汉朝联合，于是派遣张骞前往此前被冒顿单于逐出故土的大月氏。公元前 139 年，张骞带一百多名随从从长安出发，日夜兼程西行。张骞一行在途中被匈奴俘虏，遭到长达十余年的软禁。他们逃脱后历尽艰辛又继续西行，先后到达大宛国、大月氏、大夏。在大夏市场上，张骞看到了大月氏的毛毡、大秦国的海西布，尤其是汉朝四川的邛竹杖和蜀布。他由此推知从蜀地有路可通身毒、大夏。公元前 126 年张骞几经周折返回长安，出发时的一百多人仅剩张骞和堂邑父了。史书上把张骞的首次西行誉为"凿空"，即空前的探险。这是历史上中国政府派往西域的第一个使团。公元前 119 年，张骞时任中郎将，第二次出使西域，经四年时间他和他的副使先后到达乌孙国、大宛、康居、大月氏、大夏、安息等国。自从张骞第一次出使西域各国，向汉武帝报告关于西域的详细形势后，汉朝对控制西域的目的由最早的抵御匈奴，变成了"广地万里，重九译，致殊俗，威德遍于四海"的强烈愿望。于是，丝绸之路上有了更多成群的驼队和商队，有了更响亮的清脆驼铃声。敦煌，就是这样在中国对外交流史上留下了自己的辉煌名字的。

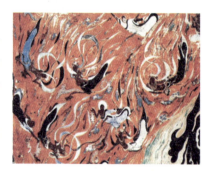

莫高窟第 412 窟《飞天》

莫高窟第 323 窟《张骞出使西域》

很久以前，这里就有人居住了。敦煌地区发现的游牧民族留下的许多岩画至今历历在目。战国和秦时，敦煌一带居住着大月氏、乌孙人和塞种人。以后，大月氏强盛起来，兼并了原来的羌戎。战国末期，大月氏人赶走乌孙人、塞种人，独占敦煌直到秦末汉初。

西汉初年，匈奴人入侵河西，两次挫败月氏，迫使月氏人西迁于两河流域（锡尔河、阿姆河）。整个河西走廊为匈奴领地。强盛的匈奴以"控弦之士三十余万"的威势，对西汉王朝构成了严重威胁，并且经常骚扰掠夺。雄才大略的汉武帝继位后，采取武力防御和主动进攻两者兼用的战略，并首次派遣张骞出使西域，联络月氏、乌孙夹击匈奴。公元前121年，汉王朝决定断敌右臂，张我左掖，进发河西走廊。同年春，派骠骑将军霍去病统率万骑从陇西出塞，进军河西，大获全胜。不仅生擒了浑邪王的儿子和相国，还缴获了匈奴的"祭天金人"，给河西的匈奴势力以沉重的打击。汉武帝把这一战利品放置在"甘泉宫"（陕西凤翔）加以供养礼拜。莫高窟第323窟北壁绘有此段故事。这一年，霍去病亲率骑兵涉过居延水，直冲祁连山，斩杀敌兵3万余人，使河西的匈奴势力受到毁灭性打击，其间，

莫高窟第323窟《佛图澄幽州灭火》

匈奴统治集团发生内讧，浑邪王杀死休屠王，携其部4万余人投降汉朝。张骞二次出使西域，顺利地从乌孙凯旋而归。从此，开通了通往西域的丝绸之路。张骞"凿空"之行，是中西交通史上的创举，为促进中外以及中原同西域各民族之间的经济文化交流，建立了不朽的历史功绩。

为了彻底断绝匈奴与西羌的通路和联系，捍卫边关和丝绸之路的安全，汉朝

阳关城门。阳关，因在玉门关之南而得名，始建于西汉武帝时期，是丝绸之路南道上的重要关隘，也是河西长城防线的重要据点。

政府在河西设置了酒泉郡和武威郡。并采用设防、屯垦、移民等措施，不断充实、加强建设河西。后又将酒泉、武威二郡分别拆置敦煌、张掖两郡，修筑了长城和烽燧，并设置了阳关、玉门关，史称"列四郡，据两关"，保证了丝绸之路的畅通。从此，中国的丝绸及先进技术源源不断地传播到中亚、西亚和欧洲。欧洲、地中海沿岸和西域的玉器、玛瑙、奇禽异兽、农作物等长途转运到中原。各国使臣、将士、商贾、僧侣往来不绝，要到敦煌都要经过丝路。敦煌成为中西交通的"咽喉锁钥"。当时的敦煌疆域辽阔，统管六县。西至龙勒阳关，东到渊泉（今玉门市以西），北达伊吾（今哈密市），南连西羌（今青海柴达木）。敦煌建郡之后，西汉王朝在西域如鱼得水。如贰师将军李广利伐大宛国，获汗血马；赵破奴击败姑师国俘获楼兰王，都是以敦煌为粮草、兵马供应基地而一举获胜的。

自西汉设郡到西晋末的数百年间，丝绸之路虽几通几绝，但敦煌日渐呈现出繁荣昌盛的景象，也逐步发展成为西北军政中心和文化商业重地，成为"华戎所交大都会"。

经过一系列战乱，隋朝的建立，平息了突厥、吐谷浑的侵扰，保证了丝绸之路的畅通与繁荣。同时改北周以来的鸣沙县为敦煌县。隋文帝平定了南方割据政权后，将大批南朝贵族连同其部族远徙敦煌充边，给敦煌带来了南方的文化和习俗。这样，南北汉文化在敦煌融为一体，使敦煌的地方文化更加富有明显的特色。隋文帝崇信佛教，曾几次下诏各州建造舍利塔。诏命远至敦煌。在最高统治者的提倡下，隋代虽存在了短短的37年，但在莫高窟开窟竟有77个，且规模宏大，壁画和彩塑技艺精湛，同时并存着南北两种截然不同的艺术风格。

城记　佛城

　　敦煌是个佛城。那里的民间节日都离不了宗教的色彩。自古以来，敦煌民间就有众多的传统节日，据老年人传说，敦煌一年到头月月有节日，天天有庙会。一些富有传统性的节日和庙会，流传至今。尤其是一年一度的四月八莫高窟的浴佛节，一直成为敦煌和附近一带人烧香拜佛的传统节日。

　　浴佛节，又名四月八、佛诞节、龙华会，灌佛会等，是佛教传入中国后兴起的宗教节日。四月八浴佛的习俗在东汉时期随着佛教东传传入我国西域，然后从西域的门户——敦煌传入中原和全国其他地方。此风俗盛行于魏晋南北朝时期，由于当时统治阶级大力提倡佛教，民间佛教信仰遂至高潮。伴随着佛教的盛行，浴佛节自然成了佛教信徒们的重要节日。

　　关于四月八"浴佛节"的来历，敦煌写本《太子成道经》变文多有记述。敦煌本《太子成道经》变文，系根据《佛本行集经》演绎，在敦煌藏经洞遗书中保存有诸多关于"太子成道"的写卷。有关佛诞生的传说故事在唐代敦煌人中间空前流行，很多敦煌写本讲述着同一个故事，正是这个广为流传的故事造就了四月八浴佛节的产生。相传，远在三千多年以前，悉达多太子于四月八从其母右肘而生，太子诞生下地，步行七步，步步生莲，举右手而言："天上天下，唯我独尊。"这八个字的佛生偈，标示着佛所拥有的持戒、禅定、智慧、善根等最高境界，显示了他日后普度众生的意愿。而当太子出生时，天地大动，天空中有天女散花、天使奏乐，并且有九条龙吐水，四方诸神各持数十种香汤与花为太子沐浴。因此，后世每逢四月八就要给佛祖泼水浴身，佛教徒纪念佛陀诞生的仪式，大都是在佛堂中或露天下净地

莫高窟佛塔

设灌佛盘，在盘中的莲台上安置一手指天、一手指地的释迦太子金像，然后灌以香水，以表示庆祝和供养，称此活动为"浴佛"和"灌佛"。根据敦煌写卷S·4480《太子成道变文》中载，佛祖出生的这天的确是四月初八。

古代敦煌人，把每年的四月初八视为一个重要的节日，四月初八浴佛的风俗也由来已久。据梁代宗懔的《荆楚岁时记》云，"四月8，诸寺各设斋，以五色香汤浴佛，共作龙华会，以为弥勒下生之征也；荆楚相承，四月八迎八字之佛于金城，设幡幢鼓吹，以为法乐……"《东京梦华录》卷八云："四月八佛生日，十大禅院有浴佛斋会，煎香药糖水相遗，名曰浴佛水。"清雍正年间常钧《敦煌杂钞》云："千佛洞在城南四十里……四月八户民为浴佛之会，香火称盛。"道光年间《敦煌县志》云："夏四月八，千佛洞菩萨盛会，士女前三日进香，至日尤盛。"以上记载说明四月初八的浴佛盛会在中国广为流传，当时四月初八佛祖生日，可谓热闹非凡，万民庆贺。在敦煌地区，不仅把四月初八称为"佛诞日"，也称"浴佛会"或"菩萨盛会"等。

浴佛节的参与者常常上自帝王，下至平民百姓，佛诞会上除了浴佛、行像、散花等宗教仪式外，还常伴有马戏、杂耍、绳技等演出活动，这使浴佛节已经不是一种单纯的宗教信仰，而逐渐演化成佛教信徒、帝王与士大夫以及普通百姓共同参与的民间节日之一。

莫高窟彩塑。彩塑为敦煌艺术的主体，有佛像、菩萨像、弟子像以及天王、金刚、力士、神等。塑像大的雄伟浑厚，小的精巧玲珑，造诣精深、想象丰富、题材多样、手艺高超，堪称佛教彩塑博物馆。

敦煌壁画《引路菩萨》

城缘   张大千面壁敦煌

张大千与敦煌的渊源，更多的离不开敦煌壁画。因为张大千本人就是一位国画大师。

当年张大千由上海迁往苏州网师园时，同住园内的叶恭绰对张大千的帮助与影响很大，张大千在20世纪40年代西出嘉峪关，寝食莫高窟，探寻人物画的渊源，其中就有叶恭绰的启发。叶恭绰，广东番禺人，清末当过铁路总局局长。北洋政府时，当过交通总长、邮政总局长，后任广东军政府财政部长，是我国著名书

张大千照片。张大千与敦煌的渊源，更多的是离不开敦煌壁画的。因为张大千本人就是一位国画大师。

画家和收藏家。新中国成立后，当过第三、第四届全国政协委员。叶恭绰对张大千说："人物画一脉，自吴道子、李公麟后已成绝响，仇实父失之软媚、陈老莲失之诡谲，有清三百年，更无一人焉。"并力劝他放弃花卉山水，专攻人物，振此颓风。张大千也说，他之所以"西去流沙，寝馈于莫高、榆林二石室者近三年。临抚魏、隋、唐、宋壁画三百帧。皆先生启之也"。

1931年3月至1942年3月间，张大千两次赴敦煌。临摹敦煌壁画工作是十分艰苦的，为了加快进度和保证质量，张大千在朋友的担保下，获得青海主管特准，亲往塔尔寺以每月50块大洋雇到此前认识的5位喇嘛画师。他们专为张大千磨制颜料、缝制画布、烧制木炭条。为使临画色彩亮丽无比而历久不变，并能使所临壁画恢复如初，大千所使用的颜料多为石青、石绿、朱砂等矿物质，这些珍贵的颜料来自于西藏，每斤价格在40至50两银子之间，而且每种都在百斤以上。颜料经细磨后才能使用。大千所用画布大到数丈，喇嘛画师拼接缝制画布更是拿手绝活，往往是天衣无缝，不露痕迹。画布须抹上胶水，填平布孔，再打磨7次，方能下笔。

洞窟内光线暗淡，有时他们借着日光，用一块镜子反射入窟内进行临摹。但多数时间是一手秉烛或提灯，一手握笔，有时手持电筒反复观看多次，才能画上一笔。洞窟里空气滞闷，待上半天，人就觉得头昏脑涨。深而大的石窟更是阴冷潮湿。夏天要穿棉衣，冬天则滴水成冰，无法工作。在高大的洞窟里临摹，还必须搭梯而上。碰到藻井或离地面很近的壁画，只能仰面或侧身而卧，上下反复，时卧时起，不久就使人汗流浃背。

临摹的程序一般是先由助手们把透明的蜡纸覆盖在壁画上，照影勾摹，再将勾摹好的画稿用复写方法拓于打磨好、绷在画框中的白布上，然后经弟子或喇嘛上色，由大千用墨勾描出线条并最后定稿，才算完工。临摹不是简单的模仿。应该说，临摹也是一门学问。敦煌壁画是历经千年的艺术精品。从时代特点看，上至魏晋，下迄宋元，代有千秋。特别是隋唐以来的人像，形神兼备，光彩照人，实为罕见的艺术精品。张大千认为："人物画到了盛唐，可以说已到达了至精至美的完美境界。"为了形容壁画之美，他曾风趣地说："有不少女体菩萨，虽然明知是壁画，但仍然可以使你怦然心动。"

1943年5月，张大千告别了莫高窟，伴随着驼铃声，向榆林窟进发。榆林窟，俗称"万佛峡"，它与莫高窟、西千佛洞和水峡口小千佛洞都是独立的石窟群。由于它们的壁画和雕塑的时代特点与艺术风格很相近，同属一个体系，所以统称为"敦煌石窟艺术"。张大千曾数次前往榆林窟观摩、考察。虽然榆林窟的壁画在数量上远不能与莫高窟相比，但其艺术水平完全可与莫高窟媲美。如第17窟的盛唐壁画，其技艺之高，保存之完好，为莫高窟所未有。还有一幅西夏《水月观音》，张大千更是反复欣赏，赞叹不已。经过一个月的艰苦工作，张大千一行在榆林窟共临摹壁画10余幅。包括西夏的《水月观音》，唐代的《吉祥天女》、《大势至菩萨》以及《供养人》等。其中一幅《卢舍那佛》成为张大千榆林窟之行的得意之作，从而为张大千的敦煌之行画上了句号。

张大千临摹《水月观音》图

张大千敦煌之行，最主要的收获是276幅临摹壁画，而实际上更主要的成就在于对中国绘画艺术渊源的分析和论证，创立了中国艺坛上的"敦煌画学"。敦煌之行也是张大千绘画艺术的重大转折点，在饱受这千年艺术熏陶之后，张大千的画风发生了巨变，以致影响到他的后半生。

"盛名之下，谤亦随之"，张大千敦煌之行闻名于世，在此期间，张大千由于无意间得罪了某些势利小人，使他背负几十年"毁坏壁画，盗窃文物"的罪名。

因此，为了还历史的本来面目，对张大千的是非功过，必须给予实事求是的客观公正的评价。其实早在解放前，对于"控张"一案在长时间和大规模的反复"查究"后，官方正式结论就有了："省府函复：查此案先后呈奉教育部及函准国立敦煌艺术研究所，电复：张大千在千佛洞（即莫高窟）并无毁损壁画情事。"

寥寥十余字的官方最后正式结论表明：张大千并未毁损过敦煌壁画，自然就更谈不上什么"破坏敦煌壁画"乃至"盗窃敦煌壁画"了。

吐鲁番：火焰山下的"世外桃源"

城画　火洲与绿洲

吐鲁番位于新疆东部、天山南麓的吐鲁番盆地。古称"高昌"、"西洲"、"火洲"，历史上是丝绸之路上的重镇。吐鲁番，突厥语的意思是"富庶丰饶之地"，在天山山脉与塔克拉玛干沙漠之间的这片土地上，几乎蕴藏了西域风物的全部经典。不必说传说中铁扇公主驻守的火焰山，那曾经盛极一时却最终灰飞烟灭、付诸尘埃的高昌故城，还有那饱经沧桑，至今仍然孤零零屹立在风雨中的阿斯塔那古墓群，单是那风景秀丽的葡萄沟、独具民族特色的坎儿井、中国第一低地——风光旖旎的艾丁湖以及"戈壁绿洲"——吐鲁番沙漠植物园，就足以让人们为之浮想联翩。

印象里，它地处沙漠，应该奇热无比，著名的火焰山就在附近，曾经还挡住了唐僧师徒四人的去路。然而，"吃一口，甜死人"的吐鲁番葡萄、哈密瓜，又给人吹来了清爽沁人的凉风。

吐鲁番盆地像一个巨大无比的凹透镜，将炽热的阳光聚集起来，在中国第一低地世界第二低地的这个地方形成了无与伦比的干热气候，最高气温达到过49.6摄氏度，地表温度达到90度。于是，人们称这里为"火洲"。

吐鲁番盆地四周皆山，在吐鲁番抬头一看，便可看到闪着银光的冰山雪峰。但盆地中，却东西横亘着一条火焰山。人们以"火焰"命名这座山脉，是因为它太像火焰了，火的颜色，火的造型，火的动态，整座山就是一个火焰的雕塑，鬼斧神工，浑然天成，惟妙惟肖，任何人见了都会发出一声惊叹。而且像的不仅仅是它的外形，还有它灼人的热浪。明代陈诚的《火焰山》一诗写道："一片青烟一片红，炎炎气焰欲烧空。春光未半深如夏，谁道西方有祝融。"这首诗已经很

火焰山地貌图

不错了，但唐代的岑参《火山云歌送别》一诗似乎更为精彩："火山突兀赤亭口，火山五月火云厚，火云满山凝未开，飞鸟千里不敢来。"一口气连用了4个"火"字，肆口成章，不加雕饰，不避字重词同，将乍见火焰山瞬间强烈的灼热感受淋漓尽致地表达出来，这才是随心所欲，不为字句所束缚

吐鲁番坎儿井

的诗中神品。然而影响最大的却是小说家吴承恩在《西游记》中的描述："这里有座火焰山，无春无秋，四季皆热，那火焰山有八百里火焰，四周围寸草不生。若过得山，就是铜脑壳、铁身躯，也要化成汁呢！"火焰山于是从吴承恩的笔下走进神话，与唐僧师徒4人，与牛魔王、铁扇公主一起，代代流传。

火焰山的确是大自然的神来之笔；在最恰当的地方，以最恰当的形态，成为一个最恰当的象征。真不知道究竟是吐鲁番的热造就了火焰山，还是火焰山的热造就了吐鲁番。

在火洲，很少能够看到汇聚在地表的水——那些被人们称为河流、湖泊、池塘的流动的或静止的水面。因为地表过于干燥炎热，水全都转移隐藏到了地下，流淌在一个叫做"坎儿井"的地下渠里。这种坎儿井从雪山的山前戈壁开始，每隔二三十米打一眼竖井，再将竖井之间挖通，连接成地下渠道。每条坎儿井的长度均在3 000米以上，有的长达几十千米，从地面望去，坎儿井是由戈壁一排连绵不绝的砾石土堆连缀而成，每个砾石堆都像一个巨大的蚁穴。对，它们就是一个个巨大的蚁穴，吐鲁番人就像蚂蚁一样，用最简陋的红柳筐、铁镢头之类的工具，一点一点地挖掘，居然在荒凉的戈壁之下，挖出了上千条四通八达、密如蛛网的坎儿井，据说其总长度超过了长江、黄河，与长城、大运河并称为我国古代建筑史上的三大工程。

气候在决定着自然状态的同时，也在塑造人的生存状态，还有吐鲁番大地上生长的植物和它的果实。

葡萄，这些在火焰山陡崖的沟壑中孕育而成的串状果实，实在是果中极品。

唐人李颀曾写过一首《古从军行》的诗，诗的头两句是"白日登山望烽火，黄昏饮马傍交河"，"交河"就是吐鲁番现在的交河故城，可见写的是吐鲁番；诗的最后两句是"年年战骨埋荒外，空见蒲桃入汉家"，可见这仗打得与葡萄有关；汉家皇帝为了葡萄不惜派兵征战，可见吐鲁番的葡萄实在太让皇帝嘴馋了。李颀写了这首有点发牢骚的诗，估计是他既未到过吐鲁番，也没吃过吐鲁番的葡萄。

吐鲁番葡萄沟

你想一千多年前的唐代，既没有快速如飞机的运输工具，又没有什么冷藏保鲜技术，除宫廷之外，一般人哪里能吃上来自西域的新鲜葡萄！没有吃到过吐鲁番葡萄而不知吐鲁番葡萄美味的诗人，有几句对嘴馋皇帝的怨言，也大可理解了。

吐鲁番葡萄的甘甜，当然来自太阳，它是阳光的储存和酿造，它是热能的凝聚和转化。我们可以想想糖是怎样熬制出来的，只不过吐鲁番将这一浓缩过程自然化了。我们还可以想想散落在地上、房顶上的一座座晾房，这些泥土砌成、满是洞眼、专为葡萄建筑的房子，当干热的风一次次从中无碍地穿过时，便带走了葡萄的水分，留下了提纯的糖。晾房就是人类的蜂房，他们在这里制造更为浓缩的甜蜜。

 城传 高昌城

吐鲁番已有两千多年的历史了，这是最值得看的城市标本。

两千年，对于人类来说，是一个过于巨大的数字，它大到可以抹掉一切历史记忆，使本该鲜活生动的重大事件和有血有肉的伟大人物，都随风而去，消失得无影无踪。然而，两千年对于吐鲁番的故城来说，仿佛仅仅打了个盹儿。

吐鲁番旧称高昌，实际上是一个汉城，为西汉大将李广利所建。公元前104年，汉武帝任命李广利为贰师将军，率兵远征地处费尔干纳盆地的大宛，以夺取汗血马。李广利的部队穿越罗布泊地区的广大荒漠，经吐鲁番向西进军。在到达大宛前给养便早已耗尽，沿途各国又不愿供应，李广利只好以武力夺取。就这样边打边走，到达大宛时军队又饿又累，疲惫不堪，根本没有什么战斗力，与大宛军队一战即溃，大败而归。东归敦煌时人马只剩下十之一二。汉武帝怒，命令关闭玉门关，不让李广利和他的部队入关。李广利无奈，只好带着残兵败将到吐鲁番盆地的木头沟建城屯垦，就近补充军队、武器、给养。公元前102年，李广利再次征战大宛，大胜而返。李广利率兵屯垦休养的这个地方，由于"地势高敞，人庶昌盛"，所以被叫做"高昌"。

麴文泰是高昌王国的末代国王，那时已经到了唐代。麴文泰是个虔诚的佛教徒，据说玄奘西天取经路过高昌时，每次讲话，麴文泰都亲自执香炉接法师入堂，并当着三百听众的面，跪在地上，请玄奘法师踏着他的背坐到法座上去。但就是这个麴文泰在政治上却不那么明智，依附西突厥，与强大的唐朝作对，在丝绸之路上拦截商人和使者。

公元369年，唐太宗向高昌使者历数高昌与唐朝为敌的事实，这等于向高昌提出了严重警告。但麴文泰却认为自己有高昌坚城可以依凭，又有荒漠大碛难以逾越，远在几千里之外的唐朝奈何不了自己，于是不知天高地厚地回答李世民说："鹰飞于天，雉窜于蓄，猫游于堂，鼠安于穴，各得其所，岂不活耶！"这下子把唐太宗气得够呛，唐太宗当时就说了一句："明年，当发兵以击尔。"

麴文泰居然十分愚蠢的不在乎："唐国去此七千里，沙碛阔二千里，地无水草，冬风冻寒，夏风如焚。风之所吹，行人多死，常行百人不能得至，安能致大军乎？"

公元640年，唐太宗命吏部尚书侯君梁为交河道行军大总管进军高昌。5月唐军到达哈密时，麴文泰还说"尚不足忧"；然而当唐军到达碛口时，麴文泰竟然"忧惧不知所为，发疾卒"，活活给吓死了！

麴文泰死后，他的儿子继位。本指望西突厥能够前来救助，结果西突厥听说唐军已至，"惧而远走千里"；可汗派来的救兵叶护也"以城降"。没有其他办法，麴文泰的儿子麴智盛只好开城出降。

唐太宗力排众议，下令将高昌国改为西州，并设置安西都护府，大规模地经营丝绸之路，高昌因此成为西域最大的国际商会。

站在高昌城墙上，你不能不赞叹这座城的雄伟和坚固。据说，这座城是比照长安城建的，分外城、中城、宫城三部分，外城东面有2～3座城门，曾有"玄德门"、"金福门"、"金章门"、"建阳门"、"武城门"等不同名号。而城内则街道

高昌故城遗址

纵横，商铺林立。虽然我们今天在断壁残垣中已很难分辨出商店的规模，不过，日本人曾在此城中发掘到一份唐天宝年间的记账本。这个账本显示，当时高昌城的商铺成立了各种商品"行"，包括粮食、布帛、干鲜果品、皮毛、驼马、酒酥等等，一应俱全；而且商品还分等级，如面粉，1升上等38文，中等37文，下等36文，说明这里的商业相当发达。这里的商品，既有中原名产，又有外来的进口货，如波斯骆驼、突厥马、天竺药材、香料。甚至还有当时称为"拂菻狗"的哈巴狗，这种狗出自东罗马，"高六寸，长尺余，性甚慧，能曳马衔烛"。可见南昌是一个多么繁华的地方。据记载，唐朝时吐鲁番各地的商税收入，可以供应整个西域地区军资、行政的开支。

吐鲁番位于十字路口，来往着各种各样的人，各种各样的物品，各种各样的文化，但这些并不仅仅在这里穿过、陈列，它们还在这里驻留、融合。吐鲁番是一个巨大的火盆，所有的东西来到这里，都会在它的热能中被吸收、转化，形成一种属于这个火洲自己的文明。

 城记　葡萄仙子

吐鲁番凝聚了多种文化，季羡林先生在《敦煌和吐鲁番学在中国文化史上的地位和作用》一文中曾经说："世界上历史悠久、影响深远的文化体系只有四个，即中国、印度、希腊和伊斯兰文化，由于丝绸之路的影响，我国的敦煌和吐鲁番是这四大文化体系在全世界仅有的两个交汇点。从人类发展的远景来看，对文化汇流的研究，有其特殊的意义。目前研究这种汇流现象和汇流规律的地区，最好的、最有条件的恐怕就是敦煌和吐鲁番。"

吐鲁番自古就是丝绸之路上的政治、经济、贸易的文化重镇。历史上通往焉耆盆地的"银山道"、东往敦煌的"大海道"、西去乌鲁木齐的"白水涧道"、北抵吉木萨尔的"车师道"等十一条驿道在这里交会。正是因为吐鲁番得天独厚的地理位置，使得四大文明体系交会于此，聚集于此。

吐鲁番的女子就是这多种文化的结晶体。

任何一个女人，都有一种东西可以让她快乐，让她美丽。

对于吐鲁番的女子而言，这个东西就是歌和舞。在这两样东西里，储藏了她们太多的梦。

吐鲁番除了葡萄干世界知名外，也盛产靓女，当然，最美丽的要数维吾尔族

胡旋舞雕塑。胡旋舞是唐代最盛行的舞蹈之一，是通过丝绸之路传来的西域舞种，跳起来左旋右转、急速如风。

少女了，她们脸上的轮廓鲜明，个个都有一双大眼睛、匀称的身材和能够让人开心的笑容，就算是女孩子看到她们也会被迷倒。

维吾尔族人简直就是天生的舞者，只要音乐一响起来，他们的每一个动作都充满热情和音乐的节奏，四肢都好像在随着乐曲起舞。

维吾尔族少女跳舞时旳笑容很美，就仿佛跳舞是一种来自心底的喜悦，在阴凉的葡萄架下，和着清脆的歌声起舞，真是令人陶醉。

据说，杨贵妃的《霓裳羽衣曲》就出于西域的"胡旋舞"，以快速旋转而著称。杨贵妃是《霓裳羽衣曲》的编舞者。她的舞姿极为优美，白居易的《霓裳羽衣歌》这样描绘他的观感：

> 飘然转旋回雪轻，嫣然纵送游龙惊。
>
> 小垂手后柳无力，斜曳裙时云欲生。
>
> 烟蛾敛略不胜态，风袖低昂如有情。

传说杨贵妃的侍女张云容"善为霓裳舞"，杨贵妃极为欣赏，赠诗一首：

> 罗袖动香香不已，红蕖袅袅秋烟里。
>
> 轻云岭下乍摇风，嫩柳池塘初拂水。

多么富有诗情画意啊！

大唐当时盛行来自西域的"胡舞"，舞步轻快，旋律活泼，在都城长安风靡一时。杨贵妃、安禄山都喜欢跳这种舞。安禄山是个大胖子，体重达三百多斤，腹垂过膝，可跳起胡旋舞来，却动作敏捷犹如旋风。白居易《胡旋女》写到由于杨贵妃与安禄山的带头，京城人人跳胡旋舞的景象：

天宝季年时欲变，臣妾人人学圆转。

中有太真外禄山，二人最道能胡旋。

从柏孜克里克千佛洞的壁画中，我们可以看到当时跳胡旋舞的场景，给人一种亲临现场的感受。壁画记录了大量乐舞场景，相当多的部分是从国外传来的，其中的胡腾舞来自中亚，天女们佩璎珞、缠飘带，上身半裸，微扭腰身，舞姿婀娜曼妙。

不知道那些舞蹈的美女中，有几个"阿娜尔罕"？

一些人的离去，一些梦境的消失，我们也许都可以承受，但绝对没有人愿意接受在吐鲁番看不见那"美丽的阿娜尔罕"。这支歌使得游人的脚步变得缓慢，于是，寻找"阿娜尔罕"，就成了吐鲁番之行的一个魂牵梦萦的主题。

一个好女人，就是一个好地方。一个好女人，就是一个家。

因为要把戈壁变成温暖的家，五湖四海的人们来到了这里。多年以后，曾经的异乡是再也无法割舍的灵魂的栖息地。

无论你走到哪里，这个地方都不能从你的梦境中消失。在你孤独的时候，她给你慰藉，在你困惑的时候，她给你依靠，在你落魄的时候，她给你希望。

她的胸脯是你最温暖的天堂。

吐鲁番之美，山水是其一，多雄浑而粗犷；女子是其二，多美艳照人，见了她们，任你走到哪里，心中都会留下无数怅惘的想念。

真是这样，走在街上，那些如葡萄仙子般的女子一直是一道亮丽的风景线。她们弯弯的睫毛浓密而修长，柔情似水的眸子像两粒水汪汪的黑葡萄，眼前的她们大都端庄而严谨，那种高贵的神态衬托着她们修长健美的身段，再加上那双坎儿井一样的黑眼睛，使她们美得像古希腊神话中的女王。这一切就像一块磁铁吸住你的心，一点一滴渗入你的脑海中，再也挥不去。

那些美丽的女子，总使人想起那句"娴静犹如花照水，行动好比风拂柳"，形容林妹妹的这句唱词用在她们身上，也恰如其分。

城缘　行走在菩提树下

丝绸之路，是两千年前因丝绸贸易而开辟的通往西欧的主要交通路线。人们从古代开始就往来于这条路上，从西到东，从东到西进行了各种各样的文化和物质交流，是壮大东西方文化交流的路；就丝绸之路而言，也是僧侣们求法的道路。

唐贞观元年（公元 627 年），玄奘法师从唐朝的首都长安出发，单身越过沙漠。在长 800 余里的莫贺延碛，在那上无飞鸟，下无走兽，更无水草的茫茫沙漠中，留下了玄奘唯一的身影。

《西游记》中的唐僧原型的确就是历史上伟大的高僧玄奘。玄奘法师的俗名叫陈祎，出生于一个名门望族，祖籍颍川，也就是今天的河南许昌，他的高祖是北魏的上党太守，在他曾祖辈上，他们家的官位是相当高的，玄奘的父亲陈慧也是一位出众的人才，但陈家从他开始家道中落，玄奘的母亲是洛州长史之女宋氏，也是官宦人家的小姐。据载，玄奘从小就有别于其他小孩，他是一个很安静、爱思考的孩子，玄奘 13 岁剃度出家，20 多岁时就已经名扬天下了，他在研究佛学的时候感觉有

玄奘取经图

很多的困惑，所以发愿要去佛学的发源地、西天的天竺国（印度）求取真经，可以说，这一条西行之路是一条充满信念、坚持和智慧的求知之路。

在《西游记》中，唐僧深受唐太宗李世民的赏识，不但把他认为御弟，还特意派他到西天去取经，但玄奘在《大唐西域记》中却是另一番记载，不说他这一路受了多少磨难，仅仅一个出境的问题就让玄奘伤透了脑筋，并由此让他经历了许多生死关头。

玄奘法师西行求法的时候，边疆并不稳定，朝廷禁止所有人出境，因此玄奘西行求法的请求没有被批准。所以，当时的玄奘实际上是在偷越国境。

讲经堂

玄奘从长安出发，绕过玉门关，越过五座要塞，踏上了莫贺延碛大沙漠。在大沙漠上，那细沙像水一样流动，所以人们将大沙漠叫做沙河。在那无边无际空旷的大沙漠上，没有任何生命的存在，只有孤苦伶仃的玄奘一步一步地前行，他一心一意地念着《般若心经》行走在寂寞的大沙漠中。在极其疲乏，口干舌燥，几乎濒临死亡的情况下，如

果不是靠着顽强的意志他难以走出这800里沙漠。

当他好不容易来到高昌国时，高昌王麴文泰竟然带着随从列烛出迎，盛情款待他。

麴文泰是一个非常虔诚的佛教徒，所以，当他听到大唐的高僧玄奘西行取经要经过高昌国时，给予了玄奘最高的礼遇。后来，高昌王一心想把玄奘留在高昌国，他用尽了一切办法甚至让玄奘做高昌国的国师，想要玄奘放弃西行求法的念头，而玄奘一路上无论是遇到生死之危还是富贵之诱都不曾动摇过西行的念头，在百般推辞但西行无望的情况下，玄奘选择了绝食。笃信佛教的

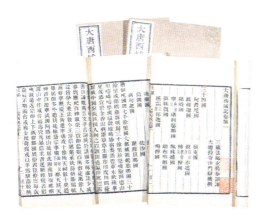

《大唐西域记》古籍线装书影

国王被玄奘这种坚定的信念所感动，他不仅为玄奘继续西行作了细致周到的安排，还当着自己母亲的面和玄奘结拜为兄弟。他唯一的要求便是希望玄奘归来之时，在高昌国停留三年讲经说法。

所以，一直以来，大家熟悉的玄奘御弟的身份不是唐太宗给的，而是高昌国的国王麴文泰给的。只是，当玄奘学法归来想要履行当初的诺言时，才发现已物是人非。

玄奘在古印度留学10年后，携带着佛教原著，踏上了归途，翻过帕米尔高原，于贞观十九年（公元645年）回到了中国。

据说玄奘到过28个国家。这些国家加起来的总面积，相当于西域和印度的总面积，玄奘在西域学到了很多新的知识，在途中也见到了许多新鲜事，这一切都丰富了他的阅历。在取经回国前，当地国王为他举办了大型辩经会，数千印度僧侣和玄奘整整辩论了18天，没有一个人能够将他驳倒，玄奘因此获得"大乘天"的至高无上的荣誉。

玄奘一生"读万卷书、行万里路"，先后把1300卷梵语佛经翻译成汉文，"印度"这个中文国名就是玄奘当年翻译的，他的著作更被称为解读印度历史的一把钥匙。

玄奘回到长安时，唐太宗李世民和整个长安城的百姓都出来迎接他。唐太宗命令宰相房玄龄选取高僧，组织宏大的译场，协助玄奘翻译佛经。

太宗皇帝还多次要求他还俗，担任自己身边的外交策划大臣，都被玄奘以翻译带回的佛典为理由而婉言拒绝，真的应该感谢太宗皇帝，他少了一个外交大臣，却让玄奘给我们留下了一部辉煌的《大唐西域记》。《大唐西域记》共12卷，在玄奘不辞辛苦的努力下，这部研究古代西域及印度的重要著作得以最终完成。

喀什：丝绸之路上的泪珠

 城画 　香妃墓：香消玉殒的传说

香妃墓就像一座富丽堂皇的宫殿，高 40 米，由门楼、小礼拜寺、大礼拜寺、教经堂和主墓室 5 部分组成，是一座典型的伊斯兰古建筑群，也是伊斯兰教圣裔的陵墓。穹隆形的圆顶上，有一座玲珑剔透的塔楼。塔楼之巅，又有一镀金新月，金光闪闪，庄严肃穆。陵墓高大宽敞的厅堂里，筑有半人高的平台，依次是香妃家族五代 72 人大小 58 座坟丘。香妃的坟丘设在平台的东北角，坟丘前用维文、汉文写着她的名字。坟丘都用蓝色玻璃砖包砌，上面再覆盖各种图案的花布，既表示对死者的尊敬，

喀什香妃墓

又有保护作用。陵墓左边，建有大小两座精致的伊斯兰教礼拜寺。陵墓后面，还有一大片坟墓，十分壮观。

香妃的故事历来非常神秘。传说她"玉容未近，芳香袭人，既不是花香也不是粉香，别有一种奇芳异馥，沁人心脾"。她是新疆回部酋长霍集占的王妃，回部叛乱，霍集占被清廷诛杀，将军兆惠将香妃生擒送给乾隆。但香妃心怀"国破家亡，情愿一死"之志，始终不从乾隆，最后被太后赐死。死后，将其运回家乡安葬，故新疆喀什有香妃墓。

然而传说再引人入胜，也与历史事实相去甚远。事实上，在乾隆皇帝的 40 多个后妃中，有一位维吾尔族女子，她就是闻名遐迩的香妃。香妃是否遍体生香，虽然无从考证，但乾隆帝只有一个维吾尔族妃子却是史实，她就是容妃。在乾隆帝的 40 多名妃子中，有一名回妃本不奇怪，可是奇怪的是在容妃死后的 100 多年内，却引起了一批文人墨客的兴趣，在容妃身上大做文章，甚至编造出一个"香妃"的故事，从野史、诗词到舞台，绘声绘色，大肆渲染，达到了真假难辨的程度。诗词、戏曲中的人物是可以编造的，但发展到排除史实、以假乱真的程度，就有问题了。

公元 1734 年，香妃诞生在新疆和卓族的一个家庭中。和卓族是世居叶尔羌的回族始祖派噶木巴尔的后裔，其族称为和卓，所以香妃又叫和卓氏。其父为第

二十九世回部台吉（贵族首领）图尔都。乾隆二十年五月，清军进军伊犁，二次平定准噶尔叛乱，解救了被准噶尔拘禁的叶尔羌、喀什噶尔封建主玛罕木特的两个儿子：大和卓木、小和卓木。不料两年以后，小和卓木杀死了钦派的副都统阿敏道，自称巴图尔汗，大和卓木也据守喀什噶尔，两相呼应，称雄南疆，开始了大规模的武装反清。此后，图尔都台吉等不愿归附分裂的部落，配合清军，于乾隆二十四年，彻底平息了大、小和卓木的叛乱。

乾隆二十五年，图尔都等五户助战有功的和卓，及霍集斯等三户在平乱中立功的南疆维吾尔上层人士应召陆续来到北京，拜见乾隆皇帝。乾隆令他们在京居住，并派使者接他们的家眷来京，封图尔都等为一等台吉。图尔都27岁的妹妹也被选入宫，册封为和贵人（即香妃）。显然，这是乾隆统一新疆后，实行"因俗而制"的政治需要，即政治联姻。

城传 城之战

喀什市已有2100多年的历史，喀什是"喀什噶尔"的简称。西汉张骞通西域时，这里已是西域36国之一的疏勒国首府——疏勒城，是丝绸之路上各国商品的主要集散地和转运站。唐朝在此设立疏勒都护府，成为著名的"安西四镇"之一。这里从来就是战争频发的地方。

安西四镇是指隶属于安西都护府的龟兹、于阗、碎叶、疏勒四个军镇，它们是唐太宗贞观中后期经营西域所取得的辉煌成果。

贞观十四年，唐灭高昌，于其地设立西州，又在西突厥可汗浮图城设立庭州，与此同时，在西州设立了安西都护府。经营高昌的成功，极大地刺激了唐太宗经营西域的决心，在此后几年间，唐以安西都护府为西域军事基地，向焉耆、龟兹及西突厥诸部频频用兵，终于控制了整个西域。

安西四镇的设置，对唐经营西域来说具有十分重要的意义。碎叶、疏勒、于阗由北向南，一线排开，各自控制着战略要冲之地，而且相互之间又能遥相呼应，龟兹则总控其后，控制着其他三镇。它们好似一把把虎头铁钳，牢牢地钳住了西突厥这匹难以制伏的烈马的鼻子，使它难以

喀什老城

再在西域作威作福。毫无疑问，镇抚西突厥是唐太宗设置安西四镇的根本原因，但四镇的设置，客观上保证了丝路的畅通。唐太宗也为丝路能够畅通备感骄傲，高兴地说："西突厥被制伏，丝路畅通，商人可以自由地往来贸易了！"

东汉永平十八年（公元75年）二月至建初元年（公元76年）正月，匈奴进攻东汉，汉西域戊校尉耿恭坚守疏勒城（今新疆吉木萨尔境），力挫匈奴数万兵众。

永平十八年二月，北匈奴左鹿蠡王率骑兵2万进攻车

高台民居

师后王，耿恭遣其司马率300人救援，全部战死，匈奴骑兵乘胜击杀车师后王安得，围攻戊校尉驻地金满城（今新疆奇台西北）。耿恭命士兵以毒箭射匈奴兵，匈奴士卒中箭后伤口溃烂，全军恐惧，又时逢暴风雨，耿恭趁势出击，匈奴死伤甚众，遂撤围而去。耿恭料匈奴定会再来，便选定城旁有涧水流过的疏勒城据以固守。七月，北匈奴复来，断绝水源，围攻疏勒。耿恭亲率士卒掘井，得泉水涌出，匈奴人以为神助，再次引军退去。十一月，汉明帝死，车师乘机叛乱，与北匈奴联兵再攻耿恭。耿恭激励士卒死守。数月后，城中食尽，致煮铠弩食其筋革。匈奴单于增兵猛攻，不能下。建初元年正月，酒泉太守段彭率兵攻破交河城（今新疆吐鲁番西北交河故城），北匈奴撤走，车师国降。原耿恭军吏范羌自请率2000人至疏勒城迎救耿恭等。耿部只剩下26个人了，至玉门关者仅有13人。

城记　悠悠的民族风情

单是"喀什"这个梦幻般的名字就极具诱惑力。在喀什，歌舞不光是用来表演的，还是喀什人生活中的一部分。喀什让你可以感受到时间停滞在中世纪。喀什是女人带多少胶卷都不够用的地方。

对于很多人来讲，新疆是一个充满诱惑的地方，古丝绸之路上的喀什噶尔（简称喀什）更是令人神往，它是中国最西端的一个城市，突厥语意为"绿色的琉璃瓦屋"或"玉石"。喀什没有封建王公贵族留下的红墙绿瓦，没有天府之国一望无垠的富庶平原，没有江南小镇曲幽辗转的溪流，也没有见证了金戈铁马王朝兴衰的万里长城，却偏偏令人意乱情迷。

古老的习俗，远古的文明，行走在高台城区，行走在乡间村里，维吾尔族的

服饰、民间礼仪、民情习俗都有着古老的西域民族色彩。喀什的少数民族能歌善舞。"会走路就会跳舞，会说话就会唱歌"，这是对喀什少数民族的形象描述。每年的肉孜节、古尔邦节、诺鲁孜节等重大节日，这里更是热闹非凡，身着节日盛装的男女老少在广场上，在庭院里，在田野间，引吭高歌、翩翩起舞，到处都是歌的海、舞的洋。无论你来自哪里，在喀什这片热土上，都可以尽情地唱歌、快乐地跳舞。狂放深沉的萨满舞，刚劲豪放的刀郎舞，轻快敏捷的夏地亚那舞，自由活泼的赛乃姆舞，动作舒展、步伐矫健的塔吉克鹰舞，无不时刻吸引着国内外游客前来观光采风，使喀什"歌舞之乡"的美名传遍四方，传遍海内外。

维吾尔族的婚礼，是一道美丽而极富地域风情和民族特色的风景线。喀什街头，几乎每天都有维吾尔族青年的结婚队伍，由民间乐手引领的小车后面，紧随的是新人的花车以及乐手吹奏和敲打着的响亮的民族曲调，在城市的大街小巷里巡游。婚礼从早晨天不亮就开始准备，一直到深夜洞房狂欢之后才结束。在"世界屋脊"的这片土地上，还有一群"离太阳最近的部落"——塔吉克族，他们民风淳朴，礼仪繁多，服饰独特，尤其是刚劲有力的塔吉克族鹰舞，更是让影视编导青睐有加。

喀什是刀郎文化的发源地。刀郎人至今仍保留着自己古老的方言和习俗。他们在大漠中奇迹般地过着世外桃源式的生活，代代相传形成了今天独特的刀郎木卡姆。以农耕为主的麦盖提人对刀郎木卡姆的痴迷，让人真切地感受到西域独特民族风情的魅力所在。演出时，十几位或几十位中年男子席地而跪，人手一件乐器，有的拨弄热瓦甫，有的弹奏卡龙琴，有的敲击手鼓，和着高亢雄浑的音调，尽情地手舞足蹈，歌者不疲，舞者不倦。那高亢、奔放、激扬的刀郎木卡姆，给人一种原始的意象、粗犷的气势、豪迈的雄劲。随着"维吾尔族木卡姆"申报世界非物质文化遗产名录的成功，刀郎木卡姆受到全世界更多的关注。这里还是高空艺术表演——"达瓦孜"的故乡，那高空走绳坚强的毅力、独特的风格、精湛的技艺和惊险的表演，赢得了海内外观众的赞赏，并连创吉尼斯世界纪录。

喀什的建筑有着独特的欧洲古典建筑风格和西域民族特色。这里的居民建筑疏密得当，错落有致，层次分明，它们的古朴、典雅、流畅、和谐，它们精雕细镂的墙面、

喀什老街上的馕饼铺

乐器铺，新疆乐器最知名的有热瓦甫、冬不拉、弹布尔、艾捷克等。

图案迥异的窗棂，令人惊叹于民族建筑师的高超技艺。喀什的古巷，穿越历史的尘埃，展现着神奇迷人的风采，在这一条条古老而神秘的小巷里，鳞次栉比的店铺，低矮密集的作坊，韵味独特的工艺品制作，叮叮当当的粗锤细敲，令人陶醉专注、流连忘返。到喀什一定要品尝喀什的风味美食。当你徜徉在风情独特的喀什街巷时，那油汪汪的烤肉，金灿灿的抓饭，香喷喷的馕饼，风味独特的烤包子、拉条子，香气四溢的烤全羊，鲜嫩可口的羊羔肉，这一切，会吸引你驻足停留，尽享美味佳肴。

维吾尔族小伙子正在精心制作土陶

喀什的土陶生产历史悠久。早在新石器时代就已出现，到汉晋时代又发展到彩陶。喀什的土陶造型精美，做工独特，色彩艳丽，古朴素雅，品种齐全，具有很高的美学价值和研究价值，是西部少数民族的传统用品，深得中外艺术界收藏家和广大旅游爱好者的喜爱。

享誉中外的英吉沙小刀，曾多次荣获国际、全国优质产品金奖，是新疆著名的民族特产，距今已有一千多年历史。英吉沙小刀选料上乘，工艺考究，雕刻精美，花纹独特，刀刃锋利，经久耐用，在民族工艺品制作中独树一帜。

城缘　张骞与疏勒城的相遇

张骞为联合大月氏与乌孙共抗匈奴，两次出使西域，游踪之广，见闻之多，在两千多年前是举世罕见的。不仅为汉朝与西域之间增进了解、加深友谊、进一步密切关系创造了条件，而且考察和开辟了著名的东西方交通要道——丝绸之路，揭开了东西方交流的序幕。他以"凿空西域"的不朽功绩而闻名于世，史称张骞"为人强力，宽大信人，蛮夷爱之"，后来汉朝使者皆称其为"博望侯"，所到之处都受到信任和欢迎。

千百年来，张骞的功绩一直被后人所传颂，除《史记》、《汉书》的记载外，清人记载伊犁西南有汉张骞碑，曹鳞开赋诗"博望残碑碧藓封"，爱国英雄林则徐更吟咏"张骞博望笑凿空"。而今后人笑谈西域史，笑谈丝绸之路时，就不能不提到张骞。

对于想了解喀什历史的人来说，张骞的不同寻常之处，还表现在正是他第一个发现了喀什在历史上的不同寻常之处。

公元前128年，张骞在被匈奴扣押13年之后，到达了中亚阿姆河上游的大月氏，本来想与大月氏结成政治、军事联盟，与汉朝从东西两面共同夹击匈奴，结果却没有达到这个目的。但张骞是一个有心人，一路上没忘了将沿途各地有关西域的政治、经济、军事、地理、民族风俗等情况一一详细记载。

大约在公元前128年的某一天，前往大月氏的西汉特使张骞，带着他的随从，一路披星戴月、风尘仆仆地来到天竺以南的重镇疏勒城，这是当时西域36国之一疏勒国的首府，也就是今日的喀什市。

张骞进得城来，很惊奇地发现，疏勒城居然同中原的城镇一样，有很像样的街道和市场店铺。可以想见，当时的城里城外，车水马龙；驼队马帮，熙来攘往；行商坐贾，比比皆是；杂货纷呈，琳琅满目。更有趣的是，市场上人们的各类服饰，一个个绚丽多姿；所操的各种语言，一阵阵嘈杂如潮。

张骞曾在西域生活多年，也曾走遍天山南北的各城郭小国，如果按狭义的概念理解西域，疏勒城的这种商贸街市，可算独此一家。也就是说，疏勒城堪称为我国新疆古代的第一座商业城。

于是，张骞在其撰写的《汉书·西域传》中，整个天山南北只有"疏勒国"条文内，赫然记录下"有市列"这样的话。

2100多年前的疏勒城，在整个天山南北何以能独"有市列"，而且又能生意兴隆通四海呢？还是张骞说得妙：因为疏勒城"西当大月氏、大宛、康居道也"。大月氏、大宛与康居（在今中亚哈萨克斯坦）都是中、西方"小丝绸之路"上必经的要道，而疏勒城恰好又是这条要道上的关口。

西汉的疏勒城成为丝路重镇，并进而发展为天山南北首屈一指的商业城，除却"天时"——丝绸贸易的大背景与"地利"——优越的地理交通条件之外，在当时也不乏"人和"——本地经济、政治、军事实力的雄厚等有利因素。

张骞通西域，开辟了丝路，发现和记录下疏勒城这座商城，并使它扬名四方。可以这样说，丝绸之路造就了疏勒形象的辉煌，疏勒也为丝绸之路的繁荣大大增添了光彩。而张骞在其中扮演了宣传家的角色。

张骞雕像

感悟中国历史名城
SENSING CHINA'S WELL-KNOWN HISTORIC CITIES

■泉州：迢迢海上丝绸之路　　■宁波：东方的大港　　■广州：关于市的故事

城画城传

城记城缘

发现城市不同寻常的轨迹

记录城市最为精致的面孔

感悟城市不停跃动的脉搏

阅读城市流传不已的情怀

第六章 海上商船从这里起航

泉州：迢迢海上丝绸之路

城画　涂门街上的故事

涂门街的建筑风格在一定程度上反映出泉州宋元时期的繁荣景象，只要你愿意，健谈的老泉州们就会告诉你这条街建筑风格的寓意。

涂门街位于泉州市区中心地带，东起温陵路，西至中山路，全长1 005米，是集商贸、旅游、文化等为一体的繁荣地段，沿街有清净寺、孔子文庙、通淮关岳庙、东观西台、祖闾苏、世家大厝、棋盘园、东鲁巷、三十二间巷等古代文化遗存。

先从名字的由来说起。"涂门街"又叫"土门街"，因为旧时传言，建造东西塔需要许多土石，涂门街就被用来储存建塔土方。

泉州文庙

涂门街的棋盘园是老人家津津乐道的地方。相传棋盘园是一副用真人下棋的棋盘。明朝一外族人招安受封，被封为藩王，负责管理闽南行政，棋盘园是藩王府邸里的行宫。闲暇时，藩王坐在司棋阁上与人对弈，命三十二个美人站在棋盘形的花园里，穿着红、黑两色衣裙，每人头上顶着簸箕，分别写着"将、士、相、车、马、炮、卒"字样，以充当"棋子"。这些美女在司棋阁楼上的人的指挥下行走，以显示主人的排场、气派。这三十二个姑娘平时被安排在三十二间阁楼上居住，该地因此被称为"三十二间"。这种宫廷式的建筑也就流传下来了。

你还会知道，东观西台原来是泉州清代状元吴鲁的府邸；而另一座"平房"——祖闾苏这片古民居是北宋著名政治家苏颂后裔于元朝至大四年以后形成的聚居地。这些建筑别具文化内涵，不同的风格有机融合在一起，共同见证了涂门街古时候的繁荣景象。

棋盘园图

改造后的涂门街秉承泉州闽南古建筑的风格，与现代建筑的有机结合，使涂门街充满着蓬勃的生机。由于涂门街拥有悠久的历史沉淀，及孔子文庙、通淮关岳庙、清净寺三教合一的城市旅游、文化中心地位，加上以时尚为主的各行业高密度分布、人车流量密集等特征，被赋予"帝王商业街"的美称。这条街上小吃

通淮关岳庙

也很丰富，有肉粽、芋圆、鸡卷、卤面、鱼子粥、柿饼、春卷、仙草蜜、橘红糕、菜包、蚝仔煎、鸭粥、粕丸、番薯粉条、煎糕、糍（糍粑、糯米糍）等等。

涂门街现在是泉州最有商机、最繁华的街道之一。它处于城市商圈中心，是连接中山路、打锡街、温陵路、百源路的交通动脉。

文庙是涂门街一处弥漫着浓浓的文化气息的休憩场所，它让工作疲惫的人们在此找到了一份难得的舒心和恬静。虽然涂门街已实施改造，但依然保留着独具特色的、融合中西建筑文化的闽南风格。时至今日，漫步涂门街仍可感受到那份古朴的街韵。

这就是涂门街，一条拥有浓厚文化积淀、融合中西建筑文化的具有闽南风格的千年古街，如今它又发挥着独特的环境优势，为现代商业的繁荣注入生机。

 城传 刺桐

泉州是个千年古城，其文化之源远流长，实非一言所能尽。解放前泉州人自称"富、漂、通"三字，实是一句形象描述。老一辈的泉州人说："第一富李五公；第一漂陈三郎；第一通陈紫峰。"泉州经济富裕，代表人物是明初独资增高洛阳桥三尺的李五，李五即李俊育，是个大海商；泉州人漂亮，代表人物是南宋时相传与潮州黄五娘谈恋爱的陈三，陈三名麟，字伯卿，行三，其兄陈梓，官广南运使，是管经济的大官；泉州的文章通顺，代表人物是明代理学家陈紫峰，紫峰名琛，

泉州刺桐阁。古代泉州名为刺桐，是海上丝绸之路的重要港口。

字思献，明正德年间进士，官江西提学金事，是死后从祀孔子庙堂的理学家蔡清的高徒。以"富、漂、通"来概括泉州特点，似乎不太科学，但颇为传神。

然而泉州最早闻名于世的还是其与"海上丝绸之路"的密切关系。在这条航线上，中国和各国人民建立起了深厚的友谊。数以千计的各国商人、传教士、旅行家来到了中国，其中有不少人与中国人通婚，在华落地生根，为发展我国对外贸易起了巨大的作用。而我们不少的炎黄子孙也从而留居海外，并婚娶繁衍，为当地做出不少的贡献。海上丝绸之路把世界各地的文化古国和中国联结在一起，形成了一条联结亚、非、欧、美的海上大动脉，使这些古代文明互相交流，对世界各族人民的文化产生了巨大的影响。

中国是一个大陆国家，同时也是一个海洋国家。中国大陆的东部和南部都面临大海，有漫长的海岸线和众多的海岛。在漫长的历史发展过程中，中国沿海地区的居民，很早就从事航海活动，不断探索海外未知的世界。由于中国人和亚洲、非洲以及欧洲广大地区人民的共同努力，逐渐建立起一条连接东西方的海上交通线，人们称之为"海上丝绸之路"。众所周知，丝绸是古代中国的特产，也是世界上各国人民喜爱的商品。古代东西方的陆上和海上交通线都以丝绸命名，说明中国在东西方交往中处于一种举足轻重的特殊地位。

与海上丝绸之路形成呼应，中国沿海地区出现了一批享有盛名的海港，其中泉州港曾以"刺桐"一名为世界各国航海家、商人所熟知。

泉州地处福建东南，在南北朝时期，泉州已成为对外交通的港口。南朝时，来华天竺（印度）僧人真谛"泛小舶至梁安郡，更装大舶，欲返西国"，因众人邀请，暂时停留。不久，"发自梁安，泛舶西引，业风赋命，漂还广州"，又为当地僧人、官员所阻，未能返国、不久病死（《续高僧传》卷一《拘那罗陀传》）。梁安就是泉州，可知当时此处已有海舶可以出海西行。到了唐代，福建南部经济有较大变化，人口增多，手工业进步，农田水利改善，为海外贸易的发展提供了必要的物质条件，这是一个方面。另一方面，唐代中期发生的"安史之乱"，导致陆上丝绸之路闭塞，中国和西方的交通转而以海道为主。这一转变，推动了沿海不少港口的发展，泉州便是最突出的一处。而唐朝末年广州被黄巢队伍攻占造成的巨大破坏，更为泉州港的兴起提供了机遇。唐代后期诗人包何在《送泉州李使君之任》中写道："云山百越路，市井十洲人。执玉来朝远，还珠入贡频。"前两句说的是泉州居民中有外国人，后两句指出当地有外国朝贡者频繁进出，这些朝贡者大多是商人。五代十国时期，连续占据泉州的王延彬、留从效、陈洪进都注意发展海外贸易，从中获利。

到了北宋前期，泉州港对外贸易已相当可观，"有蕃舶之饶，杂货山积"（《宋史·杜纯传》）。公元1072年，宋神宗下诏说："东南之利，舶商居其一。比言者请置司泉州，其创法讲求。"（《宋史·食货志·互市舶法》）"司"指市舶司，管理海外贸易的专门机构。海船出海贸易必须经市舶司批准，回来要向市舶司纳税。重要的对外贸易港都设立市舶司。宋神宗要求研究泉州设置市舶司问题，说明泉州在海外贸易中已居重要地位。但是，正式在泉州设市舶司，则在公元1087年。这在泉州历史或是中国对外贸易史上都是一件大事。市舶司的设立，标志着泉州进入我国最重要的对外贸易港的行列。设市舶司以后，泉州港可以直接发船到海外贸易，也能接纳外来的商船，因而进出口贸易便得到迅速发展。它在海外交通方面的地位，迅速赶上广州。"况今闽、粤，莫盛于泉州。"（《舆地纪胜》卷130《福建路·泉州府》）"若欲船泛外国卖买，则是泉州便可出洋。"（《梦粱录》卷12《江海船舰》）泉州城南，逐渐成为外国商人和水手集中居住的地区。与之相应，泉州出现了不少外来宗教的庙宇以及外来侨民的集中墓地。

到了元朝，泉州港更加繁荣。"泉，七闽之都会也不敷出。番货远物、异宝珍玩之所渊薮，殊方别域富商巨贾之所窟宅，号为天下最。其民往往机巧趋利，能喻于义者鲜矣。而近年为尤甚，盖非自初而然也。"（吴澄：《送姜曼卿赴泉州路录事序》，《吴文正公集》16卷）"号为天下最"说明泉州在全国海外贸易中居于领先地位。而海外贸易的发达，使当地的社会风气发生了巨大的变化。

当时诗人对泉州有这样的描写："厘头赤脚半蕃商，大舶高墙多海宝。"（宗泐:《清源洞图》,《全室外集》卷4)许多外国商人和水手随着海船来到泉州,这个港口成为各国人杂居的海港都市。泉州遍种刺桐树,外来商人、水手便以"刺桐"名之,这个名字当时在

福建泉州港岸边的马可·波罗出航纪念碑

海上丝路各处广泛流传。著名的外国旅行家马可·波罗、伊本·白图泰都盛赞泉州的繁荣。马可·波罗说:"印度一切船舶运载香料及其他一切贵重货物莅在此港,是亦为一切中国南方商人常至之港,由是商货宝石珍珠输入之多竟至不可思议,然后由此港转贩蛮子境内。我敢说亚历山大或他港运载胡椒一船赴诸基督教国,乃至此刺桐港者,则有船舶百余,所以大汗在此港征收税课,为额极巨。"伊本·白图泰在这里看到大船数百,小船千余。泉州港在当时不仅是中国第一大港,也是世界头等海港之一。一方面是"蕃商"川流不息出入泉州,另一方面,泉州也是中国商人出海的首选地。元朝官方的记载说,"泉州那里……做买卖的"前往"回回田地里,忻都田地里"经商(《通制条格》卷27《杂令·蒙古男女过海》)。"回回田地"即阿拉伯诸国,"忻都田地"即印度次大陆。这样明确的记载,是以前没有的。元朝后期,泉州商人出海经商,"其所涉异国,自高句丽外,若阇婆、罗斛,与凡东西诸夷,去中国无虑数十万里。方是时,中国无事,……诸国之来王者且帆蔽海上而未已,中国之至彼者如东西家然"(王彝:《泉州二义士传》,《王常宗集》续补遗)。海上丝路将中国与海外诸国联结起来,来往频繁,犹如一家。著名的地理著作《岛夷志略》成书于14世纪中期,作者汪大渊是豫章(今江西南昌)人,但他长期在泉州生活随海船出海经商。这本著作记录了海外地名二百余处,涉及中南半岛、马来半岛、菲律宾群岛、印尼群岛、印度次大陆及其周围地区、波斯湾和阿拉伯半岛,以及东非和北非。此书成了当时泉州人的航海指南,也是这一时代海上丝绸之路的详尽记录。

海上丝绸之路虽然因外销丝绸而起,但它的意义却远远超过丝绸贸易的范围,它不仅是一条贸易之路,而且是一条友谊之路。它把远隔重洋的中国人民与东南亚、南亚、西亚、非洲和欧洲各国人民,紧紧地联系在一起。

在这条航线上,一艘艘海船来来往往,为东南亚各国带去了养蚕取丝的技术,

协助他们发展丝织工业；为欧洲带去了中国的四大发明之一的指南针；精美的宋瓷和青花瓷外销，给日本以及伊斯兰各国陶器的烧制技术带来了巨大的影响。另一方面，海上丝绸之路也为中国带来了东南亚的染料、埃及的历表、印度的香料，还有药材、犀角、珠宝、钻石和许多珍禽异兽。埃及人曾教会泉州人用树灰净糖的方法，从而改善了制糖的技术。海上丝绸之路突破了地域限制，为中外文化的交流和传播，作出了卓越的贡献。

其中，古泉州的建筑艺术，最能突出地反映中外文化艺术的渗透。清净寺便是其中最好的例子。它具有十分浓厚的阿拉伯宗教建筑风格，而它的细部结构却又有中国古代建筑的特点。开元寺和天后宫中的古印度石柱、门框等构件，是古老的婆罗门教寺院的遗物，是中印人民友好合作和文化交流的结晶。

 城记 漫话泉州南音

西晋时期，"永嘉之乱"、"五胡乱华"让中原人不得安宁，为避战乱，上至士大夫，下至平民百姓纷纷举族南迁。他们最终选择在比江左更为安定，既有重重山水阻隔，自然气候条件又优越，偏安东南一隅的晋江流域一带沿江而居，过着安居乐业的生活。

晋人南迁不仅带来中原的先进生产技术，同时也带来中原的优秀文化。然而，中原古乐的许多音乐遗响，如先秦的五音之乐、音阶与宫调理论以及旋法特点；汉代相和歌之"丝竹更相和，执节者歌"的演唱演奏形式；魏晋时期的古曲谱；晋唐时期的古乐器，甚至被称为汉族"九代之遗声"、"华夏之正声"的清商乐也能在南音中找到印证或得以诠释。难怪许多人认为南音"是华夏传统音乐的'活化石'"，"是一部活的音乐史"，"是中国音乐之根"。泉州南音演奏（演唱）旋律缠绵深沉，格调清丽高雅，曲词古朴曼妙，曲风委婉清脆，节奏具有清、雅、淡、慢等特点，"具有广泛流传的传统文化及表现形式"，"从历史、艺术、人种学、社会学、人类学、语言学或文学角度看，具有突出价值"，被誉为"中国古典音乐的明珠"、"东方音乐奇葩"。

南迁的晋人与世代居住在这片土地上的闽越人，共同开发而促进泉州经济与文化的发展。但由于泉州毕竟地少人多，生活还很贫困，因此人们热切谋求向海外发展的空间。凭借天然良港的优势与善操舟楫的传统，加上优越的自然气候条件，这里是印度洋与太平洋季候风转向之地，它十分有利于海上航行。当时唐朝也大力鼓励泉州发展对外通商贸易，并制定了种种优惠政策，因此才会出现"市井十洲人"的繁荣景象。此时，泉州与扬州、明州、广州、交州并称为中国五大通商口岸，"海上丝绸之路"出现了。到了宋代，泉州对外贸易进入了一个新的历史时期，泉州已是"涨海声中万国商"的国际性都市了。元代是泉州历史上最为繁荣昌盛的时期，当时泉州已成为"梯航万国"、"舶商云集"的世界东方第一大港。众所周知，有了雄厚经济实力作基础，就必然会促进文化的发展与繁荣，这是历史发展的必然规律。

泉州城中的南音主题雕塑

靖康之变，宋廷南迁，赵宋皇族的南外宗正司也由临安迁往泉州。遗臣遗民们纷纷南迁的同时也带来了宫廷文化，如家庭班（又称家班戏）以及永嘉杂剧等。

长期以来，泉州南音的传承均为设馆授徒、师承传授，以前南音馆社还有"祭郎君"、"祀先贤"等重要而独特的民俗活动。

早期华侨被生计所迫，不得不背井离乡、浪迹海外时，虽然一身之外无长物，但一些南音爱好者往往将日夜相伴的洞箫、琵琶等南音乐器随身携带，回国返乡之日遥遥无期，

泉州南音艺苑的南音表演，观众可以坐在古色古香的八仙桌旁，一边品茶，一边听着优雅的南曲。

这些心爱之物可以在闲暇之时吹拉弹唱，聊慰去国怀乡、思亲恋旧之情。

慢慢地，南音这一优美、熟悉的家乡曲调不断地将爱好者集中起来，一些虽然不会弹、唱的华侨也在乡音的感召之下聚集过来，形成具有一定组织形式的南音社团，他们在闲暇之时或节庆聚会上吟唱南音，抒发着对家乡、对亲人的魂牵梦萦之情，同时弘扬中华民族优秀的传统文化，激励艰苦创业、不屈不挠的坚强意志。曲曲乡音，就好像是慈母对游子的呼唤，一些老华侨十分喜爱听《远望乡里》这一曲目，每每听到"远望乡里，举眼何处是，见许层峦叠嶂，盼我家山，隔在许白云里……"禁不住老泪纵横。

南音社团的存在和发展，促使南音成为许多海外华侨华人文化生活中一个不可或缺的组成部分，像菲律宾最早的南音组织——长和郎君社，从成立之始就明确了以南音活动为名称、服务侨胞为实质的创社宗旨。

为了能将南音艺术更好地传承下来，海外南音社团纷纷礼聘家乡泉州的著名南音艺师到侨居地设馆教徒、传授技艺。泉州南音不但在海外华人社会中扎下根来，还扩展到当地社区中，并与原有居民的音乐文化相互借鉴、相互融合。

城缘　弘一大师在泉州

　　弘一大师第三次来福建是1932年，一直住到1942年逝世为止，其间除应请至青岛湛山寺讲律学五个月外，有十年之久，足迹遍及泉州、厦门、福州、漳州各大寺院，其中以住泉州的时间为最长，最后在泉州去世。

　　泉州有"泉南佛国"、"闽南蓬莱"之名。佛教、道教于公元3世纪（西晋太康年间）传入泉州，并开始有寺观的创建。伴随着海上丝绸之路的兴起，唐代初期伊斯兰教传入泉州，是伊斯兰教传入中国最早的地区之一，历史上曾在泉州建造了7座清真寺。

　　闽南诸法师及居士的热情相邀和当地宜人的气候促使弘一大师成行。有劝大师北上者，他予以婉谢："近年来虽无大病，但衰老日甚，殊畏寒暑。闽南气候调和，适于疗养，故暂未北上，至用歉然。"

　　闽南生活安定，也是一个重要原因。闽南地处东南一隅，远离政治文化中心，一些社会动乱较少波及于此，这为弘一大师弘法和著述提供了较为安定的外部环境。闽南著名的寺庙，在东南亚都有下院，常在经济上予以援助，这也使弘一大师在生活上无后顾之忧。闽南民风淳朴，也使大师感到安适。对于闽南的食物，大师也颇为习惯，并赞不绝口："闽中产米缺乏，代以杂粮。以小麦大麦磨做粗粒，加入干番薯少许，做成麦羹，其味极佳，且适于卫生。"与战火纷飞的北方相比，闽南虽也物价颇高，但却可维持基本生活。

泉州承天寺

在闽南弘法顺利，是弘一大师久居闽南的最主要原因。福建与佛教因缘甚深，历史上不仅高僧辈出，流派众多，而且至今僧尼仍有一万余人，约占全国汉族地区僧尼总数的四分之一，按比例为全国第一。弘一大师居闽南时，闽南各地争先迎请大师弘法，如永春普济寺请了4次才遂愿。大师所到之处，皆受到热烈欢迎，如1938年于泉州承天寺讲经时，"听众甚多，党部青年乃至基督教徒皆甚欢赞"。弘一大师为有这种因缘而高兴，他在给丰子恺居士的信中写道："乃今岁正月到泉州后，法缘殊胜，昔所未有，几如江流奔腾，不可遏止。"在晋江安海时，大师演讲三日，听众多达近700人。弘一大师以弘法为己任，适逢闽南为佛教重镇，使他的宏愿得以实施。正如大师所说："朽人居闽南已十年，缁素诸善友等护法甚力。"

弘一大师在泉州演讲弘法不拘场所，内容广博，有时连续几天演讲不休息，还富有特色。弘一大师的演讲之所以能受到各界各阶层不同人士的一致欢迎，除了受大师严于律己的人格力量和广博的佛学知识感召外，还由于其演讲极富特色，往往能用浅显的语言表达深刻的教理，充满真知灼见，极富启发性。

宁波：东方的大港

 城画 天一阁

宁波是"海上丝绸之路"的起点之一，海外交流不仅带来了商业贸易的繁荣，还带来了文化思想的碰撞和融合。在唐代，宁波成为"海上丝绸之路"的起点之一，与扬州、广州并称为中国三大对外贸易港口。宋时又与广州、泉州同时列为对外

天一阁秦氏支祠。因为火是藏书楼最大的祸患，所以范钦依据《易经》中"天一生水、地六成之"理论取"以水克火"之意，把藏书楼定名为"天一阁"。

秦氏支祠的戏台穹形藻井由千百块经过雕刻的板榫搭接构成，盘旋而上，牢固巧妙，为宁波小木工艺之绝招。

天一阁宝书楼内一角

天一阁藏书

贸易三大港口重镇。鸦片战争后被辟为"五大通商口岸"之一。从宁波的海港开放性来看，它既有商业贸易氛围，还带有浓重的文化氛围。

关于宁波，很多人的第一个印象来自于余秋雨先生的那篇《风雨天一阁》中的私家藏书楼天一阁。体验宁波建筑特色和文化底蕴，一定要去看天一阁，尤其是看过余秋雨的文章后。

天一阁，是亚洲现有最古老的图书馆和世界最早的三大家族图书馆之一，始建于明嘉靖十一年（公元1532年），第一任主人是范钦，字尧卿，号东明，嘉靖进士，曾任兵部右侍郎。生平好学，性喜藏书，为搜集图书，遍访藏书名家和各地坊肆。范钦收藏日富，于是建阁存放藏书。实际上，天一阁的藏书基本上代表了古代中国图书馆的最高境界。那么多年，经历了无数自然的和人为的灾难而被保留了下来，除了天一阁设计合理之外，更多的是依靠范家人对祖制的恪守和对书籍的敬畏，这些在《风雨天一阁》里有详细的描述。乾隆三十七年（公元1772年），下诏开始修撰《四库全书》，范钦的八世孙范懋柱进献所藏之书638种，于是乾隆皇帝敕命测绘天一阁的房屋、书橱的款式，建造了著名的"南北七阁"，用来收藏所撰修的七套《四库全书》，天一阁也从此闻名全国。明清以来，文人学者都为能登此楼阅览而自豪。

这是一个典型的江南大院，前后都有院子和阁楼，真正的藏书楼其实是一座两层木结构楼房，上层不分间，通为一厅，以书橱相隔，下层分为6间。据介绍，"天一阁"之名，出自汉郑玄《易经注》"天一生水，地六成之"，"以水制火"的意思。天一阁楼前有一水池，用来防火。1665年，范钦的重孙范光文，又在藏书楼前后，砌造假山，架桥构亭，栽花植竹，引水入池养鱼，使藏书楼颇具江南园林的特色。

关于天一阁的故事很多。范家祖先规定天一阁里的书是不外借的，有幸登阁查书的也是极少数当时道德文章方面的大家才享有的权利。范家祖训非常严格。关于天一阁的管理，有很多很多的规定，处罚规则标明：子孙无故开门入阁者，罚不与祭三次；私领亲友入阁及擅开书橱者，罚不与祭一年；擅将藏书借出外房及他姓者，罚不与祭三年；因而典押事故者，除追惩外，永行摈逐，不得与祭，对于古人来说，这是再严重不过的惩罚了。

天一阁的亭台楼阁也是值得赏玩的，虽然没有苏州园林那么有灵气，但是其布局也能体现出主人的用心和品位，除了用水来防火之外，还安排了众多的假山和石刻神兽，好像是在守护着家宅祖院，守护着天一阁。周围很安静，充满意韵。书香之地最忌喧哗和吵闹，没人会愿意打扰这片楼阁。

城传　海定则波宁

宁波的历史可以上溯到公元前两千多年的夏代。据《志书》上记载："夏时有堇子国，以赤堇山为名，后加邑为鄞。"赤堇山有两处，一在今鄞县天童、宝憧一带，一在奉化境内。"鄞"的名称最早就是这样来的。

秦始皇统一中国后，废分封制，设郡县制，正式建立了鄞、鄮和句章三个县，归属会稽郡。据说，当时海外人到宁波来做集货贸易的很多，所以把附近的山叫鄮山，并在此设立鄮县。鄮即"贸邑"两字的合写，意即贸易的地方。汉朝时，这三个县的范围大致是：鄞县包括现在的市区、西南郊和奉化东南一带，县治在今奉化白杜；鄮县包括江东区以东，鄮山以北的地方，县治就在鄮山；句章包括江北到慈溪一带，县治在今江北区乍山乡城山渡附近。自汉到南北朝，建置和范围没有大的变化。

百梁桥。位于鄞州区洞桥镇百梁桥村，古时称为"小溪江桥"，是一座廊屋式石墩木梁桥，是研究本地乡土风情的实物例证。

到了隋代，把鄞、鄮两县都并入句章，县治设在小溪，唐武德年间又将句章改为鄞州，不久又改称鄮县。直到唐开元二十六年，设立州治，因附近有四明山，就称为明州，把鄮县分成鄞、奉化、慈溪和翁山（今定海县）四县，归属明州。州治开始在小溪，后来就迁到三江口。元和年间，又在鄮县东面设一望海镇。五代时，州县合治，鄮县也改称鄞县，望海镇改为望海县，后又改为定海县（即今镇海县），又把象山也划归明州。北宋熙宁六年，又成立昌国县。这样，明州范围就大体上包括后来宁波的鄞、慈、镇、奉、象、定几个县。唐、宋间的明州，是我国重要的对外贸易海口，《四明志》就有"海外杂国，贾舶交至"的记载，1974年和义路出土的唐代精美瓷器，就是经由宁波港出口的外销瓷。唐代在明州还设立了专门管理外贸的机构——市舶司。当时从明州登陆来朝贡和贸易的，包括日本、高丽和一些东南亚的国家。到了宋代，明州和泉州、广州并称为全国三大对外贸易港，又是全国建造海船的重要基地，能够建造可以容纳五六百人的大吨位海船。

南宋理宗时，把明州改为庆元府，元代又改称庆元路。朱元璋平定方国珍后，因"庆元"有庆贺元朝的意思，又改为明州府。到明朝，因明州的"明"字与明朝的国号相同，就改为宁波府。由于当时的镇海县还叫定海县，明州又紧靠镇海，取"海定则波宁"之意。这就是"宁波"名称的由来了。

 城记 十里红妆里的风情

开辟"海上丝绸之路"的影响到今天还在继续着。宁波是中国商人的发祥地，号称是"中国最精明"的上海人有四分之一是宁波籍的。与浙江温州人相比，宁波人更喜欢做大生意，这里出过"船王"包玉刚等一大批国际知名的工商巨人，故有"宁波大老板"、"温州小老板"之称。宁波还是著名的侨乡，海外"宁波帮"在世界各地纵横捭阖，取得了很大的成就。

事实上，从当地的一些传统习俗就可以看出宁波的气势和富裕。当地的十里红妆就是一例。

所谓"十里红妆"是旧时嫁女的场面。人们常用"良田千亩，十里红妆"形容嫁妆的丰厚。旧俗在婚期前一天，除了床上用品、衣裤鞋履、首饰、被褥以及女工用品等细软物件在迎亲时随花轿发送外，其余的大至床铺，小至线板、纺锤，都由挑夫送往男家，由伴娘为之铺陈，俗称"铺床"。

万工轿

千工床

发嫁妆时，大件家具两个人抬，成套红脚桶分两头一人挑，提桶、果桶等小木器及瓷瓶、埕罐等小件东西盛放在红杠箱内两个人抬。床桌器具箱笼被褥一应俱全，日常所需无所不包。蜿蜒数里的红妆队伍经常从女家一直延伸到夫家，浩浩荡荡，仿佛是一条披着红袍的金龙，洋溢着吉祥喜庆，炫耀家产的富足，故称"十里红妆"。

"千工床、万工轿、十里红嫁妆"是家喻户晓的民俗现象，长期以来，世代相传，蔚然成风；十里红妆又是江南手工技艺的集中体现。十里红妆中的器物类主要由天然矿物朱砂和黄金为主的材质装饰，集中了雕刻、描金、勾漆、填彩等工艺手段，也包含了小木作、雕作、漆作、桶作、竹作、铜作、锡作等民间匠作。绚丽华美的朱金色彩，形成了它独特的艺术风格和装饰特色。

树酒埕。树酒埕并不放酒，专门用来放花生糖果之类的点心。

十里红妆的盛行，和浙东地区的物质文化背景是分不开的。明清以来，由于经济的发达，浙东地区重嫁妆，婚俗奢靡。一方面炫耀娘家的财力，一方面希望女儿在夫家具有一定的地位，因此，富庶人家嫁女，不惜财力，婚嫁攀比之风盛行。十里红妆器物是婚俗的主要部分，并且形成了当地特有的生活器皿的造型艺术风格，这种通体红漆局部贴金的家具器皿，有别于正厅、书房等公用场所的家具，放置于内房空间里，与女性生活密切相关。对十里红妆的奢侈追求，导致相关器具的精雕细琢。

宁波历史上传统手工业较为发达，有"百工之乡"之称，当地的朱金木雕工艺和泥金彩漆工艺为丰富红妆器物的装饰提供了必要的基础。十里红妆规模、声势之大，数量之多，门类之齐全，制作工艺之精湛，艺术价值之高，耗费之昂贵，均为全国罕见。

"有钱人家嫁女儿，普通人家送女儿，无钱人家卖女儿"，一般人家为了不落下卖女儿的名声，不惜财力准备嫁妆，富家大户利用嫁女显示富足的家底，配置丰富昂贵的十里红妆。准备十里红妆是一个漫长复杂的过程，娘家人在请人做嫁妆前必须选"黄道吉日"。动用小木作、雕作、漆作、桶作等"百作"手工制作家具杂用，一般人家是千工床、小姐床、房前桌、成对红衣柜、各式祭盘、大小脚桶、粉桶等红妆器物二百多件，而富家大户则近千件红妆不会重复。

闺房里的小姐和母亲会用几年时间准备新娘婚后一生的服装和内房布饰，包括未来丈夫和小孩的衣着物品，甚至孝敬公婆的鞋帽等，这些女工制品也是十里红妆的重要组成部分。同时父母会在各种木桶、瓷瓶里装满各种果实和种子，祈求婚后早生贵子，而仪式中所需的和气食、红鸡蛋、喜糖等也必须在出嫁前准备完毕。

装载嫁妆的扛箱

迎嫁妆和接新娘是同时进行的，婚礼当日，迎嫁妆和接新娘队伍到达新娘家，午后迎嫁妆队伍同接新娘伴姑一道，浩浩荡荡地返回新郎家。嫁妆队伍杠箱开道，花轿居中，抬的抬，挑的挑，流光溢彩，喜气洋洋。结婚是大事，需要造声势、摆排场、显家威、比族门。大户人家的红妆队伍，绵延十里，嫁妆中从针头线脑到箱、柜、桌、椅、桶、盆、盒以及铜锡器具样样齐全，而且箱箱满、桶桶满。箱里装的是服装、绸缎，桶里装的是南北干果、糕点等等，甚至连马桶里也要放一对红鸡蛋。

十里红妆队伍，铜乐齐鸣，爆竹震天，转弯鸣锣，过桥放火铳，一路炫耀着喜庆，炫耀着奢华。

新娘是十里红妆队伍的主人，花轿是十里红妆队伍的主体，有两人小轿、四人轿、八人大轿之分，这种大小之分也是新娘身份、地位的直接体现。花轿前后一路上披红挂金，前呼后拥，让经历过的人一生都难以忘怀。

十里红妆在婚后家庭生活中起很大作用，当地民歌唱道：

花烛点起红又猛，要看新娘新嫁妆，

红漆箱笼十八只，大橱小橱光锃亮。

十里红妆有别于宗庙家具、中堂家具、书房家具，是内房家具的主体。十里红妆器具来自娘家，是女儿私有的财富，即使丈夫有三妻四妾，娘家来的嫁妆包括针头线脑也是其他人无权支配的。

迎嫁妆是结婚的奢华场面，但红妆的日常使用才是真正目的，十里红妆是夫妻以及未来儿女日常必需的生活用品，是婚后生活的物质基础。

十里红妆器具是以小木作、雕作、漆作为主，辅以桶作、铜作、锡作、篾作等工种而成的民间"百作"创造的结果，以家庭匠师在自家制作为主，至清末民国初年才出现作坊式生产形式。

传统宁波婚俗极其重视嫁女的嫁妆，无论对女性如何歧视，但父母为使女儿在夫家争得地位，不惜一切代价，为女儿打造丰厚的嫁妆。所有嫁妆朱漆贴金雕花，制作工艺极其烦琐，形成特有的木雕流派，称为"朱金木雕"。在某种意义上"十里红妆"是明媒正娶的代名词。出嫁前的女子，在娘家的闺房里，从小就开始学习女工，"十三能织素，十四学裁衣"。谈婚论嫁时，男家凭媒人传送过来的"女工"作品评定女方是否心灵、手巧、娴静，这是决定亲事的重要信物。女子出嫁时，红妆的箱柜内都装满了服饰，包括丈夫和孝敬公婆的服饰。优秀的女工会在四乡八村得以传颂，让婆家感到荣耀。

十里红妆虽已成往事，但在绿意浓浓的宁波大地上，还随处可感受到十里红妆的遗存在闪烁，这些民俗遗存是中国民族文化的组成部分。随着时光的流逝和时代的变迁，这些民间艺术品正日渐消失，渐渐成为稀有之物。民俗工艺品以其特有的魅力，不仅对国外，而且对国内日益增多的收藏者或消费者显示出越来越大的吸引力。这些生长在民间文化沃土上的花卉，正悄悄地成为都市人的关注热点。

城缘　天一阁主

天一阁藏书

只要是智者，就会产生一种对书的企盼。他们懂得，只有书籍，才能让这么悠远的历史连成缆索，才能让这么庞大的人种产生凝聚力，才能让这么广阔的土地长存文明的火种。还有一些文人学士终年辛劳地以抄书、藏书为业，范钦便是其中之一，他创建了天一阁，为中国留下了一座藏书楼，保留了中国文化。

范钦性喜藏书，宦游期间，每到一地，都特别留心搜集当地的文献。与其他偏重于版本的藏书家不同的是，范钦重视当代人的著作，故其藏书以明刻本为主，尤其是明代地方志、明代政书、明代实录、明代诗文集特别多，颇有些"厚今薄古"之意。如《军令》、《营规》、《大阅览》、《国子监监规》、

范钦画像

《武定侯郭勋招供》等官书，属当时的"内部资料"，一般藏书家即便有意收藏，也绝非轻易可以觅得。

范钦同邑另有位藏书家丰坊，范钦与之交往甚多，并常去丰坊的万卷楼借阅抄录。后来万卷楼不幸遭受火灾，丰家无意续藏，劫余之书多送给范钦。

范钦藏书处原名冬明草堂，随着藏书的增加，原来的书库已不堪容纳，范钦遂决定在住宅的东面重建一书楼，即后来著名于世的天一阁。天一阁的确切创建年份已不可考，根据有关文献推定，应当在嘉靖四十年至四十五年之间。楼为一排六开间两层木结构，坐北朝南，前后开窗，阁前有池塘，除了可以点缀风景外，也是重要的防火措施之一。后来，范钦搜集碑刻，得一吴道士龙虎山石刻，为元揭傒斯的书，并有"天一池"三大字，范钦大喜，以为与自己建阁凿池之意相合，遂以"天一阁"名其楼。作为藏书楼，天一阁的建筑相当科学，故后来收藏《四库全书》的文渊、文源、文溯、文津、文汇、文宗、文澜七阁，均仿天一阁式样营造，而清代的抱经楼，更是从内部结构到外观，完全模仿天一阁，因此天一阁更负盛名。天一阁藏书有较严密的管理制度。范钦去世后，长子范大冲体察范钦爱书的心情，立下了"代不分书，书不出阁"的规矩，从而有效地防止了藏书的散失。

范钦建成了天一阁，是十分得意的。当时阁内储有藏书七万多卷，多数系宋明的木刻本和手抄本，有的是稀有珍本和孤本，在当时文士学子中颇有影响。范钦也常常邀请当地的名士到天一阁饮酒作诗。他在《上元诸彦集天一阁即事》诗中写道：

> 阆城花月拥笙歌，仙客何当结轸过。
>
> 吟倚鳌峰夸白雪，笑看星驾渡银河。
>
> 苑风应即舒梅柳，径雾含香散绮罗。
>
> 接席呼卢堪一醉，何来心赏屡蹉跎。

天一阁原有藏书七万余卷，从明末战乱起开始大批散失，到清康熙时阁中所藏明实录已佚其半；1840年鸦片战争中，英军占领宁波，从天一阁掠走地理书数十种；1861年太平军进驻宁波，当地盗贼乘机窃走大批图书；民国初年，江洋大盗薛继渭与不法书商相勾结，又盗去藏书一千余部。经过这几番劫难，到新中国成立初期，天一阁藏书仅剩13000多部。

此外，还有地方上的父母官借书不还，以及零星散失和保管不善，难怪有人发出这样的感叹："久闻天一阁藏书，英石芸香辟蠹鱼。今日椟存珠已去，我来翻撷但欷歔。"

　　但是，历300余年保存下来的古籍，仍旧是稀世珍宝，价值连城。后来郭沫若到天一阁，抚今思昔，在天一阁"兰亭"中挥笔题律诗一首：

　　　明州天一富藏书，福地琅环信不虚。

　　　历劫仅存五分一，至今犹有万卷余。

　　　林泉雅洁多奇石，楼阁清癯类硕儒。

　　　地六成之连解放，人民珍惜胜明珠。

广州：关于市的故事

城画　市里的商业骑楼

　　骑楼是指楼房与楼房之间，跨人行道而建，在马路边相互连接形成自由步行的长廊，这是近代典型的商业建筑，骑楼一般分楼顶、楼身、楼底三部分。

　　就像北京满洲味浓重的四合院，上海雅致高贵的小洋楼一样，骑楼是广州具有岭南特色的传统建筑。骑楼出现至今，还不到百年。但它在短短的时间里风靡全城，成为这座城市的主要街景。它影响深远，在某种程度上，是广州建筑文化的代名词。

广州骑楼

骑楼是与老广州货如轮转的商业繁华相联系的。无论是长堤一带的盛景，还是北京路、上下九一带数不胜数的老字号，都有着骑楼的深刻印记。

历史，不仅仅出现在教科书上，更加反映在有生命、有形体、有质感的城市中。也许，只有当我们游走在那些骑楼街巷时，才能回味老广州古老而深邃的似水流年。

在现代都市的钢筋水泥丛中，广州骑楼是传统文化的一个符号。它的出现只有百年，但已成为这座城市的主要建筑形式之一，足见它独特的魅力。广州是岭南骑楼的发祥地，从它的诞生，可以清晰看到东西方建筑文化交融的印记。

其实，商业骑楼建筑最早见于两千多年前的古希腊，后来流行于欧洲，近代才传至世界各地。商业建筑中的"骑楼"部分是在楼房前半部跨人行道而建，在马路边相互连接而形成自由步行的长廊，长可达几百米乃至一两千米以上。广州有"五月天，孩儿脸，说变就变"之说，而"骑楼"正好适应这种气候特点，因此一时风靡整个广州城，而逐步形成广州街景的主格局。

翻开一张广州地图，你或许难以想象，历史上，在广州老城区约 15 平方千米的范围内，密密麻麻地分布着 59 条骑楼街路段，总长高达 40 多千米。它们大部分是在 20 世纪二三十年代兴建的，以人民路和中山路为坐标轴，北至东风路，西至龙津路，南至同福路，东至东华路。

在这个规模宏大的骑楼分布图中，有蜚声海内外的上下九路、北京路步行街，还有不少广州人耳熟能详的街道：第十甫路、长堤大马路、六二三路、解放路、大新路、西濠二马路、靖海路、万福路、百子路、大德路、文德路、吉祥路、惠福路、人民南路、一德路等等。骑楼甚至延伸到了当时仍然是郊区的珠江南岸，如南华路等。

当时，广州老城区最主要的商业集中路段，主要采用骑楼这种建筑形式。骑楼，是那个时代广州街景的主格局，也成为这座城市最亮丽迷人的独特风景。

事实上，以广州为中心的骑楼文化，沿珠江水系，辐射范围很广。在广西、福建、贵州、云南、江西等地，后来陆续出现骑楼或骑楼街市，在上海、武汉等城市，骑楼甚至成为"广东街"的标志，是广州的文化标签，见证其商业繁荣。

适合广东气候的骑楼，与广州近代商贸繁荣相伴而生，国内最早的骑楼商业街市，就是从广州开始的。

骑楼是西方古代建筑与中国南方传统文化相结合演变而成的建筑形式，可避风雨防日晒，特别适应岭南亚热带气候，其商业实用性更为突出。在两广、福建、海南有很多这样的建筑，如广州的上下九路、厦门的中山路、北海的珠海街以及上海的金陵路（早期广东人聚居区）。这种建筑是为适应南方天气潮湿多雨、商业楼宇密集等情况而建造的。楼下做商铺，楼上住人。其跨出街面的骑楼，既扩大了居住面积，又可防雨遮阳，方便顾客自由选购商品。

城传　羊城的传说

　　广州又称"五羊城"、"穗城"。关于广州的别名有一个美丽的故事，传说周朝时广州连年灾荒，民不聊生。一天南海上空飘来五朵彩色祥云，上有骑着仙羊的五位仙人，仙羊口中衔着五色稻穗。仙人把稻穗赐给百姓，并祝福此地永无饥荒。仙人离去后，五只仙羊因为留恋人间而留了下来，保佑当地风调雨顺。百姓为感谢五位仙人，在他们降临的地方修建了一座"五仙观"，观中有五仙的塑像，伴以五羊石像。

　　广州位于广东珠江三角洲北部，濒临南海，为西江、北江、东江三江汇合处，是中国南方最大的城市。

　　广州历史悠久，周朝时，楚国派大臣来到这个百越人聚居的地方，百越归服于楚时称楚庭。周赧王时，在南海之滨筑城，称南武城。秦始皇后来派任嚣率兵统一岭南，设立南海郡，广州当时称番禺。任嚣任南海郡尉，筑番禺城，俗称"任嚣城"。这是一座小城，在今广州仓边路旧仓巷一带。汉初，赵伦接管南海郡，吞并附近地区，建立了南越国，自立为南越武王，其王朝历经五世93年。唐为岭南道治。五代梁贞明三年（公元917年），南海王刘䶮在此称帝，改元乾亨，国号大越。翌年改称汉，史称南汉，升广州为兴王府，作为都邑。三国至唐末五代时期，广州城曾向南扩大，因临近江边，常为洪水所淹，南海王刘隐凿禺山，取土垫高，拓展城垣，名为新南城。宋代为广东东路治。明代为广州府。公元1645年，朱聿钅粤曾在广州建立了为期44天的南明小王朝，改元绍武。清沿明制。

五羊石像

宋代时广州城垣修建多达数十次。北宋时先后修筑了中、东、西三城。中城又称子城，以南汉旧城为基础，东抵甘溪，西抵古西湖，南至大南路，北至越华路。东城以赵伦城东部旧址为基础，西接子城，东至芳草街，北至豪贤路，南抵文明路。公元1071年，增筑西城，规模最大。

明代广州是当时岭南地区政治、经济中心，洪武和嘉靖年间，曾两次扩建城墙。第一次扩建时，把宋代三城合而为一，称老城，周长10.5千米。明后期，又在老城南增筑新城，今万福路、泰康路和一德路为新城的南界。清顺治三年（公元1646年），在外城南面加筑了较小的东西两翼城。辛亥革命后开始拆除改做马路，至1922年全部拆除，现仅残留越秀山上五层楼附近一段城垣，供人观瞻。

两千多年来，广州一直是中国华南政治、经济和文化中心。早在春秋战国时期，广州就是热带珍贵特产的集散地。著名的商品有珍珠、犀角、玳瑁、象牙等。丰富的自然资源为工商业发展提供了有利的条件。早在汉代，番禹的纺织、食品加工、陶瓷等工商业已经相当发达。两晋南北朝时，由于北方人口再次大量南迁，从而促进了这里的生产发展。东晋时"大开鼓铸"，使广州历史上第一次出现了冶铁业。南朝刘宋时生产出"薄如蝉翅"的葛布，一幅24米长的布，卷起来可装入竹筒，被誉为"入筒细布"。唐宋时期，酿酒、制陶、冶炼等技术有了进一步发展。明清两朝，广州附近的佛山镇是全国闻名的铜铁冶炼中心，其制造的钢铁器具，远销岭北和海外。

广州是中国古代对外贸易的重要港口。汉代时已经和海外一些国家有了贸易往来。在广州象岗发现的南越文王帝陵墓，出土银盒以及玛瑙、水晶等多种质料的珠饰，有的是中亚或南亚的舶来品。梁朝时，每年来到广州的各国商船有10多批。唐代，广州成为世界著名的港口，对外贸易范围扩大到南太平洋和印度洋区域诸国。为了加强对外贸易的管理，在这里设置了中国最早的外贸机构和海关"市舶司"，总管对外贸易。另外还有"蕃坊"，供外国商人居住。外国到广州的船，帆飘如云；侨居广州的外商（主要是阿拉伯人）数以万计，最盛时达10万人以上。他们信仰伊斯兰教，所以在蕃坊修建了伊斯兰教寺——怀圣寺。从五代到北宋，广州已成为中国最大的商业城市和通商口岸，贸易额占全国贸易总额的98%以上。

明清时期，朝廷实行对海路时开时禁，只许广州对外开放的特殊政策，使广州两度成为唯一对外开放港口，并特许十三行商人统一经营全国对外贸易。这种状况，使广州成为明清时期"朝贡贸易"与市舶贸易最重要的口岸。从广州起航到世界各国的贸易商船大增，外国商船来广州贸易更是数不胜数。广州进出口贸易商品量值不断增加，时有"金山珠海，天子南库"之誉。

 城记 岭南文化里的另类特质

饮茶 "饮茶粤海未能忘。"广州人喜爱饮茶，尤其爱饮早茶。早上见面，其他地方的问候语大多是"吃了吗？"广州人则往往是"饮咗茶未啊？"（喝茶了吗？）

广州人所说的饮茶，实际上指的是上茶楼，不仅饮茶，还要吃点心，一盅两件；不仅饮早茶，还要饮下午茶、夜茶；不仅填饱肚子，还顺便传播新闻、叙说友情、洽谈生意。

由此可见，饮茶在一定意义上已经超越了单纯"茶"的范畴，而成为社会交际方式的一种。饮茶构成了岭南文化区别于其他文化的一个显著特质。可以说，饮茶是广州人养成的一种生活习惯，男女老少都乐此不疲。

无论是小巷深处的小吃摊，还是宽敞豪华的宾馆酒楼，每一天的早茶、下午茶、夜茶，总是人头攒动，熙熙攘攘，经常还得排队候位。偷得浮生半日闲，约上亲人，约上三五知己，把盏品茗，享受一份闲情逸致，沟通感情，享受天伦之乐。

早茶时段，老人家会多些，退休了，也有充裕的时间饮茶，一盅两件（盅为茶，件为点心），一边读报，一边闲坐慢尝，细细品味。老人家们坐在一起聊聊家常，三姑八婆的是非琐碎，一聊起来就可以扯上半天，饮起茶来悠哉游哉。

品种丰富的早茶

茶点车

九点来钟，又迎来一批睡眼惺忪的年轻人，很多时候，他们实惠地把早餐和午餐融合在一起，休闲交友、洽谈生意，清闲舒适的茶楼，变成了商业谈判的地点。边吃边谈，既填饱了肚子，又联络了感情；既交流了信息，又谈成了一桩生意，实在是一件惬意的事。

如果时间允许，广州人是可以一整天都泡在茶楼里的，早上七点到十一点半是饮早茶时间，十一点半到下午两点半吃午饭，两点半到五点半饮下午茶，五点半到九点吃晚饭，九点到十二点饮夜茶，十二点到凌晨三点吃夜宵。事实上，很少有人这样吃。

广州人饮茶不重茶，讲究的还是食。"食在广州"一点不假，光是饮茶所备的茶点品种就有小点、中点、大点、顶点、特点、超点，花样数不胜数，服务员推着点心车穿梭于茶客之间，车上各种食品小蒸笼任你选择。烧卖、虾饺、排骨、凤爪、肠粉、蛋挞、萨其马、包子、马蹄糕、萝卜糕、各式粥品……琳琅满目，应有尽有，令人眼花缭乱。

广州人饮茶，还特别讲究礼节。别人为你倒茶，你要用食指和中指轻轻地在桌面上点几下，发出"嗒嗒"的响声，以表谢意；给人倒茶不能倒满，七分满便可，俗语说：酒满敬人，茶满欺人。放茶壶也有讲究，壶嘴不能对着人。茶水快没了，可以翘起壶盖，将其挪至把边，服务员一看便知壶中缺水，就会走过来给茶壶加满热水。

饮茶很自由，兴致来了，一声高呼"去饮茶喽"，就会有人响应。

一壶清茶，几件美点，数人小聚，边吃边谈。喝的是寻常的茶，享的是悠闲的生活，品出那股子悠闲的生活味道，你才算融入了广州。

行花街　广州又叫花城，广州人爱花，无花不成年。有钱人家几千至上万元一盆的进口花卉也会买上几盆。再穷的人家也要买一盆金橘、几株水仙。除夕夜一家老小行花街是传统，也是广州市民的重头戏。行花街也就是逛迎春花市，从年前3、4天开始，除夕达高潮便结束。每年市政府都要花大力气予以布置。

广州花市

花市开市后，华灯初上时，行花街的人就摩肩接踵而至，八九点钟后人如潮涌，熙熙攘攘，热闹非凡。行花街嘈杂拥挤，难免磕磕碰碰，但人们全都彬彬有礼，格外谦让与宽容，满脸都是笑意和喜悦。一般前几天多为外省人，因为绝大多数外省人要看央视联欢晚会。广州人很少看电视，年三十逛完花市后常常去饮夜茶。

花市鲜花争奇斗艳，品种繁多。买肯定要买一点，可多可少，以示吉祥如意。所以，情侣们双双穿梭花市最多也就买一两枝玫瑰；而家庭多选择传统的本地富贵竹、发财树、红运当头等。

广州人行花街是为了沾点花香瑞气，挤掉晦气，来年风调雨顺，幸福平安，仅此而已。

城缘 南海先生情未了

康有为是广东南海人，早期受其师朱次琦影响，始觉"日埋古纸堆中，汩其灵明，因弃之"，"静坐养心"。国家的危亡，现实的刺激，使他对旧学产生怀疑。1879年，康有为接触到西方资本主义思想和当时的改良思潮，后游香港，以为"西人治国有法度"。1882年，到上海，读各种西书译本和报刊，开始向西方寻找真理。1885年，撰《康子内外篇》和《实理公法全书》，向往"平等公同"。1886年撰《教学通议》，主张"言教通治"、"言古切今"、尊周公、崇《周礼》，企图糅合古今中西之学，改良政治。1888年10月，鉴于中法战争后"国势日蹙"，形势险恶，康有为第一次上书光绪帝，指出日本"伺吉林于东，英启藏卫而窥川滇于西，俄筑铁路于北而迫盛京，法煽乱民于南以取滇粤"，提出变成法、通下情、慎左右三事。返粤后，受今文经学家廖平启发，"明今学之正"。

万木草堂。是近代著名维新运动领袖康有为于19世纪末在广州创办的一所重要学堂，是康有为宣传维新思想、培养变法人才的重要场所，在中国近现代史上占有重要地位。

1891年，康有为在京忧国上书，首请变法，后因受挫，回到广州，创办万木草堂讲学，采取新式教学体制和教学方法，教学内容既有中学，也有西学，宣传维新思想，培养变法维新骨干。万木草堂培养和造就了一大批人才，如梁启超、麦孟华、徐勤等，后来都成为戊戌变法的重要人物。在这里，康有为还发动学生参与分纂和校勘，完成了作为变法维新理论根据的相关著作。随着戊戌变法的失败，康有为逃亡日本，万木草堂于1898年9月被清政府查封停办。康有为在万木草堂讲学，前后历时七年，曾三迁堂址，这里是"维新志士的摇篮"。其间他聚徒讲学，著有《长兴学记》、《桂学答问》，主张"勉强为学，务在逆乎常纬；"运用今文经学讲求变革，将《公羊传》的"三统"说阐发为"改制"、"因革"的理论，"三世"说推演为"乱世"、"升平世"（"小康"）、"太平世"（"大同"）的社会历史演变程序，认为只有变法，才能使中国富强，最后达到"大同"的境界。1891年，刊印《新学伪经考》，谓东汉以来经学，多为刘歆伪造，是新莽一朝之学，"非孔子之经"，用以推翻古文经学"述而不作"的旧说，打击封建顽固派的"恪守祖训"，为扫除变法维新的障碍准备理论条件。继又编纂《孔子改制考》，尊孔子为教主，以孔教名义，提出变法要求。

1894 年，中日甲午战争爆发。次年，《马关条约》签订时，他正在北京应会试。听到与日本议和，割让奉天沿边及台湾一省的消息，震惊愤慨，于 5 月 2 日联合在北京会试的举人一千三百余人发动"公车上书"，极陈时局忧危，请求拒和、迁都、练兵、变法，并在政治、经济、文教等各个方面，提出了具体的改革措施，初步形成资产阶级改良主义的变法纲领，揭开了戊戌维新变法的序幕。康有为先后七次上书，1898 年 6 月 11 日，光绪皇帝召集军机处的亲王大臣表示决心变法，颁布了"明定国是"的诏书和接连 60 多道变法"上谕"，内容涉及政治、军事、经济、文化教育诸方面。维新运动从这一天开始到 9 月 21 日慈禧太后发动政变为止，共 103 天，史称"百日维新"。

可惜，光绪帝和维新派没有自己可靠的武装，袁世凯见风使舵，就在光绪帝会见日本前首相伊藤博文的当天，将维新派出卖给了慈禧的亲信荣禄。

康有为被通缉，逃往香港，此后他基本退出政治舞台，过着流亡生活。康有为清楚，思想家往往就是时代的先导，也是殉难者。他在遗书里写道："我专为救中国，哀四万万人之艰难而变法救之，乃蒙此难……虽频任患难，无有厌改……聚散生死，理之常，出入其间，何足异哉！"只要能够解除国家的衰危困境，实现民族的强盛，他并不在乎个人的荣辱毁誉。可惜，他所处的没落时代，根本就看不到一丝曙光。

康有为把生命的最后时光选定在北戴河度过，而不是广东老家。他一边仰望曾给予他无限希望的皇城，一边面朝大海，让辽阔的海风鼓荡着他的胸怀，期待着九州春暖花开的日子。

感悟中国历史名城

SENSING CHINA'S WELL-KNOWN HISTORIC CITIES

■苏州：精致的园林城市　　■扬州：一切尽在烟雨楼台之中　　■绍兴：岿然不动的古城

城画城传 发现城市不同寻常的轨迹

记录城市最为精致的面孔

城记城缘

感悟城市不停跃动的脉搏

阅读城市流传不已的情怀

第七章 文化艺术的华美转身

苏州：精致的园林城市

 城画 城就是园林

自古就有"江南园林甲天下，苏州园林甲江南"之说，这不仅赞美了苏州园林，也赞美了遍布园林的"人间天堂"苏州城。

这是天堂里真正的建筑，这是生活中真正的天堂。苏州城内有大小园林 200 余处，其中拙政园、留园、沧浪亭、网师园、狮子林、环秀山庄、艺圃、藕园、退思园等九处园林已经被列为世界文化遗产。园林多为文人设计建造，他们高雅的思想在规划中得以渗透：凿池引水、叠山造景；栏桥、镜池、水榭、亭台、书法、扇屏、木刻、回文诗……自然与人文的两大元素在这里深度融合。造园讲究主次开合，平远、深远、高远和前景、中景、近景的视觉和谐，中国人的透视学、建筑学、人文学等学术理念在这里应用。四方古今，岁月轮回；玄黄寒暑，时光轮转。中国人的宇宙观由此传承。青苔石板，池水无痕，时间与空间轮番演绎；轩窗生画，尺幅千里，自然与人文渐次通融。

苏州古典园林的历史可上溯至公元前 6 世纪春秋时吴王的园囿，私家园林最

拙政园

早见于记载的是东晋的辟疆园。历代造园兴盛，名园日多。明清时期，苏州成为中国最繁华的地区，私家园林遍布古城内外。16～18世纪全盛时期，苏州有园林200余处，现在保存尚好的有数十处，并因此使苏州素有"人间天堂"的美誉。

作为苏州古典园林典型例证的拙政园、留园、网师园和环秀山庄，产生于苏州私家园林发展的鼎盛时期，以其意境深远、构筑精致、艺术高雅、文化内涵丰富而成为苏州众多古典园林的典范和代表。

留园　　　　　　　　　　　　　　　　网师园

中国的造园艺术与中国的文学和绘画艺术有深远的历史渊源，特别受到唐宋文人写意山水画的影响，是文人写意山水模拟的典范。中国园林在其发展过程中，形成了包括皇家园林和私家园林在内的两大系列，前者集中在北京一带，后者则以苏州为代表。由于政治、经济、文化地位和自然、地理条件的差异，两者在规模、布局、风格、色彩等方面有明显差别，皇家园林以宏大、严整、堂皇、浓丽称胜，而苏州园林则以小巧、自由、精致、淡雅、写意见长。由于后者更注意文化和艺术的和谐统一，因而发展到晚期的皇家园林，在意境、创作思想、建筑技巧、人文内容上，也大量地采取了私家园林的"写意"手法。

苏州古典园林宅园合一，可赏、可游、可居。这种建筑形态的形成，是在人口密集和缺乏自然风光的城市中，人类依恋自然，追求与自然和谐相处，美化和完善自身居住环境的一种创造。拙政园、留园、网师园、环秀山庄这四座古典园林，建筑类型齐全，保存完整，系统而全面地展示了苏州古典园林建筑的布局、结构、造型、风格、色彩以及装修、家具、陈设等各个方面内容，是明清时期江南民间建筑的代表作品，反映了这一时期中国江南地区高度的居住文明，曾影响到整个江南城市的建筑格调，使民间建筑的设计、构思、布局、审美以及施工技术向其靠拢。

苏州古典园林的重要特色之一，是它不仅是历史文化的产物，同时也是中国传统思想文化的载体。表现在园林厅堂的命名、匾额、楹联、书条石、雕刻、装饰，以及花木寓意、叠石寄情等，它们不仅是点缀园林的精美艺术品，同时储存了大量的历史、文化、思想和科学信息，物质内容和精神内容都极其深广。其中有反映和传播儒、释、道等各家哲学观念、思想流派的；有宣扬人生哲理，陶冶高尚情操的；还有借助古典诗词文学，对园景进行点缀、生发、渲染，使人于栖息游赏中，化景物为情思，产生意境美，获得精神满足的。而园中汇集保存完好的中国历代书法名家手迹，又是珍贵的艺术品，具有极高的文物价值。另外，苏州古典园林作为宅园合一的第宅园林，其建筑规制又反映了中国古代江南民间起居休憩的生活方式和礼仪习俗，是了解和研究古代中国江南民俗的实物资料。

狮子林

在苏州，动人的或许远不止园林。无论在繁华闹市，还是里巷弄堂，可能都会有一段陈年辉煌的往事；无论是一条街道，一汪池水，或者是一块山石，都可能铭刻一个动人的传说。

苏州园林的园墙。园墙常常设以镂窗，窗的花纹图案灵活多样。

文化发展的规律，在于继承与创新，但在对苏州历史文化的解读中，我们看到了一条截然不同的轨迹，刀光剑影，文才风流，雍容敦厚，这些基因在苏州的历史性格中一并包容。可见，在文化的发展上，能包容、能吞吐，才能够生命强劲，常变常新。

城传　姑苏城的历史风云

关于"苏州"城名的由来，元代高德基在《平江记事》中有这样的记载："胥山，在吴县西四十里，吴王杀子胥投之江，吴人立祠江上，名其山为胥山。阖闾即其山筑台以望太湖，名姑胥山，下有九折路南出太湖，故老云：吴音谓'胥'为'苏'，今以'须'为'苏'是也，故谓山为苏山，台为姑苏台，后人号为胥州，讹为苏州，至今不能改也。"其实"胥"和"苏"字在古代通用，但立祠以祭子胥，确有其事。苏州古城的最初规划，也是春秋时吴国这位伟大的政治家、军事家"相土尝水，象天法地"精心谋划的结果。

古城由于设计精心、布局合理，历二千五百年风雨沧桑而城址不变。建设的初衷也是因为吴先建城邦，后有逐鹿中原之意，只是多次在战场上争雄未果后，苏州人的兴趣开始转向。这个时候，苏州人身体中最充沛的激情开始燃起，翰墨风流，商贾经营，苏州的轮廓开始刻画得更加清晰。

苏州历史的起源有多个说法：一是泰伯、仲雍从中原来到这里，入乡随俗、断发文身，把先进的中原文化带到江南，这种说法影响较大；二是从三山岛人类遗痕中，把吴地的历史推前七千年到一万年，并考证出吴地先民最早创造了稻作文化；三是比泰伯、仲雍稍早的商朝第四代君王太戊帝的王公大臣巫咸，当年是他从中原辗转来到东海之滨，使这块荆蛮之地燃起了文明的火焰。

春秋时期，周室衰微，诸侯国之间互相攻伐，硝烟弥漫，僻处东南的吴国亦有觊觎中原之心。吴国逐鹿中原的历史也要从阖闾谈起。公元前515年，公子光夺取王位，史称"吴王阖闾"。光上台后开始实施富国强民的振兴计划，广泛搜罗人才，任人唯贤，并在全国推行了一系列行之有效的鼓励政策，使吴国国力迅速增强，并命伍子胥在苏州建造了阖闾大城。当时建都苏州有几个方面的原因：第一，"东有海盐之饶、章山之铜、三江五湖之利，亦江东一都会也"；第二，吴国虽僻处东南，却有争霸中原之心，今江南运河苏州至镇江段，春秋时已经形成，可以为吴国北趋中原提供便利；第三，吴人习水，当时就发展了海上航行，而由苏州顺吴淞江入海，甚为便捷。阖闾大城的建造，使长三角地区有了第一个中心城市。

阖闾死后，子夫差继位。夫差二年（公元前494年），即打败越军，乘胜攻入越都，迫使越王勾践退保会稽山。这时，夫差犯了致命的错误，他没有听从伍子胥继续进攻、歼灭越国的劝告，而是选择与越国讲和。《事文类聚》载："吴王夫差破越，越惧，乃进西施，甚宠之，为筑姑苏台。伍

苏州盘门。盘门始建于公元前514年，四周城墙开有八座陆门，八座水门，是全国唯一保存完整的水陆城门。

子胥谏曰：臣恐姑苏台不久为麋鹿之游。吴王不听。"《史记正义》又载："夫差作台，三年不成，积材五年乃成，造九曲，高见三百里。"

越王勾践二十年卧薪尝胆，终破吴国都城，而夫差自杀。越灭吴后不久为楚所吞，此后秦国鲸吞六国，清平四海，统一中国。

秦朝建立后，横征暴敛，民不聊生，一地揭竿，天下响应。起义的队伍很快变成楚、汉两个集团之间的斗争。而楚霸王项羽队伍的原始力量——八千江东子弟也多数是苏州人。

宋朝以前，中国的政治中心相对集中在黄河流域，而长江三角洲相对落后，人口稀少。但一旦中原烽火四起，特别是天灾人祸持续发生时，就会有大量人口南迁，长三角地区就是重要的迁入地。战国末年，在秦灭六国的过程中，楚国一些贵族、大臣携其部属迁入江东，而项羽就随叔父项梁转入苏州。

西楚霸王项羽力能举鼎，英雄盖世。他率领八千江东子弟登上历史舞台，兵之所至，所向披靡，在消灭秦王朝主力后，痛感战祸连年，人民离乱，寄愿天下早日太平，一次次错失灭汉良机。垓下一役，四面楚歌，精锐部队丧失殆尽，终自刎于和县乌江。随英雄而去的有一匹战马、一个会跳舞的美人和江东子弟的滚滚热血。对于项羽，后人评论虽然莫衷一是，但对江东八千子弟却无不褒扬：

胜败兵家事不骄，包羞忍耻是男儿。江东子弟多才俊，卷土重来未可知。（唐·杜牧）

百战疲劳壮士衰，中原一战势难回。江东子弟今虽在，肯为君王卷土来。（宋·王安石）

生当作人杰，死亦为鬼雄。至今思项羽，不肯过江东。（宋·李清照）

这一次，虽然不是苏州人把乾坤扭转，但江东八千子弟的集体出现，使苏州男儿的形象又一次挺立如山。

历史到了三国时期，苏州为东吴输送了陆绩、朱恒、顾雍、陆逊等一大批优秀的将领，其中，陆逊的出现给世人展现了苏州人最后的武略风流。

陆逊被孙权征用，在一系列大小战役中运筹帷幄，尽显雄才大略。后官至大都督、丞相，是东吴继周瑜、鲁肃、吕蒙之后的又一个声望颇高、功勋卓著的将领。他智勇兼备、品质高尚，孙权把他比作成汤之伊尹和周初之姜尚。

陆逊病倒了，预示着东吴的衰落在所难免；而对于整个苏州历史而言，也可以认为是武功时代的悄然落幕。虽然在以后的苏州历史中，有如洪武时严都堂之刚正不阿者，也有如明末颜佩韦之蹈死不顾者，但作为强势出现的个人或者集团已经基本没有。

越王勾践剑

吴王夫差矛

　　苏州武功日趋式微的原因很复杂，其独特的地理环境、区域文化对此应深有影响。京航运河开通以后，经济重心逐渐从东西走向的黄河流域转移到南北走向的京航运河一带，"姑苏为东南都会，富庶甲于天下，其列肆大贾，皆靡衣甘食，其子弟自幼读书，能执笔识姓名，即教为商贾事"。商业的发展造就苏州人细致精明的个性，也消磨了争雄的性格。另一方面，由于文化的发展，重文轻武的现象成为潮流，明杨循吉在《苏谈》中有这样的记载："郡中常开宴，一右列指使据坐上席，继中骂之，贞木践继中足，劝使勿骂，继中骂愈急。太守问故，继中曰：'公今日设会，当以尊士为重，更无日子使一武臣坐诸宾上耶？'右列惭谢，退避下座。"这样，苏州社会的发展使武功意识退避边缘。

城记　天下才子，多出苏州

　　明清时，由于京杭运河贯通南北后经济重心逐渐南移，苏州出现了前所未有的繁荣景象。当时的苏州大地，星灿云涌，遍地开花，形成了"天下才子，半出江南"的盛况。各种思想、科学、艺术形态全面繁荣。在各个领域的代表人物有：

　　工程、科学技术方面：明初北京故宫的总设计师、建筑师蒯祥；明末卓越的机械发明家薄珏；清初光学仪器制造家孙云球；科学家王锡阐；巧手绣娘杨卯君等。

苏州七里塘古运河

文学、艺术方面："吴中四杰"高启、杨基、张羽、徐贲；"吴中四才子"文徵明、唐寅、祝允明、徐祯卿；明初书画大家沈周、仇英；通俗小说家冯梦龙；现实主义剧作家李玉；文学批评家金圣叹；明末文坛盟主钱谦益；明末大思想家顾炎武；清代虞山画派创始人王翚等。明黄省曾在《吴风录》中云："自六朝文士好嗜词赋，'二陆'撷其英华，国初'四才子'为盛，至今髫龄童子，即能言词赋；村农学究，解作律咏。"明代文艺之盛，可见一斑。

明清苏州文化的全面繁荣有地域、历史、文化性格方面的原因，但最重要的是苏州人学习和传承的结果。那时的苏州人或从政事，或能于治家，或长于技巧，或精于文艺，成就虽然庞杂，但整理探索，亦是有迹可寻。特别在文学、技艺方面，有非常明晰的迹象：

首先，苏州在明清时人才以集团的形式出现，比如精于书画的江南四才子，文学方面的吴中四杰等。

苏州博物馆藏文徵明的墨宝

其次，这个集团中有一个专业实力强、享有威望的领袖，比如苏州派戏剧的向心领袖李玉，"香山帮"建筑群体的领导蒯祥。

再者，后人师承前人、前代提携后代，使得一个体系的文化一脉相传，这也是苏州人才大量出现、绵延不绝的最重要原因。而且明朝时期，出现了古代社会难得一见的现象，即由于明初为向周边国家展示天朝威仪，郑和七下西洋后，社会渐渐开放宽容，一些大家闺秀嗜好书画，多习律咏，如明王登在《丹青志·闺秀篇》中云："仇氏之女，

苏州博物馆藏唐伯虎的牡丹图扇面

号杜陵内史，卓有文风。赞曰：粉黛钟灵，翱翔画苑，寥乎罕矣！仇媛慧心内朗，窈窕之杰哉必也。"《吴中旧事》也有记载："徐稚山侍郎有妹能诗，大不类妇人女子所为，其诗冲淡，萧然出俗，自成一家。"当时的苏州，也出现了一些才情丰赡的歌妓，如嫁给明末文坛盟主钱谦益、秦淮八艳之一的柳如是。清朝后，卫道风盛，女子枷锁在身，但一些大家闺秀亦好词赋，如《红楼梦》中诸姐妹，而金陵十二钗之首林黛玉就是苏州人。可见当时苏州女子的才情已声名在外。

在中国的封建社会中，重文轻商是一个传统，但苏州却是个例外。封建社会中，它一直是一个重要的传统手工业城市。所以，在苏州的历史中形成了既重文、又重商的理念，这种理念为资本主义萌芽提供了适宜的土壤。

明朝中后期，在苏州的纺织业中，出现了许多拥有大量资金、部分织机和相当数量雇佣工人的机户。万历时苏州府长洲人陆粲的《庚巳编》中记载其里人郑灏"家有织帛工及换丝佣各数十人"。浙江人沈德符的《野获编》记载苏州

富民潘璧成时说"潘氏起机房手，至名守谦者，始大富至百万，生子、璧两人"。郑、潘这些拥有一定数量资金、机器和雇佣工人的业主就是中国最早的一批资本家。现在看来规模并不大，后来也是命途多舛，但毕竟在全国引领了风气之先。

城缘 先天下之忧而忧

在苏州的历史中，陆逊的病逝悄然结束了这个地域的武功时代，而后来者却在苦难的磨砺中迸发出苏州人身体中最充沛的那一股激情。

"王浚楼船下益州，金陵王气黯然收。千寻铁锁沉江底，一片降幡出石头。"随着晋军团的一路征讨，国家逐渐完成了统一。这本来是民族的一大幸事，然而社会中不仅人与人之间有尊卑之分，地域与地域之间亦有等级之别。中原地区开发较早，文化生产相对发达，对于周边地区形成了长期的地理优势。等级的存在拉开了社会的距离，伤害了人民的情感。"大道之行，天下为公。选贤与能，讲信修睦"的想法只能存在于泛黄的书页和文人的记忆里罢了。

唐宋时的苏州一改前朝风气，变得繁华而雅致起来。这种风气的改变离不开文艺工作者出身的官员。白居易任苏州刺史时开凿山塘河堤。与其前任韦应物和继任刘禹锡一样，作为大诗人的他们，为苏州的发展做了大量的工作，也在无形中滋养了这片土地，推进了苏州文化的发展，为北宋的大肆兴学搭建了高雅的平台。

范仲淹对苏州兴学之风的形成可谓功不可没。他的名句"先天下之忧而忧，后天下之乐而乐"千古传诵。历史上苏州"学而优则仕"的人很多，一品当朝、显赫一时的也不在少数，可值得纪念的却并不多。范仲淹就是苏州百姓念念不忘的先贤之一。

范仲淹生于徐州，两岁丧父，随母亲谢氏改嫁山东淄州长山朱文翰，取名朱说，直到23岁才知道自己是姑苏范氏之子，虽然不想与朱氏子同姓，但是怕母亲伤心，因此没有马上提起复姓之事。知道家世后，他更加发奋读书，以朱说之名参加科举考试，中了进士，被任命为广德军（今安徽广德）司理参军，踏上仕途后，他首先想到的是回苏州"迎其母归养"，欲还范姓。族人以为他要来争范氏家产，便想出种种理由加以阻拦。范仲淹察知个中缘

苏州天平山范仲淹纪念馆

由后说，我"止欲归本姓，他无所觊"。有了这样的承诺，族里才允许他归姓。至天禧元年（公元1017年），范仲淹为亳州节度推官，受母吴国太夫人命始奏复范姓。到这时，29岁的他才正式将名字改为范仲淹。

在以后的日子里，尽管范仲淹当过京官，也驰骋过疆场，出将入相，推行过"庆历新政"，数十年宦海沉浮，但是家乡人民只记住他造福桑梓的三件事：兴水利，办学校，建义庄。

刻着范仲淹名句"先天下之忧而忧，后天下之乐而乐"的牌楼。

话说宋仁宗景祐元年（公元1034年）六月，范仲淹贬官睦州后移至苏州，当时苏州久雨成灾，"湖溢而江壅，横没诸邑"，灾民逾10万户。范仲淹到任后，亲自去察访水道，分析水患原因，吸取前人的治水经验，提出了"修围、浚河、置闸，三者如鼎足，缺一不可"的治水方针，首先疏导吴淞江，再疏常熟、昆山入江通海的支流。以前，昆山、常熟有三十六浦，其中茜泾、下张、七鸦、白茆、浒浦五浦最大，由于泥沙堆积，逐渐淤塞。在整个吴中水利中又数常熟的地位最为重要，白茆港是苏常东北出江的第一河，福山港是太湖水北流入长江的主要通道。范仲淹择要而疏，亲临工程第一线，针对港浦"日有潮来"，泥沙淤积的特点，在疏浚的同时，提出了"新导之河，必设诸闸"的主张，他说，闸"常时扃之，御其来潮，沙不能塞"，"潦岁则启之，疏积水之患"，并强调开浦置闸后，要"设镇屯兵，专治浦闸"，每年春天"理其闸外，清除淤沙"，最终达到"工减数倍"的效果。他将治水与治田相结合，妥善地解决了蓄水与泄水、挡潮与排涝的关系，保障了苏、常、湖、秀的农业生产，使人民安居乐业，常熟、福山等地的人们为了不忘范仲淹的恩德，将浦闸称为"范公闸"，修筑的圩堤叫做"范公圩"。

范仲淹还是一位很有卓见的教育家。他曾说，"国家之忧患，莫大于缺乏人材"，这句话即使拿到现在也不过时。范仲淹任苏州知府期间，曾在南园买了一块地，准备安家。一位风水先生说，这可是块风水宝地，谁得了它，必定世代出公卿。范仲淹听后说，如果我在这里安了家，只我一家富贵，还不如在此建个学舍，让吴中子弟都来受教育，大家都富贵。于是，他在这块地上建起了一座规模宏大的府学。建学之初，只有20多人读书，有人认为学舍太大了，范仲淹却说：

"吾恐异日以为小也。"于是请胡瑗"首当师席",著名学者纷纷来学舍讲学,一时间盛况空前,影响遍及全国。庆历四年(公元1044年)仁宗下诏全国各州郡都要建立学舍,于是,府有府学、州有州学、县有县学。郑元佑在《学门铭》中说:"天下郡县学莫盛于宋,然其始亦由于吴中,盖范文正以宅建学,延胡安定为师,文教自此兴焉。"由此说来,中国古代教育的勃兴,除至圣先师孔夫子外,范仲淹也是功不可没的。自宋以来,吴中"登科者逾百数,多致显"。

范仲淹在苏州做的另一件惠及后人的事,是在仁宗皇祐元年(公元1049年),60岁的他以其"贵时"所得俸禄"置负郭常稔之田千亩",作为族人公产,号曰义田,既而,又在城中灵芝坊祖宅建造占地200亩、三面环水、环境优美的义宅,"聚族其中",义庄内又设有"义学","立塾以教其人"。他认为:"物本天,人本祖。闾阎之人,有视其祖之子孙如路人,相毁訾,相并兼如仇敌,不知本尔。"他常对其小辈说:"吴中宗族甚众,于吾固有亲疏,然吾祖宗视之,则均是子孙,固无亲疏也,吾安得不恤其饥寒哉。且自祖宗来积德百余年,始发于吾,得至大官。若贵富而不恤宗族,何颜以入家庙。"千亩义庄田"所得租米,自远祖而下诸房宗族,计其口数,供给衣食及婚嫁丧葬之用"。尽管义庄的受惠者仅仅局限于范姓族人,也就是说义庄主要是为了救济族中的穷人,使范氏子孙免遭饥寒之苦,但是在中国历史上以个人力量举办这样的社会福利事业,范仲淹是有开创之功的。难怪元代奉议郎孙应时在《范氏义庄题名》中感叹道:"若吴范氏之有义庄也,然后能仁其族于无穷,非文正公之新意欤?盖公平生所立不待称赞,此其一事已足为百世师矣。"

扬州:一切尽在烟雨楼台之中

城画 烟雨霏霏与婉约之美

瘦西湖 说起扬州,想必大家都会想起大诗人李白的《送孟浩然之广陵》:

> 故人西辞黄鹤楼,烟花三月下扬州。
>
> 孤帆远影碧空尽,唯见长江天际流。

每到三月,扬州就开始向世人展示它的美。这时满城莺飞草长,烟雨霏霏,朦朦胧胧,一切都笼罩在烟云里,一切都显得那么恬静美丽。

扬州美，最美瘦西湖。瘦西湖其实不是湖，而是由几条河道组成的狭长水面，其中点缀着一些岛屿，水郭江乡，加上千百年来逐步建成的文物古迹、亭台楼阁、园囿花树，在瘦西湖沿岸形成了历代文人墨客歌咏不休的特殊景观。在历史上多少官宦纨绔，不正是冲着这如梦如幻的美景而"腰缠十万贯，骑鹤上扬州"的吗？坐船游瘦西湖，游船上的女乐手用扬琴弹奏各种动人的吴越曲调，一路听歌、品茗、观景，加上导游娓娓动听的讲解，看景越多，游兴越浓。其实游瘦西湖最好是坐"船娘"驾驶的"小艇"，那才真正别有韵味。在郁达夫的《扬州旧梦寄语堂》和朱自清的《夏日的扬州》里，瘦西湖上有一批从事撑船职业的女人，被称为"船娘"。这些表现扬州"水文化"的"船娘"，"以乱头粗服，风趣天然为胜"，"撑船的姿势也很优美"。今日的"船娘"则都穿上了颜色花白相间的紧身布服，头上包扎着花白头巾，风姿绰约，楚楚动人。风景美，自然就有人来，从古到今，有关瘦西湖景点的诗歌举不胜举。比如写到二十四桥：

青山隐隐水迢迢，秋尽江南草未凋。

二十四桥明月夜，玉人何处教吹箫。

在阳春三月里，桥笼罩在烟雨里，无不透出朦胧美。

扬州女人　景色朦胧美，人也是婉约美。"十年一觉扬州梦"，扬州自古就有出美女的佳话，正所谓"钟灵毓秀"。扬州女孩用"小家碧玉"来形容再合适不过，她们大多安静恬淡，柔婉可人，闺秀型居多。都说女人是水做的，扬州女人更是如此，她们体态娉婷，如吟诗般的温存软语，似夜莺低声呢喃，让人心醉，那种

瘦西湖风光

秦淮八名妓之一的董小宛

柔婉自如的气质如同江南山水一样令人心动。扬州是水网交织、波光潋滟的水乡，扬州女人就像那清澈透明的水，温润，清爽。她们占有了一份得天独厚的良好生存环境和生活氛围，这使她们更多蒙受了上天的偏爱，一个个出落得如花似玉，貌若天仙。

"扬州出美女"不知道已经流传了多少年。古代文人对扬州女人有着独到的欣赏眼光，秦少游一句"柔情似水"成了多少男子的择偶标准和多少女孩子的努力方向。她们总把自己装扮得清爽宜人。看到这样的女人，心会变得安静，没有骚动，没有焦灼，静如止水。

扬州女人之所以婉约恬淡、与众不同，或许是得益于扬州的水和天气吧。扬州女人的美就像江淮梅雨季节所产出的梅子，须慢慢地嚼，方能感觉其复杂滋味中的那种单纯；又或像明月当空的晴晚那清脆悦耳的箫声，须细细地品，方能体味出百感交集中的那份淡定。

三国东吴乔玄的两个女儿大乔和小乔也是扬州美女

城传 辉煌与奋进的一部城史

《广陵对》 广陵是扬州的古称，它代表了扬州辉煌的过去。扬州的名称最早见于《尚书·禹贡》："淮海惟扬州。"今天的扬州地区，春秋时称"邗"，秦、汉时称"广陵"、"江都"等，东晋、南朝时称"南兖州"，北周时称"吴州"，隋开皇九年改吴州为扬州。后来扬州治所从丹阳移到江北，从此广陵才享有扬州的专名。

扬州文化和其他地域文化一样，它不是博物馆橱窗里陈列的一件古董，它是山间夜行照亮前程的一支火把。在刚劲的山风中有时光华四射，有时暗淡微弱。许多火把被山风吹灭了，而扬州文化这支火把没有熄灭，依旧光彩照人，走过2000多年的历史隧道，走到现代，走到今天。

对扬州文化的颂歌，声音极为响亮的是清代汪中的《广陵对》。他历数2000年来扬州忠臣烈士的事迹、文学道艺的人才、孝子贞妇的行为、名人学者的著述，如数家珍，总体说是"异人间出，邦家之光"。今人赞颂扬州文化也说："扬州文化是综合的中华民族文化，不管爱好什么的人，都可以找到他的所爱。"

《春江花月夜》 一座城市从它建立那天起，逐渐具有一种文化精神，在城市的发展过程中，这种文化精神逐渐变化，或者由保守愚昧走向昂扬开放，

扬州古运河的夜景

或者由奋发向上走向消极颓废，不会一成不变。经历 2000 多年升沉起落的扬州，尤其如此。

扬州文化最为奋发、最具强势的时代是在唐代。"街垂千步柳，霞映两重城"，扬州的物质文明是扬州人亲手创造的，可以想象当日扬州人走在月明桥上必定高视阔步，一脸的豪迈气象。扬州人写的《春江花月夜》，眼睛里看到大江瀚海、明月星光、长飞鸿雁、潜跃鱼龙，视通万里的同时，思考的是人生宇宙。后代人从唐人的吟哦里，读出了磅礴、恢弘、壮阔和大气，读出了唐代扬州人与自然的和谐，读出了智慧与灵性，扬州不仅是扬州人的扬州，也是天下人的扬州。书生到了扬州，反思于"肯学诸儒辈，书窗误一生"，于是意气风发，别有他图；失意人到了扬州，高唱"沉舟侧畔千帆过，病树前头万木春"，城市风貌使他看到光明、看到希望。当年扬州到处闪耀着希望的火苗，到处擂响着人生奋进的战鼓。到今天，扬州又重新焕发精神，再现当年之风采。

 城记 阔逸和优雅并行

喝茶 一座城市要发展，离不开节奏二字。但所谓一张一弛，文武之道，城市的脚步和人一样，也有"闲庭信步"之时。人们在饱览扬州风光，大饱眼福之后，大概就想要大饱口福了。因为扬州的美食也是名扬天下的。曹聚仁的《食在扬州》一文中说，扬州的吃，是盐商们培养起来的。"烹饪之技，家庖最胜，如吴一山炒豆腐、田雁门走炸鸡、江郑堂十样猪头、汪南溪拌鲟鳇、施胖子梨丝炒肉、

扬州老字号富春茶社

张四回子全羊、汪银山没骨鱼、汪文密车螯饼、管大骨熏汤、觜鱼糊涂、孔刃庵螃蟹面、文思和尚豆腐、小山和尚马鞍乔，风味皆臻绝胜"。但最令人难忘的还是扬州茶馆。这里喝茶的方式同广东差不多，也是边喝茶边吃点心，但因为有了扬州美食的名声，在扬州喝茶又有另一番风味了。百年老店富春茶社经营的"淮扬细点"中外驰名，这里有三丁包、千层油糕、翡翠烧麦、蒸饺、双麻酥饼、三丁雪梨等等，而其中最引起话兴的则是"蟹肉汤包"。这种汤包历史悠久，制作精良，闻名遐迩。对于初到扬州的人，这热得烫手的汤包如何吃，成了一个难题。主人会说，吃汤包要"轻轻移，慢慢提，先开窗，后喝汤"。不过现在又有了更先进的吃法：一个小盘托着，用吸管凿个洞，像喝易拉罐饮料一样，也就避免了一些麻烦。现在想想，当年曹聚仁在扬州也是这样品茶品美食的吧。

赏琼花　评书《隋唐英雄传》里讲述了隋炀帝下令全国开凿运河，以便去扬州观赏琼花的事。事实上，琼花自古就有"惟扬一株花，四海无同类"的美誉了。

扬州琼花

琼花以淡雅的风姿和独特的风韵，以及种种富有传奇浪漫色彩的传说和逸闻逸事，博得了世人的厚爱和文人墨客的不绝赞赏，被称为稀世的奇花异卉和"中国独特的仙花"。

琼花天下无双，作为扬州市花是当之无愧的。琼花以叶茂花繁、洁白无瑕名扬天下。北宋欧阳修在此任太守时，作诗赞曰："琼花芍药世无伦，偶不题诗便怨人。曾向无双亭下醉，自知不负广陵春。"不但赞其美，还强调琼花是扬州独有。北宋的仁宗皇帝曾把琼花移到汴京御花园中，谁知次年即萎，只得送还扬州。南宋的孝宗皇帝又把它移往临安，但立刻憔悴无花，只得再次移送扬州。元兵攻破扬州，琼花便彻底死了。扬州人对琼花情有独钟。原物虽已不复存在，但扬州人把一种叫聚八仙的花视为琼花，当做市花精心培育呵护。如今，沿湖岸边洁白如玉的锦簇花团，便是"四海无同类"的扬州琼花——聚八仙花了。

"烟花三月下扬州"。扬州有着悠久的花木种植历史，扬州人民也有着赏花爱花的习惯，自宋代以来就有了万花会。万花会如果少了琼花，那也就不成其为万花会了。

城缘 风流韵事千古流传

杜牧 《扬州三首》是这位大才子的大作。杜牧31岁时应邀来到扬州。他是被聘任来做官的。杜牧的办事才能据说是很好的，但他也是一个有贵公子习气的人，从他写的《扬州三首》来看，他是很欣赏扬州的纸醉金迷的生活的，他也确实沉醉于清歌妙舞之间。他在后来离开扬州时还给妓女写过一首《赠别》："娉娉袅袅十三余，豆蔻梢头二月初。春风十里扬州路，卷上珠帘总不如。"据说杜牧做淮南节度府掌书记时，"供职之外，惟以宴游为事"。扬州的夜晚，娼楼妓馆很热闹，杜牧常在这些地方游玩取乐，上级一个官员牛僧孺怕他出事，派遣兵卒30人换了便装暗地保护他。后来杜牧升御史，牛僧孺替他饯行，在酒宴上劝他生活不要放荡。起初他还为自己辩护，牛僧孺命人打开一个小书簏，里面有几百件都是暗中保护他的兵卒写的密报，说明"某夕，杜书记过某家，无恙"、"某夕，宴某家，无恙"。

后来杜牧的弟弟患眼病，看不见东西，居住在扬州禅智寺内。杜牧请了假，从洛阳带了医生来给他弟弟看病，也住在寺中。他写了《题扬州禅智寺》一诗。这时他的心情不好，不如几年前在扬州时有那么大的豪情了，大概连寺门也很少出，所以诗的前六句写寺院中的清寂，末两句说："谁知竹西路，歌吹是扬州。"意思是说，在这样清寂的寺院里，有谁知道跨过寺前官河北岸的竹西路，就是热闹非凡的扬州呢？

然而杜牧对扬州的那一段生活是一直不能忘怀的，经常想起以前的风流韵事来，他在《寄扬州韩绰判官》诗中说："青山隐隐水迢迢，秋尽江南草未凋。二十四桥明月夜，玉人何处教吹箫。"韩绰大概是他过去在扬州的同僚，诗中的"玉人"云云，有对别后韩绰"风流韵事"的询问与调侃，也表示了他"厌江南之寂寞，思扬州之欢娱"的心情。他在《遣怀》诗中所说的"十年一觉扬州梦，赢得青楼薄幸名"，兼有怀念和忏悔的情绪吧。

板桥与八怪 天下谁人不识板桥，他实名郑燮，号板桥道人，他的诗、书、画被誉为"三绝"，独具风格。大家都知道郑板桥是"八怪"中颇具代表性的人物，他不仅在艺术风格和艺术成就上为人称颂，性情言行也与众不同。但其实这都是后来的事情了。

郑板桥回到阔别多年的扬州城时，扬州已是人才济济，号称"海

杜牧像

郑板桥雕像

内文士，半集维扬"。其中有宦途失意的李鳝、李方膺等；有淡泊名利的金农、边寿民、黄慎、汪士慎等名士；有著名的诗人、文艺批评家袁枚等。他们都是富有正义感和艺术功力之士，艺术家们对"三绝诗书画，一官归去来"的郑板桥表示了热烈欢迎。他们志趣相投，都注重创新，蔑视传统，立志打破传统垄断，把诗、书、画、印结合起来。于是一个崭新的艺术流派——扬州画派诞生了，而"扬州八怪"是其中最具代表性的书画艺术家。

"扬州八怪"通常指汪士慎、李鳝、金农、黄慎、高翔、郑燮、罗聘、李方膺八人。他们大都出身寒士之家，受过较好的文化教育，年长后又各怀才艺，但在生活上却经历了坎坷不平的道路。受着同样的命运驱使，怀着相同的艺术抱负，他们汇集到了扬州，又因共同的爱好和理念，大家又成立了一个后来影响深远的团体。

"扬州八怪"以"怪"驰名，这不仅表现在他们的艺术特点标新立异，也包含着他们思想行为的与众不同，比如金农"性情逋峭，世多以迂怪目之"，李方膺为人"傲岸不羁"，以及汪士慎嗜茶成癖，罗聘能白昼见鬼等等。

"扬州八怪"的绘画艺术在中国绘画史上留下了极其光彩的篇章，他们的创作思想与艺术实践，哺育了后来的画人，可以这样说，前辈的榜样力量永远是无穷的。

绍兴：岿然不动的古城

 城画 鲁迅笔下的故里

鲁迅故里在绍兴。一条窄窄的青石板路两边，一溜粉墙黛瓦，竹丝台门，鲁迅祖居（周家老台门）、鲁迅故居（周家新台门）、百草园、三味书屋、寿家台门、土谷祠、鲁迅笔下的风情园、咸亨酒店穿插其间，一条小河从鲁迅故居门前流过，乌篷船在河上晃晃悠悠，此情此景不能不让人想起鲁迅作品中的一些场景。

三味书屋。鲁迅的桌子在书屋的东北角（黑色示牌处）。

三味书屋是清末绍兴城里的著名私塾。鲁迅12岁至17岁在这里求学。鲁迅的座位，在书房东北角，一张硬木书桌是鲁迅使用过的原物。有一次鲁迅因故迟到，被先生批评，就在书桌右上角刻"早"字以自勉。塾师寿镜吾，是一位正直、质朴和博学的人。他的为人和治学精神，给鲁迅留下深刻的印象。三味书屋是三开间的小花厅，本是寿家的书房。寿镜吾在这里坐馆教书达60年，从房屋建筑到室内陈设以至周围环境，基本保持当年原貌。三味书屋后面有一个小园，种有两棵桂树和一棵腊梅树。

咸亨酒店。由于鲁迅名著《孔乙己》中的生动描述，使"咸亨酒店"名扬海内外，连酒店门口也竖起了孔乙己的虚拟塑像。

咸亨酒店临街朝南。酒店东侧，竖立着一座四柱塔形招牌。塔高两丈许，顶有瓦，有檐，檐下外侧悬一大"酒"字。四柱似竹，塔体中空，朝西面有黑底，上书"咸亨酒店"四个金字。店内摆设格局，悉如鲁迅小说《孔乙己》所述。因此处老酒地道，"过酒坯"（下酒菜）风味纯正，闲暇之时，于此自斟自酌，或约两三酒友品"三酉"而闲聊，均极自在。咸亨酒店有绍兴酒俗博物馆之戏称。

百草园北临东咸欢河，东邻沈姓房屋，西接梁家后园，南宽北狭，原来为新台门周家的智、仁两大房族所共有。西边一半归智房，东边一半属仁房。各个家族在这个园里都种有一些瓜菜，有的地块秋后还被用来做晒场，但因园大草深而显得有些荒凉。

百草园

百草园里虽无明显界线，却有大园小园之分。小园在北，占地较小，向西北角突出，面积约为大园的四分之一，有门通向东咸欢河，河沿筑有河埠，积肥农船便可在此靠岸，运走周家草灰和粪肥。大园在南，占地较大，西边有一垛长达44米、高约1米的泥墙，作为与西邻梁家后园的分界线。在泥墙的南端，即与鲁迅家后门墙角接壤处，有块刻有"梁界"两字的界碑。这块界碑和这垛被鲁迅称为"有无限趣味"的"短短的泥墙"至今仍留存如故。

这个荒芜的园子，不仅瓦砾成堆，杂草丛生，而且有树木、蔓藤和飞鸟虫兽，是孩子们游玩的好地方。鲁迅儿时和他的小伙伴们就经常来此玩耍嬉戏，或采紫红的桑葚和酸甜的覆盆子，或捉蟋蟀、玩斑蝥，有时挖何首乌的块根，有时摘木莲藤的果实，夏天在树荫下纳凉，听蝉鸣唱，寒冬在雪地上捉鸟雀。百草园的动植物，有可看的，有可听的，有可玩的，也有可吃的，对儿童来说真有许多乐趣。虽然现在"紫红的桑葚，酸甜的覆盆子，光滑的石井栏，高大的皂荚树……"已难寻旧踪，但文中浓厚的生活情趣依然带给人们丰富的想象。

小园中的这些童年趣事，在鲁迅的心里留下深刻而又美好的记忆，一直到晚年还令他怀念，鲁迅在厦门大学任教时写的一篇著名散文《从百草园到三味书屋》，就记叙了他童年时代在园中天真烂漫的游乐和浓厚的生活情趣。鲁迅在百草园最早接触到自然景色，由此引起了对一些有绘图的植物书和花草树木进行观察研究的兴趣。在故居小堂前天井里的台阶形石条上，他种植在花盆中的花草不下二十余种。

 城传 会稽山下的陪都绍兴

会稽因绍兴会稽山得名。公元前2198年，大禹大会诸侯于此。绍兴的会稽山，原来叫茅山，因为大禹当初召集了全国的诸侯来，"大会计，爵有德，封有功"，

禹后来病死而葬于此，为纪念大禹的功绩，诸侯"更名茅山曰会稽，会稽者，会计也"。春秋时为越国都城。公元前494年，吴大败越于会稽。

秦王政二十五年（公元前222年），以故吴越地置会稽郡，郡治吴（今苏州）。秦始皇三十七年（公元前210年）东巡至会稽，更名大越曰山阴，山阴县名始于此。汉高祖五年（公元前202年）封异姓王韩信为楚王，属楚；六年封同姓王刘贾为荆王，属荆；十二年封刘濞为吴王，属吴；景帝三年（公元前154年）吴国除，复会稽郡，属郡。吴黄龙元年（公元229年），山阴隶属会稽郡。此后郡时有分置，山阴县为会稽郡治未变。

会稽自古人杰地灵，英雄汇集。秦时，秦始皇巡游会稽，项羽见秦始皇的仪仗队伍威风凛凛，脱口说出："彼可取而代也。"不久项梁、项羽起兵，集吴中子弟八千，从此纵横天下，就是在会稽。

江东小霸王孙策初崛起时，渡江东征，连连破敌，锋芒无人能挡。击破刘繇后，进攻会稽郡。会稽太守王朗固守于固陵，孙策渡江作战，屡攻不下。这时孙策的叔父孙静献计，以迂为直，侵袭固陵南面数十里的查渎，绕道攻王朗后方。孙静说："王朗凭城坚守，短期内攻不下来，不如攻打查渎。查渎是交通要道，应当占领。这就是攻其不备，出其不意。"孙静自愿打头阵。孙策同意，同时下令："近来连日大雨，江水污浊，饮用容易腹痛，你们即刻准备数百缸清水待用。"

出兵奇袭，准备缸装水干吗呢？原来孙策另有谋略，他即将展开欺敌战术。《三国志》上说："至昏暮，罗以然（燃）火诳朗。"入夜后，孙策派人把油注入缸里，灌油点火，燃烧起，王朗远望，以为孙军举火把活动，没料到孙策人去营空，绕道查渎，袭击高迁屯，待王朗察觉出兵，反被痛击，最后战败投降。

会稽在隋朝改称吴州，唐朝又改称越州。公元1127年，金兵南下，攻破首都汴梁（今河南开封），虏获宋徽宗和宋钦宗，北宋灭亡。王族康王赵构即位，改元建炎，建立南宋政权，赵构就是宋高宗。

公元1129年，宋高宗赵构为躲避金军兵锋，逃往江南越州，在这里驻跸四十多天。公元1130年，赵构再度返回越州，

会稽山风景

越州第二次作为南宋王朝的临时首都，为时达一年零八个月之久。

为安抚百姓，笼络人心，赵构决定从建炎五年正月起，实行"大赦、改元"，将年号由"建炎"改为"绍兴"，寓继承前世、振兴昌盛之意。绍兴元年（公元1131年），赵构将"越州"升格为"绍兴府"。南宋王朝正式定都临安后，仍一直视绍兴为陪都。这一历史的机遇，使得绍兴的经济、文化和城市建设在短期内获得较大的发展。在朝廷当时宣布的40个大邑中，除临安外，绍兴名列其首。著名诗人陆游发出"今天下巨镇，惟金陵与会稽耳"的慨叹。因为绍兴不仅经济繁荣，同时又是当时全国重要的文化中心之一，而绍兴的山水之秀又闻名天下，所以南宋一代，除首都临安外，绍兴仍然与金陵齐名，为全国第二大城市。令人惊奇的是，绍兴从建城以来，从未挪过窝，今天的绍兴城就是越国的国都所在。

会稽山大禹陵

城记 去绍兴吹吹越风

黄酒 世界上三大古酒——黄酒、啤酒、葡萄酒，唯黄酒源于中国，是中国最古老的酒种，而且最富民族特色。黄酒的黄，不仅是指酒的颜色，其内涵也相当广泛：黄酒的黄是哺育华夏子孙的母亲河——黄河的黄，是生养炎黄子孙的大地——黄土地的黄，是中国人的肤色的黄。可以说，黄酒是伴随中华民族悠悠五千年文明历史发展的，是中华民族自己的酒。而黄酒中最有名的当数绍兴酒，它以选料上乘，工艺独特，酒精度低，营养丰富，并具有多种强身健体之功效而著称于世。一般人们所说的中国酒，就是黄酒，就是绍兴酒。

绍兴酒起源于何时已很难考证，只能靠文物考古进行推断，应起源于6000年前的河姆渡文化中期。

绍兴关于酒的文字记载当推《吕氏春秋》和《左氏春秋》。《左氏春秋》相传为春秋时期左丘明所作，书中记载越王为增加国家人口，补充兵力和劳力，曾采取过一系列奖励生育的政策和措施，其中有"生丈夫，二壶酒，一犬；生女子，二壶酒，一豚"，即生儿子，奖励两壶酒，一条狗；生女儿，奖励两壶酒，一头猪。以酒奖励生育体现两方面的作用，一作为国君的恩施，使百姓感激国君，听从国君；二作为产妇的一种保健用品，

绍兴黄酒，采用精白糯米作为主要原料，优质黄皮小麦作为酒曲作酿成，有元红、加饭、善酿、香雪等多个品种。

帮助催奶和恢复产妇的体能，有利于优育。因此，以黄酒作为产妇的保健用品一直沿用至今。《吕氏春秋》是秦国宰相吕不韦主持编纂的综合性史书，在"卷九季秋纪第九顺民"这一篇中，有"越王苦会稽之耻，欲深得民心……有酒流之江与民同之"的记载。说的是越王勾践出师伐吴时，越城父老向他献酒，他把酒倒在河的上流，与将士们迎流共饮，于是士气大振。由此可见，2500多年前的越人已将酒融入政治经济活动中。

绍兴酒至少有2500多年历史的说法，就是从以上两部著作中来的。

绍兴酒正式定名始于宋代，并开始大量输入皇宫。明清时期，是绍兴酒发展的第一高峰，不光品种繁多、质量上乘，而且产量高，确立了中国黄酒之冠的地位。当时绍兴生产的酒就直呼绍兴，到了不用加"酒"字的地步。"越酒行天下"，即是当时盛况的最好写照。

过年　在绍兴，一跨入农历十二月，人们就忙着准备过年：买酒、做春糕、裹粽、掸尘、杀鸡宰鹅、买鱼买肉，准备新年穿戴的衣服鞋帽，购置馈赠亲友的礼物等等，可谓忙得不可开交，唯恐筹措不周，闹出笑话。腊月二十三晚上，家家户户都要送灶神上天，供奉一种富有黏性的糖，借此粘住灶神的牙齿，使他没法向玉皇大帝陈说人们的过失。送灶神之后，除夕之前，每户人家总要选择一个祝福的吉日，这是每家一年之中最为隆重的大祭典。所祭的神像有"南朝圣宗"四字，绍兴人叫祝福菩萨、大菩萨，据说是宋代的皇帝。南宋灭亡后，遗臣们慑于元朝统治者的淫威，不敢公开祭大宋君王，因此只好在夜深人静时悄悄地进行。这种带有民族意识的祭祀，后来不仅广为流传，而且增添了答谢神明保佑和祈求来年幸福的意义。照老年人的说法，天上的菩萨不进不洁之家。因此，祝福之前，必须把厅堂、祭桌、祭器等打扫、洗刷得干干净净。"五牲福礼"煮好后，盛放在木制的朱漆大盘里。其摆法都有一定的规矩，如鸡鹅要跪着，头朝福神，表示欢迎；一

尾活鲤鱼用红绳穿过其背吊在"龙门架"上，用红纸贴住眼睛，是取"鲤鱼跳龙门"之意。祭典若在深夜举行，气氛更为庄严肃穆。男丁按辈分行三跪九叩大礼，妇女和个别忌生肖的男丁都要回避。别说寡妇祥林嫂，就是鲁府的太太、小姐们也是没有祝福资格的。

祝福后便"请回堂羹饭"。祝福时桌子是照桌面的木纹横摆的，祭祖时则改为竖摆；祝福时祭扫者朝外行礼，祭祖时则朝内跪拜。祭祖后，便用煮福礼的汁汤烧年糕或面吃，名曰"散福"，表示神所赐之"福"散给了一家人。过年的习俗，绍兴和外地大同小异。然而，在吃人的旧社会里，对劳动人民来说，过年如过关，祈神祭祖是得不到什么"福"的。像管四老爷家里那种阔绰的祝福排场，只有在电影《祥林嫂》里，作为历史的陈迹而重现。

城缘 绍兴师爷的鼻祖

"师爷"这种角色古已有之，而且在历史上并无任何贬义。从战国时期信陵、孟尝、平原、春申"四大公子"门下养士起，中国历代政治舞台上出色人物的身后总是少不了门客帮闲。这些人或出谋划策，或捉刀代笔，或随吟清谈，各持其事，各为其主，成为政治舞台上的重要配角。只是他们一直未能形成专门的职业群体。

直至明代晚期，特别是清代，出于政治上的需要，幕友辅佐才得到法律及社会的广泛认可，门客幕友才成为各项政务不可或缺的人物，各级官府衙门里都有幕友参与政务，尤其是府、县两级衙门，至少要聘请刑名、钱谷、书谷、挂号等四五名幕友，于是便有"无幕不成衙"之说。

这样的人以绍兴人居多，"绍兴师爷"不仅是绍兴过去历史里的一大特色，而且已成为中国特色的幕府文化的代名词。

电视剧《雍正王朝》里面有一个人的形象是最为特殊的，这就是未卜先知、功成身退的绍兴师爷的鼻祖邬思道。他服务的主人叫田文镜。田文镜不是正途出身，康熙二十二年以监生授县丞，用了30多年才升到侍读学士。雍正元年奉派去华山致祭，揭发山西巡抚瞒报灾情，从此开始深受雍正皇帝的信任，命他署理山西布政使，不到两年就升为河南巡抚。

据说，绍兴人邬思道自幼好读书，科举不得意，家贫，以游幕为生，居河南开封。当时的巡抚田文镜慕名聘请邬先生入幕。

邬思道是如何赢得田文镜的信任的呢？

有这样一个故事，邬思道替田文镜承办一件棘手的案件，与众不同，案子上报北京刑部顺利通过，不像以往屡遭批驳。

有一日，邬先生对田文镜说："君愿为吐气督抚，抑或庸碌督抚？"田文镜答："当然想做吐气督抚了。"邬先生就说："既然你想做吐气督抚，就得听任我替你办一件事，此事你却不可掣肘。"田文镜就问是什么事，邬先生就说："我替你准备了一道上奏皇上的奏章，如果这道奏章送上去，君的大业便可成。只是此奏章内容你一字也不能看，不知你能不能信任我？"

田文镜与邬先生相处了较长的一段时间，深知邬先生有胆有谋，于是答应了。原来这道奏章的内容是弹劾隆科多的。隆科多是雍正的娘舅，官居大学士，隆科多倚拥戴之功，常做越礼违法之事。雍正这时已对他非常厌恶，正想清除他而苦于无从下手，因满朝文武虽知隆科多不法，但慑于其权势，无人敢揭发。

邬先生看透了雍正的心理，所以敢做这件别人不敢做的事。雍正看了奏章，正求之不得，立即将奏章发交六部核议，办了隆科多的罪。从此，雍正对田文镜十分欣赏，而邬先生也声名远播了。邬思道可说是田文镜的大恩人了。

邬思道以自己丰富的政治阅历和官场经验，不仅赢得幕主田文镜的宠幸，且为雍正帝所看重，从而成为绍兴师爷公认的祖师爷。雍正帝常在田文镜的请安折上朱批："朕安，邬先生安否？"这就使以邬思道为代表的绍兴师爷身价倍增，为各地督抚所瞩目。

绍兴师爷博物馆

后来，这位邬师爷深知"高处不胜寒"的道理，急流勇退，告老还乡。他归家后著书，以田文镜的名义刊行，皆述游幕之道。其书后来被师爷们奉为必读之书。绍兴师爷由此名声大震，师爷以绍兴为贵，也为各地官署所公认。

邬思道离开了田文镜。没有了邬思道的田文镜又如何了呢？田文镜为政变得过于严苛，比如推行垦荒、摊丁入亩、追讨积欠，为完成任务一味迎合上意，对下属和百姓残酷刻薄，世人不无非议。

此外，雍正喜闻祥瑞，田文镜颇为迎合。《永宪录》说，"河南总督田文镜进瑞谷一茎十五穗"；到雍正后期，田文镜多次瞒报河南灾情，为雍正所察觉，雍正皇帝上谕："田文镜近来年老多病，精神不及，为属员欺诳……"此时田文镜其实没病，雍正皇帝实际上是劝他知难而退。不久，田文镜奏请解任，"旋卒"。

到了晚清，绍兴师爷中能人辈出，官吏争相聘请，最负盛名的有革命先烈秋瑾的曾祖秋桐豫，受聘于东三省总督赵尔巽，章士杰受聘于两江总督曾国藩，马家鼎受聘于湖广总督张之洞，程壎受聘于直隶总督李鸿章，特别是号称一代名幕的娄春藩，先后被李鸿章、袁世凯、端方等六任直隶总督相继聘用，可谓权位高矣！

李鸿章任北洋大臣兼直隶总督时，对部属十分挑剔，然而对娄春藩却十分尊重，凡奏折、刑钱、盐务等皆委托娄春藩办理。其时永定河常有水患，娄春藩经多次实地考察，查明泛滥原委，为李鸿章制订出一个治水计划，河患大减。在他主持总督府文案期间，直隶省无冤狱发生。八国联军攻陷北京，督署同僚皆闻风而逃，娄春藩独留不去，苦撑局面至事平。庚子和议后，李鸿章拟保奏他出任京官，但被他婉辞了。

清末，以慈禧为首的清朝政府高唱"变法"，陆续颁布并实行一些"改革"措施。政府整顿官僚政制，削减了一些重叠和虚设机构，各省也相应地裁撤了不少衙门与人员。各级官吏的裁减，迫使大量绍兴师爷离开官场另谋出路，他们的活动和影响随之弱化。

同时，由于清朝政府废八股、停科举、兴学校、奖游学等，使办学堂和出国留学蔚然成风。一个新的知识群体形成了，他们用在国外或新式学堂中学到的知识武装自己，逐渐取得政治舞台上的优势，从而极大地冲击并削弱了绍兴师爷在清朝政坛的地位和作用。

"绍兴师爷"这一群体也就慢慢消失在历史的尘埃里了。

感悟中国历史名城
SENSING CHINA'S WELL-KNOWN HISTORIC CITIES

■大理：山边海滨的风花雪月　■凤凰：边城的故事　■齐齐哈尔：边疆的天然牧场

城画城传

城记城缘

发现城市不同寻常的轨迹

记录城市最为精致的面孔

感悟城市不停跃动的脉搏

阅读城市流传不已的情怀

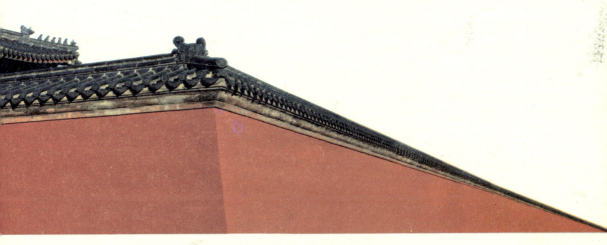

第八章 边城曾经的岁月

大理：山边海滨的风花雪月

城画 山海之间

崇圣寺三塔　　崇圣寺三塔是大理"文献名邦"的象征，是云南古代历史文化的象征，也是中国南方最古老最雄伟的建筑之一。该组建筑群位于大理以北苍山应乐峰下，背靠苍山，面临洱海，三塔由一大两小三座佛塔组成，呈鼎立之态，远远望去，卓然挺立，俊逸不凡。

据《南诏野史》、《白古通记》等史籍记载，当时崇圣寺与主塔建造时，寺基方7里，屋890间，佛11 400尊，铜40 590斤，建于南诏第十主丰佑十年至天启元年，费工708 000余人，耗金银布帛绫罗锦缎值金43 514斤。时为南诏国后期。南诏国中期崇佛之风兴起，到丰佑时已达极致，佛寺遍布云南内。到南诏之后的大理国，佛教较南诏更为发展。因此，大理国就有"佛国"、"妙香国"之称。崇圣寺建成之后即为南诏国、大理国时期佛教活动的中心。崇圣寺所崇之"圣"为观音。当时，大理地区对观音崇拜极为盛行。

三塔的主塔名叫千寻塔，16层，为方形密檐式空心砖塔，是中国现存座塔最高者之一，与西安大小雁塔同是唐代的典型建筑，造型上也与西安小雁塔相似。

崇圣寺三塔

塔以白灰涂面，每级四面有龛，相对两龛供佛像，另两龛为窗洞。塔内装有木骨架，塔身内壁垂直贯通上下，设有木质楼梯，循梯可达顶层，从瞭望小孔中欣赏大理古城全貌。塔顶有金属塔刹宝盖、宝顶和金鸡等，底部镶嵌着镌刻在大理石上的"永镇山川"四个大字。塔的基座呈方形，分三层，四周有石栏，栏的四角柱头雕有石狮；上层东面正中有石照壁，"永镇山川"四个大字即位于此，每字硕大，笔力雄浑苍劲，气势磅礴。塔下仰望，只见塔矗云端，云移塔驻，似有倾倒之势。

三塔中的南、北二小塔在主塔之西，南北对峙，均为五代时期大理国所建造。两塔形制一样，均为10层，为八角形密檐式空心砖塔，外观装饰成阁楼式，每角有柱，每级设平座，第4、6级有斗棋，顶端有镏金塔刹宝顶，非常华丽。每层出檐，角往上翘，不用梁柱斗拱等，以轮廓线取得艺术效果。塔通体抹石炭，好似玉柱擎天。

崇圣寺三塔布局齐整，保存完善，外观造型相互协调。大塔携领两座小塔，突出其主要地位，同时又衬托出小塔的玲珑雅致；小塔紧随大塔，衬托出大塔的高大、雄伟。三塔布局成鼎足之势，高耸入云，成为大理白族文化的象征，是我国南方最壮丽的塔群。三塔与远处的苍山、洱海相互辉映，点缀出古城大理的历史风韵，虽经历了千年风雨侵蚀和多次大地震，依然完好无损。

明朝地理学家徐霞客早在《滇游日记》中记载："是寺在（苍山）第十峰下，唐开元中建，名崇圣寺。前三塔鼎立……塔四旁皆高松参天，其西由山门而入，有钟楼与三塔对势，极雄伟。楼中有钟，极大，径可丈余而厚及尺，为蒙氏（南诏）时铸，其声闻可八十里。其后为正殿，殿后罗列诸碑……其后为雨铜观音，乃立像，铸铜而成者，高三丈余……自后历级上，为净土庵等。"明代崇圣寺以五大重器著称于世：三塔、南诏建极大钟、雨铜观音像、元代高僧圆护手书的"佛都"匾、明代三圣金像。香火更旺，蜚声于南亚、东南亚。（选自《大理崇圣寺三塔》官方网站）

 城传 大理国风云

　　金庸的《天龙八部》和《射雕英雄传》就曾讲到了大理段氏。段氏其实就是大理国的皇族。金庸没去过大理，却把大理的风光写得优美诱人，江山多娇，说明了大理的不寻常。事实上，历史上，大理国也曾辉煌一时。

　　早在战国时期，大批移民从中原来到这里。汉初，司马迁《史记·西南夷

大理古城

列传》说："自同师以东，北至楪榆……皆编发、随畜迁徙、毋常处、毋君长、地方可数千里。"当时大理及滇西一带的人们，服饰上还没有形成民族或种族的固定特点，同别处的区别在于发型是"编发"。他们以放牧为生，没有固定的住所，也没有族长。

公元前 105 年，汉武帝首次在这里设置益州郡，大理属楪榆县，治所在今大理喜州。东汉时，楪榆县一度归永自郡（治所在今保山北约二十公里）管辖。三国时归蜀汉治理，诸葛亮虽没有到过大理，但他在边疆传播先进的农业生产技术，注意民族团结，使这里的生产和经济有了很快发展。

公元五六世纪，滇西及川南一带有百十个部落，大者五六百户，小者二三百户，部落的首领大多是内地迁去的汉人。到了公元 7 世纪时，这众多的部落，在滇西已兼并为六诏。诏是当地民族"王"的意思。在中央的唐王朝的支持下，居住在南面今巍山一带的蒙舍诏强盛起来，逐步兼并了其他五诏。公元 737 年，南诏又征服了居住在今洱海周围的许多小部落（这些小部落统称"河蛮"）。公元 738 年，把政治中心从巍山迁到了今大理附近的大和城。这一年，唐玄宗封南诏的皮逻阁为云南王。从此，大理成为云南的政治中心。

大和城位于今大理大和村西，遗址尚存。遗址西的佛顶峰上有古金刚城遗址。它是属于太和城的一个小城，始建于公元 747 年。大和城的始建年代应和金刚城相距不远。今仍残存的城垣，北墙西起佛顶峰，东延伸至洱海滨，长约两公里；南墙西起五指山麓，东至洱海村，长约 1.5 公里。城内有建于公元 766 年的"南诏德化碑"至今犹存。当时城市的街道，唐人樊绰在《蛮书》曾有记载："大和城……巷陌皆垒石为之，高丈余，连延数里不断。"到了元代还有人见到此城，说它"周回十有余里。"南诏在这里建都一共 40 年，后来迁都到羊苴咩城。

羊苴咩城在今大理县城附近。它始建于公元 764 年，后来不断扩建，形成"延袤十五里"的壮丽大城。公元 779 年南诏迁都于此，公元 902 年南诏灭亡，此后又历经郑氏的大长和国、赵氏的大天兴国，到段氏的大理国，于公元 1254 年灭亡，前后 500 多年，大理一直是云南高原的政治中心。羊苴咩为当时的民族语，意为"神京"。它又名紫城，即后来紫禁城的意思。

羊苴咩城是以南诏宫室和高级官吏住宅区为中心，经过周密规划和设计而建成的。这在《蛮书》中有比较详细的描述。在平面布局上，把王宫放到了中轴线大道尽头的中心位置；在立体布局上，王宫位于层层进深的高阶之上。城门是第一重门，必须由此"行三百步"，至第二重门，又"行二百步"，至第三重门。每一重门与道路之间，都有居高临下、夹道相对的门楼，形成了入宫道路的深远、雄伟景象，又可作为防御工事。可以想见，人行其间，会增加对王者威严与神秘的感觉。城门与第二重门之间，是一般的商人、贵族居住的。第二重门与第三重门之间，是高级官员居住的，最后才到达那"阶高丈余"的从政议事大厅。其后的小厅是南诏王与高级行政官员日常处理军政事务和议事的地方。小厅后是南诏王和他的数百"诏佐"（妃嫔）们居住的地方。里面的建筑，外人无从得知，只见"重屋制如蛛网"，建筑风格是"架空无柱"，即无梁的穹隆殿堂。后宫房屋下临清池有内花园。接待使臣的地方，设在门楼外风景秀丽的云池之畔。此湖"周回七里"，养着一些奇异的水生动物。

后来，随着南诏在西南地区政治地位的提高，为了接纳西南各民族的上层与东南亚的来宾，曾建了豪华壮丽、堪称西南第一的五毕楼。又在苍山与洱海地形交接险要处，建起了便于扼守的要塞龙口城和龙尾城。后人又称龙口城为龙首关或上关，土城城墙遗址在今上关附近的山坡上，各边犹残存八百米左右，近似正方形，高出地面约十米。龙尾城的位置，《蛮书》说它"至羊苴咩城五十里"。元代郭松年的《大理行记》说它"西苍山，东属洱水，其高壁危构，岿然犹存"。总之，这两关控制着进入大理冲积平原的门户，是云南高原上政治中心的外围关城建筑。它的险要和周围的景致，可从明代李元阳《龙尾关楼》诗中看出一些："孤楼独上海门关，靡靡千山复万山。设险自天真奥绝，

羊苴咩城遗址

探幽容我独跻攀。昆弥岛屿苍茫外,鹫岭云霞缥缈间。六诏战争成底亭,持竿人坐钓鱼湾。"

唐宋500多年间,是大理城市发展史上的重要时期,至今保存有当年的一些文物古迹,主要有弘圣寺塔、崇圣寺三塔和"南诏德化碑"等。

弘圣寺塔,位于大理县城西南500米,保存完好。塔高40米,十六级密檐式空心砖塔,四方形。相传建造于唐代初年。上覆八角形铜伞,顶有铜钵及铜葫芦塔刹。

"南诏德化碑",于清代乾隆年间从大理大和村地下出土。碑高3米,宽约2.3米,厚约60厘米,碑阳正文3800余字,碑阴官职姓名约1200余字,共5000余字。碑文叙事止于公元765年。碑建于公元766年,为南诏清平官郑回(一说为清平官王蛮利)撰文,由唐代流寓御史杜光庭书丹。行文生动流利,书法遒劲秀拔,有李邕笔意。碑文叙述了南诏与唐王朝的关系,着重陈叙南诏与唐天宝战争的起因是唐南疆大吏蒙蔽朝廷,压迫、欺凌南诏,使之无可奈何,"不得已而叛"的苦衷,并表明南诏一旦有可能,就重新归顺于唐的决心。此碑是记录南诏历史、社会制度、官职、外交,与吐蕃、东南亚及唐的交通等的重要史料。此外,碑文还记录了南诏开凿梯田、兴修水利、开采金银矿产、培植良马、兴盛丝织业、修筑城池、利用地热等生产建设状况。总之,此碑是南诏文化与文物的宝贵珍品。是研究南诏历史的珍贵资料。

公元1257年,元世祖忽必烈攻破大理城,第二年大理国灭亡,从此结束了云南臣属于中央的地方割据状态。大理也结束了500多年的地方割据政权首都的地位,云南的政治中心东移到昆明去了。

南诏德化碑

龙尾城

城记 金花、阿鹏们的风花雪月故事

大理是一个以白族为主的多民族地区。境内居住有彝、回、傈僳、苗、汉等民族。各个民族都有自己独特的风俗民情,多姿多彩的民族婚礼、风趣的掐新娘活动、意味无穷的取乳名和抢名习俗、一驮谷子换一驮梨的简单交易、简朴的回族葬礼、组成了特有的民族风俗"大观园"。云南白族有140多万人,80%居住在大理白族自治州。白族是一个能歌善舞的民族,继电影《五朵金花》蜚声中外之后,白族姑娘个个被中外友人统称为"金花"，白族小伙则被称做"阿鹏"。金花、阿鹏们传承着自己独特的文化艺术，从白文"山花碑"到现在还在演唱的三七一五句式的白族调和大本曲，以及各种丰富多彩的民族节日和集市，如绕三灵、栽秧会、三月街等。三月的大理，春光明媚，百花争艳，富有民族特色民间传统集市又在苍山脚下、洱海之滨拉开了帷幕。白族群众及前来共同欢度佳节的各民族的男女，身着五彩缤纷的节日盛装，熙熙攘攘地前来参加盛大的集市贸易和民间文娱体育活动。

大理一年四季风景如画，在诸多风景名胜之中，以风、花、雪、月四景最为著名和引人入胜。关于风、花、雪、月四景，当地白族人民有一首世世代代传诵的谜语诗，诗曰：

> 虫入凤窝不见鸟（风），七人头上长青草（花）；
> 细雨下在横山上（雪），半个朋友不见了（月）。

1962年1月，著名作家曹靖华游过大理之后，对大理的风、花、雪、月四景感慨万千，赋风花雪月诗一首：

> 下关风，上关花，下关风吹上关花；
> 苍山雪，洱海月，洱海月照苍山雪。

风：下关风，下关一年四季都有大风，有时风力达八级以上。关于下关的风，还有一个美丽的传说。相传在苍山斜阳峰上住着一只白狐狸，它爱上了下关一位白族书生，于是化作人形和书生交往，他们相爱的事被洱海罗荃寺的法师罗荃发现了，他不容他们在一起，便施法将书生打入洱海。狐女为救书生，去南海求救于观音，观音给她六瓶风，让她用瓶中的风将洱海水吹干以救出书生。当狐女带着六瓶风回到下关天生桥时，遭到了罗荃法师的暗算，跌倒在地，打碎了五瓶风，于是大风全聚集在天生桥上，故下关风特别大。按科学的解释，是因为苍山十九峰太高，挡住了东西两面的空气对流，而苍山斜阳峰和哀劳山脉的者摩山之间的下关天生桥峡谷仅为下关空气对流的出口，所以下关的风特别大，尤其是在冬春季节，行走在天生桥峡谷对着的街道上，大风吹得人站立不住。

花：上关花，上关位于大理苍山云弄峰之麓，是自唐代以来形成的拱卫大理的要塞。在关外花树村有棵名叫"十里香"的花树，传说为仙人吕洞宾所种，花大如莲，每年开12瓣，闰年开13瓣，花色黄白相间，美丽诱人。花后之果壳黑硬，可做朝珠，因而又叫朝

上关花

珠花。到清代晚期，由于游观的人太多，特别是官府的达官贵人到此赏花，都要当地白族群众招待，人民忍受不了这种负担，于是把上关花砍了。据考证，上关花就是木莲花，此花在大理境内到处都可以见到。

从大理古镇远望苍山雪峰

雪：苍山雪，苍山上的积雪为何千年不化，在大理民间流传着一个美丽的传说。相传在古代，有一批瘟神在大理坝子中横行霸道，使人民"十人得病九人亡"。有白族两兄妹为拯救受苦人民，在观音的指引下学法归来，将瘟神都撵到了苍山顶上，被大雪冻死。为了让瘟神永不复生，妹妹还变为雪神，永远镇住苍山上的瘟神，于是苍山雪峰就有了千年不化的白雪。而实际上是因为苍山海拔太高，山顶气温低的缘故。

月：洱海月，每到农历八月十五中秋节的晚上，居住在大理洱海边的白族人家都要将木船划到洱海中，欣赏海中的金月亮，天光、云彩、月亮和海水相衬托，形成一幅优美的图画。关于洱海月，流传最广的是天宫公主下凡的故事。传说天宫中有一位公主羡慕人间的美满幸福生活，下凡到洱海边上的一个渔村，与一渔民成婚。公主为了帮渔民们过上丰衣足食的生活，就把自己的宝镜沉入海底，把鱼群照得一清二楚，好让渔民们能打到更多的鱼。从此，宝镜就在海底变成了金月亮，放着光芒，照着世世代代的捕鱼人，于是成了"洱海月"，供人观赏。

洱海月

城缘　博南山人

滚滚长江东逝水，浪花淘尽英雄。是非成败转头空。青山依旧在，几度夕阳红。白发渔樵江渚上，惯看秋月春风。一壶浊酒喜相逢。古今多少事，都付笑谈中。

——《临江仙·滚滚长江东逝水》

小说《三国演义》采用了这首词，词作者杨慎是明朝大才子。他出生在四川，求职于京师，后来却被流放到了云南。就这样，杨慎生命的一半岁月是在云南度过的。以三十六岁的盛年之身被谪戍云南，七十高龄时回乡，还被"巡抚遣问指挥逮之还"云南戍所，直至客死滇域永昌（今保山）。云南与杨慎的关系，不可谓不深，而在云南，与杨慎关系最深的，又莫过于大理。杨慎对大理山河，寄

杨慎塑像

托着深厚的感情，其《点苍山记》一文中说："余自为人，所历道途，万有余里。齐、鲁、楚、越之间，号称名山川者，无不游已。乃泛洞庭，逾衡、庐、出夜郎，道碧鸡而西也，其余山水，盖饫闻而厌见矣。及至叶榆之境，一望点苍，不觉神爽飞越；比入龙尾关，且玩且行，山则苍龙叠翠，海则半月拖蓝。城郭奠山海之间，楼阁出烟云之上。香风满道，芳气袭人。余时如醉而觉，如久卧而起作，然后知向者未尝见山水，而见自今始。"

杨慎在被放逐期间，并未因环境恶劣而消极颓废，仍然奋发有为，不肯向邪恶势力屈服。他路经湘西，想起被楚怀王放逐的屈原，情不自禁地哼出："长叹息以掩涕兮，哀民生之多艰！""路漫漫其修远兮，吾将上下而求索。"在贵州，他想起流放夜郎（今桐梓县）的李白，感叹"我行更迢递，千载同潜然"（《恩谴戍滇纪行》）。他不仅寄情山水，而且悉心著述，为白族修史。每到一处，往往借咏边塞奇花异草，抒发政治热情。他在《南枝曲》中，以生在"穷山绝域"而"绝世独立"、自放清香的老梅自喻；在《山茶花》中，盛赞山茶花不畏严寒，"绿叶红英斗雪开"的傲然风骨；他在永昌看到"背日而开，与蜀葵相反"的唐婆镜花，就慨叹葵花向日，固然是忠臣的象征，唐婆镜花背日而开，应是诤臣的表现。诤臣往往受到谄媚佞臣的排挤和诬害，无耻小人又经常乔装成向日蜀葵，忠奸难辨，真假难分。在咏物之中，寄寓着自己正直的人格和理想。

更为难能可贵的是杨慎在放逐期间，仍然关心人民疾苦，不忘忧国。如当他发现豪绅以修治海口为名，勾结地方官吏强占民田、化公为私、敛财肥己、坑害百姓时，不仅正义凛然地写了《海门行》《后海门行》等诗痛加抨击，还专门写信给云南巡抚赵剑门，力言此役"乃二三武弁投闲置散者，欲谋利自肥而倡此议"，请求制止如此劳民伤财的所谓水利工程。

凤凰：边城的故事

城画　中国最美丽的小城

凤凰县是一个具有浓郁民族特色的边陲小镇。上世纪 80 年代，曾轰动一时的影片《芙蓉镇》就是在这里拍摄的，从此以后，原本寂静的小县城里多了外地游客的身影，纷乱的脚步声踩在狭窄的青石板路上，格外地引人注目。这里是个很古老、风光很好的边陲小镇，很有特色。

吊脚楼　看沈从文的《边城》或《湘行散记》，就知道旧时凤凰县的人们喜欢坐在吊脚楼上喝酒，然后趴在栏杆上看楼下渡船上的船夫和他的女人。

吊脚楼也叫"吊楼"。沈从文是苗族人，但吊楼还是壮族、布依族、侗族、水族、土家族等族的传统民居，分布在湘西、鄂西、贵州地区。吊脚楼多依山就势而建，呈虎坐形，以"左青龙，右白虎，前朱雀，后玄武"为最佳屋场，后来讲究朝向，或坐西向东，或坐东向西。吊脚楼属于干栏式建筑，但与一般所指干栏有所不同。干栏应该全部悬空，所以称吊脚楼为半干栏式建筑。凤凰县不光有苗族吊楼，还有土家吊楼，两者大同小异，各具特色。

苗族吊脚楼是中国南方特有的古老建筑形式，楼上住人，楼下架空，被现代建筑学家认为是最佳的生态建筑形式。吊脚楼是苗乡的建筑一绝，它依山傍水，鳞次栉比，层叠而上。

吊脚楼的形成有历史的原因，也有自然的原因。据建筑学家说，苗族吊脚楼是干栏式建筑在山地条件下富有特色的创造，属于歇山式穿斗挑梁木架干栏式楼房。从历史来看，苗族的建筑文化可以追溯到上古时期。苗族祖先蚩尤所在的九黎部落集团肇始于环太湖地区，当时苗族的人民参与了环太湖地区河姆渡文化和良渚文化的创造。河姆渡文化和良渚文化的考古发现证实了苗族先民的民居就是干栏式建筑。

凤凰的吊脚楼

这些充满了苗族艺术意象的吊脚木楼，给苗族人民艰辛的生活提供了永恒的生命激情。

修建吊脚木楼的地基必须把斜坡挖成上下两层；每层进深各为 2 米多，各层面积约 100 平方米。上下两层相差约 1.3 米多，层与层之间的山壁和外层山体用石头砌成保坎。建房时，将前排落地房柱搁置在下层地基上，最外层不落地房柱与上层外伸出地基的楼板持平，形成悬空吊脚，上下地基之间的空间就成为吊脚楼的底层，这就是所谓的"天平地不平"的吊脚楼特点。吊脚楼采用穿斗式结构，每排房柱 5 ～ 7 根不等，在柱子之间用瓜或枋穿连，组成牢固的网络结构。中柱一定要用枫木，因为枫树是苗族的生命图腾树，是象征祖先灵魂的圣树。

按传统，祖宗圣灵的神龛要设在二楼的中柱脚。苗族人民认为在吊脚楼里有祖先的圣灵日夜庇荫，合家方能兴旺发达，人人皆可健康平安。楼的板壁用刨光的杉木板封装。每间的窗棂子用木条拼成不同的图案。各间的房门均为独扇，唯有堂屋大门为两扇。富裕人家还在大门上刻有龙凤浮雕。大门上方，两头安装有两个门当木雕，门当的另一头成牛角，俗称"打门锤"。

大多数吊脚楼将二楼地基外架上悬空的走廊，作为进大门的通道。堂屋外的悬空走廊，安装有独特的"S"形曲栏靠椅，苗语叫"嘎息"，民间有一美称叫"美人靠"，这是因为姑娘们常在此挑花刺绣、向外展示风姿而得名。其实"嘎息"还用作一家人劳累过后休闲小憩、纳凉观景、讲述苗族神话和迁徙历史以及演唱《苗族古歌》、"嘎百福歌"的多功能凉台。

吊脚楼一般以三间四立帖或三间两偏厦为基础，一般分为三层，底层都用作家畜和家禽的栏圈，以及用来搁置农具杂物等东西。中层住人，正中间为堂屋，堂屋两侧的立帖要加柱，楼板加厚，因为这是家庭的主要活动空间，也是宴请宾客、笙歌舞蹈的场所。有少数人家在正对大门的板壁上安放有祖宗圣灵的神龛。神圣的家庭祭祖活动就在堂屋进行，一般情况下，左右侧房作为卧室和客房。三楼多用于存放粮食和种子，是一家人的仓库；如果人口多，也可隔出住人的卧室。厨房安置在偏厦里。建筑的空间分隔组合，以祖宗圣灵神龛所在的房间为核心，再向外延伸辐射。家庭成员在这样的空间组合下生活，无形中便被祖宗圣灵所在的堂屋的空间引力所凝聚，从而为家庭的团结增强了亲和力。祖先崇拜的苗族传统宗教，在吊脚楼的民居建筑上被充分完美地体现出来了。

南方长城　长城，作为著名的世界文化遗产和中华民族的代表性建筑，一向被认为是中原地区用以抵御北方游牧部落的防线。但鲜为人知的是，明朝时期在万历年前后，还曾在湖南修筑了一段长城。由于这段长城主要用于防范苗民起义，

南方长城。今天我们只能看到时断时续的城墙和一些保存完好的城堡，由于南方少数民族的军事实力不如北方少数民族强大，苗疆边墙也就没有修筑得像北方长城那样雄伟壮大，所以南方长城没有名扬世界。

因此被称为苗疆长城，又由于其为中国南方唯一的长城，所以又称中国南长城、南方长城，简称南长城。苗疆长城大体就位于凤凰县。

中国国家建设部古建筑专家赵景慧，国家文物局古建筑专家组长、长城学会副会长罗哲文等10多人曾来到凤凰古城进行全面考察。他们认为，北方的明长城也称边墙，每一军防区的边墙有长有短。北京保卫明十三陵的"昌镇"有200余公里，与湖南"镇竿"镇（即今天的凤凰县）边墙的长度差不多。湘西长城不仅在防御体系上与北方明长城一样，而且，其军事机构设置、官兵制度也都相同，因此该长城完全应该属于中国长城的一部分。

在明朝，湘黔边境的苗人被划为生苗和熟苗，生苗是不服从朝廷政府管辖的少数民族，他们因不堪忍受政府的苛捐杂税与民族欺压，经常揭竿而起。为了安定边境地区，镇压苗人反抗，明嘉靖年间朝廷拨出4万两白银，在生苗与熟苗之间修筑起了长城。它把湘西苗疆南北隔离开，以北为"化外之民"的"生界"，规定"苗不出境，汉不入峒"，禁止了苗、汉的贸易和文化交往。明朝末年，苗族发动起义，把边墙夷为平地。清朝政府则在边墙旧址上重新建设了新的城墙，继续防御苗民。

也许由于南方少数民族的军事实力不如北方少数民族强大，苗疆长城也就没有修筑得像北方长城那样雄伟，所用石块只有北方长城的1/10到1/6大小。 明清以来，苗疆长城上的石块不断地被当地人拆去建房，今天我们只能看到时断时续的城墙和一些保存完好的城堡。苗疆长城到底还保存了多少，目前还没有人沿线调查统计过。

城传 凤凰之名

　　凤凰县历史悠久。《凤凰厅志》记载,夏、商、殷、周以前,这里即为"武山苗蛮"之地。战国时期,属楚疆域。公元前277年建黔中郡。秦王嬴政统一中原后,把其所辖的广大地域划分为36郡,凤凰所在的黔中郡即为其一。汉刘邦更黔中郡为武陵郡,后几经变革,西汉期间凤凰归辰阳县辖,西晋归镡成县,东晋改归舞阳县,但一直属武陵郡管辖。

　　《元和郡县志》记载,唐朝"在坡山西址设渭阳县",并载"山甚高,百姓食坡山溪水"。坡山即指凤凰山,坡山西设县城,据考,古县城址就是今黄丝桥古城。古渭阳县址属锦州卢阳郡。元时,统治者为了稳固政权,在渭阳境内设五寨司,五寨长官司驻镇竿(今凤凰县城)。明时在凤凰山设凤凰营、镇竿守备。后移麻阳参将驻镇竿城。清顺治时设镇竿协副将,康熙时升协为镇,镇竿成为清朝全国六十二镇之一。

　　康熙废土司,置凤凰营于今县城,移辰沅靖道驻镇竿。镇竿成为全国八十九道之一;雍正于湘西北设永顺府,辰沅靖道改为辰沅永靖兵备道,镇、道员均驻凤凰,治辖范围覆盖整个大湘西二十余州县厅,据载,为全国八大兵备道之一。清乾隆改凤凰营为厅(散厅),升通判为同知;嘉庆升散厅为直隶厅;1913年改厅为县,称凤凰县,相沿至今。

　　历史演进,云卷云舒,悠悠数千年。凤凰的区位日显突出,古城镇竿的地位日显重要,最终成为统辖"大湘西"二十余州、县(厅),辐射影响至湘鄂川(渝)黔四省(市)边区的一个政治、军事、经济、文化中心,这种中心位置一直延续到解放前夕。

　　这里是多民族聚居的地方,主要由苗族、土家族、汉族、回族,以及新中国成立后分配到这里工作和因其他原因来本县居住的其他民族组成,其中以苗、土家、汉三族为主。苗族为本县土著民族,分布形成大集中、小分散局面;土家族一般与汉族杂居。

　　苗族,是凤凰县最古老的民族。远古苗族生活在黄河流域,其先祖蚩尤曾与炎黄部落作战,失败后苗裔退居江汉、洞庭湖一带,建立三苗国。商周时,三苗被破,苗祖迁徙到湘西"五溪"一带,即今湘西、黔东等地,又由湘西分迁到西南各地。在中国古代典籍中,早就有关于五千多年前苗族先民的记载,这就是从黄河流域直到长江中游以南被称为"南蛮"

凤凰古城苗族绣品

凤凰古城的苗族阿婆,据说那台纺织机有两百多年的历史。

的氏族和部落。湘西苗族以远古骧兜部落的伖熊伖夷为主体，融合三苗、盘瓠两个部落中的一部分先民组成。苗族有自己的语言，苗语分三大方言：湘西、黔东和川黔滇。苗族地区以农业为主，以狩猎为辅。苗族的挑花、刺绣、织锦、蜡染、剪纸、手工制作等工艺美术品瑰丽多彩，驰名中外。其中，苗族的蜡染工艺已有千年历史。苗族服饰多达一百三十多种，可以同世界上任何一个民族的服饰相媲美。苗族是个能歌善舞的民族，尤以情歌、酒歌最负盛名。

土家族摆手舞

土家族具有悠久的历史渊源，据考证，凤凰土家族可能是廪君蛮巴人后裔。土家族古代分布在湘、鄂、川、黔四省边界，一直居住在长江、沅水之间，是一个较稳定的民族。作为族称的"巴人"，曾经是一个多部落的统一体，其祖先一般认为是今鄂西的巴东、建始地区的"南猿人"以及长阳地区的"长阳人"。据司马迁《史记·五帝本纪》记载，到了汉代，称巴郡南郡蛮、武陵蛮、娄中蛮、澧水蛮与中沔蛮（屠山蛮）等。三国、两晋、南北朝时代，称武溪蛮、西溪蛮、天门蛮、黔阳蛮、建平蛮等。隋代称"岳左"。宋代称北江诸蛮。《宋史·蛮夷传》称蛮区人为土民、土蛮、土官等。明清两代称土夷、土蛮、土家。到了明末清初时期，才出现"土家"与"客家"之汉语称谓。而所谓"客家"，又主要是指汉人而言的。"土家"意为"本地人"，"客家"则意为"外来人"，只有较多的汉人移居到土家地区以后才出现。本来，土家族自称"毕兹族"，古代巴人也是这样自称的，但"毕兹"不等于就是"本地人"。"毕兹"是土家族的自称，是古代就有的，而"本地人"是后来较多的汉人移居到土家族地区以后才出现的汉语称谓。

土家族毛古斯表演。"毛古斯"大意是浑身长毛的打猎人。

 城记 迎面而来的古朴之风

在总人口只有30多万人的小小的凤凰县，有一半以上的人口是苗族，除此之外，还有土家族等17个少数民族在这里聚居。随处可见的青石板街、吊脚楼、蜡染工艺品、银饰和苗歌，展现着这里古老的淳朴民风。这里的文化气氛很浓，在城市是看不到的。

蜡染 在苗族地区的很多地方都流行有《蜡染歌》（古代歌谣），代代传唱着关于蜡染的美丽故事。有一个聪明美丽的苗族姑娘并不满足于衣服的单一色彩，总希望能在裙子上染出各种各样的花卉图案来，可是一件一件地手工绘制实在太麻烦，但她一时又想不出什么好办法来，终日为此闷闷不乐。

一天，姑娘又看着一簇簇一丛丛的鲜花久久发愣，办法没想出来却在沉思中昏昏入睡。朦胧中有一个衣着漂亮的花仙子把她带到了一个百花园中，园里有无数的奇花异草，鸟语花香，蝶舞蜂忙。姑娘在花园中看呀看呀，看得入了迷，连蜜蜂爬满了她的衣裙也浑然不知。等她醒来一看，才知道刚才是睡着了，可是低头再看，花丛中的蜜蜂真的刚刚飞走，而且在她的衣裙上留下了斑斑点点的蜜汁和蜂蜡，很不好看。她只好把衣裙拿到存放着靛蓝的染桶中去，想重新把衣裙染一次，试图覆盖掉蜡迹。染完之后，又拿到沸水中去漂浮色。当姑娘从沸水中取出衣裙的时候，奇迹出现了：深蓝色的衣裙上被蜂蜡沾过的地方出现了美丽的白花！姑娘心头一动，立即找来蜂蜡，加热熬化后用树枝在白布上画出了蜡花图案，然后放到靛蓝染液中去染色，最后用沸水溶掉蜂蜡，布面上就现出了各种各样的白花，染缸中居然染出了印花布，姑娘高兴地唱起了山歌。

人们听到了姑娘的歌声，纷纷来到她家听她讲百花园里的梦境、观看她染出的花裙、学习她描花绘图的技艺，大家回到自己家里之后，照着姑娘教的方法，也都染出了花样繁多的花布。从此，蜡染技术就在苗族及与之杂居的布依、瑶族等兄弟民族之间流传开了。

中国的染织工艺早在西周时期已得到较大的发展。根据《礼记》等文献记载，丝织、染色当时都设有专官主管，楚国还设有主持生产蓝的"蓝尹"工官。足见当时的丝织、染色工艺已颇具规模。蜡染古时候称为蜡缬，是用蜡把花纹点绘在麻、丝、棉、毛等织物上，然后放入染缸中浸染，有蜡的地方染不上颜色，除去蜡即现出美丽的花纹。这是我国古老的防染工艺，历史已很悠久。

蜡染是我国苗族古老而独特的手工绘染艺术，起源于秦汉，盛行于隋唐。这里有着取

凤凰古城土家蜡染

之不尽的艺术源泉，一代传一代，可以说，从我国的染织技术开创时起，蜡染就作为最古老的手工艺，成为中华民族古文明的一部分。

蜡染在贵州很普遍，但在凤凰则更具有特色了。这里的人们一年四季、祖祖辈辈都与自然在一起，染出来的东西都是各种各样的，不是一种图案，很多花草都包括在里面，并且具有一定的文化内涵，这和他们的生活息息相关。

正是有了这样一群认真而执著的民间艺人，才使得当地优秀的手工艺品能够一代代地流传下来，形成内涵丰厚的民间工艺，它们与绚丽多彩的苗族风情、神秘莫测的地域文化一起，构成了凤凰县独特的人文景观。秀丽的自然风光，浓郁的民族风情，众多的名胜古迹，一起弹奏着充满了奥妙和神奇的湘西文化之曲。

城缘 小城的文缘

沈从文与凤凰 五四新文化运动接近尾声时，21 岁的沈从文离家，只身进京求学。当时他寄居在北京沙滩银闸胡同一户人家中，沈从文称此居是"窄而霉小斋"。但是生活的窘困，很快粉碎了沈从文想读书找理想的初衷。北方的寒冬，沈从文身无分文，一身单衣没有火炉，怎样活下去？对这个问题，后来 84 岁高龄的沈从文解释：第一是靠朋友的帮助，当时住在北大红楼附近，公寓的同学们过着一种原始共产主义生活，相互接济是我们的常事。

沈从文对于人间友情有着刻骨铭心的感念。1924 年冬天，沈从文在读书无望、投稿不中、生活走向绝路时，写信给北大统计学教授、"创造社"成员郁达夫倾诉甘苦。接到沈从文的信，28 岁的郁达夫远道探视了走投无路的沈从文，并留下自己的围巾和一点钱。当晚，郁达夫就写就那篇有名的《给一个文学青年的公开状》。从这之后，沈从文署名休芸芸的文章《一封未曾邮的信》首次刊登于《晨报副刊》。接着他的《遥夜》《公寓中》《流光》和《夜渔》等文连续出手，一发不可收，沈从文正式登上现代文坛。

沈从文

自 30 年代起，沈从文便开始用小说构造他心中的"湘西世界"，完成一系列代表作，如《边城》《长河》等。他以"乡下人"的主体视角审视当时城乡对峙的现状，批判现代文明在进入中国的过程中所显露出的丑陋，这种与新文学主将们相悖的观念大大丰富了现代小说的表现范围。

沈从文故居

新西兰知名作家路易·艾黎走遍了中国大陆的山山水水之后，像发现新大陆似的叹道："凤凰是中国两个最美丽的小城之一。"

1966年，路易·艾黎讲这些话的时候，正好是"文化大革命"爆发之际。当时由于湘西地处偏壤，交通不便。因此穷乡僻壤的落后一面，侥幸保住了凤凰古老城池一隅的纯真面貌。在许多时候，只有物质生活落后，人情似乎才显得高洁。

沈从文的故乡凤凰，便是人文山水这方面的一出个案。我们谁都知道，山涧涌的水，才是真正的矿泉。如今来到凤凰的游人，差不多都是因仰慕沈从文先生之盛名而来。今天湘西凤凰的主要人文景观，应当也是以沈从文的一脉生命为主的。

沈从文先生的夫人张兆和讲得很好："作为作家，只要有一本传世之作，就不枉此生了。"这篇作于1934年的"山野"小说，让无数读者终生难忘，牢牢记住了书中的少女主人公翠翠。

艰难的经历，锻炼了沈从文的笔。而立之年的沈从文，写下了举世瞩目的名篇《湘西散记》。沈从文是一个非常恋念家乡的人。年轻时代的沈从文以国平民安为重，为了使家乡凤凰城不致落下一个匪区的恶名，曾经多次希望能亲自出面跟湘西当时的匪首进行交涉谈判。当年，青年沈从文比谁都更加了解凤凰城的荒乱与暴力。

但不管怎么样，沈从文对于故乡凤凰城的情感是深挚的。1938年，日本侵华准备一举拿下北京之际，沈从文跟随北大、清华师生南下，在湖南沅陵暂避时，沈从文再次听到湘西成为匪区恶名之际，内心悲恸欲绝。这一回沈从文与家乡豪绅陈渠珍、龙云飞等首领见了面，劝服他们在国难面前，要以中华大局为重，加入到抗击日寇的全民统一战线中去。

后来，沈从文还写下了题为《莫错过这千载难逢

的报国机会》的致家乡几个军人的书信。沈从文的这件书信,应当算作回敬"温饱思淫欲"的现代版。

沈从文爱这座凤凰城,至死亦爱。晚年时的沈从文与张兆和,已经是净化的贤者。他们商量,把一万块钱的稿费捐助给了家乡文昌阁小学。实在一点讲,凤凰城的苗家话语是因了沈从文的存在,才变得缠绵了一些;凤凰城的沱江水因了沈从文的存在,才变得缓冲了一些;凤凰城的石板路因了沈从文的存在,才变得弹性了一些。

1982 年 10 月,80 岁高龄的沈从文最后一次回到家乡,因体弱他没重复走以前回乡的山山水水,后来遗憾但觉充满期盼地致函朋友田光孚:"将来,还想能坐一次船,由龙潭到保靖,由保靖到王村,又由麻阳出辰,下桃源,看看一切……"到"龙潭"、"保靖"、"麻阳"和"桃源"等地看一看,就会看出,这些坐落于沅水湘江上的村村寨寨、乡乡镇镇,都是沈从文当年离家时候的水路,也是沈从文归乡的驿站。故乡的水水山山始终伴随着沈从文的一生。

齐齐哈尔:边疆的天然牧场

 城画 边疆民族画

"齐齐哈尔",为达斡尔语,是"边疆"或"天然牧场"之意,聚集着汉、蒙古、朝鲜、满、回、达斡尔、鄂温克、鄂伦春、柯尔克孜、锡伯等 35 个民族,各民族在这里和睦相处。它里面的建筑就说明了这一点。

卜奎清真寺 在齐齐哈尔卜奎(卜奎为齐齐哈尔旧称,因齐齐哈尔又名卜奎,故名。)大街的一条深巷里,有一座黑龙江省最有名气的清真寺。它始建于清康熙年间,早于卜奎建城 7 年,故有"先有清真寺,后有卜奎城"之说。初建时只有几间草房,经过多次修缮、扩建,形成了目前这座省内规模最大、

卜奎清真寺内东寺窑殿

卜奎清真寺礼拜殿

历史最久、具有中华民族特色的伊斯兰宗教建筑。

该寺包括东寺、西寺、女寺三部分，过去分别挂牌为东寺、西寺、女寺，1958年合为一寺，1981年定今名。东寺始建于1684年，西寺始建于1852年，两寺相邻，布局相似，均为砖木结构的精美的宫殿式建筑。主体建筑由大殿、拜殿、窑殿、拱廊组成。

东寺的大殿（礼拜殿）和窑殿建筑艺术精美，融合了宗教和我国古典建筑风格。大殿为凸字形，座西朝东，可容纳五百人诵经，大殿前宽阔的卷棚式廊庑，飞檐翘起，数重龙爪菊似的斗拱，由六根大红柱衬托，正门门际上悬挂阿拉伯文"太斯米"赞主词横匾，左边题有"急公好义"匾额一方，20扇活页门雕刻着琴棋书画、四季花卉和桃李舍橘等精美的花纹，大殿内两面墙上装饰着逼真的砖雕。窑殿为三层三重檐，四边形塔式建筑，中间一层通体砖雕，图案呈柱形、齿形、回纹形。每面还有九个圆形砖雕，上刻阿拉伯文的圣主名字和圣形。殿顶用"风剥铜"材料建成，莲花府座上镶有镀金葫芦，葫芦尖上嵌有40厘米长金色新月，是伊斯兰教"弯月涵星"的象征，金光闪耀，堪称一绝。

西寺礼拜大殿由后窑殿、中大殿、门厅组成。正房、厢房安排为伊协办公室、教长室和贵宾接待室、沐浴室等。自1852年始建以来，西寺仍保持原貌，门庭壮观，大殿威严，经1989年翻建，配以油彩绘画，堪称齐齐哈尔市可数的清代建筑群体。

女寺于1990年初建，后归于东寺院内，有女沐浴室，在大殿内用围帐隔开礼拜。寺内现珍藏有稀世手抄本《古兰经》和1858年出版的私塾教材《四书集注》等。

清真寺，阿拉伯语意为"叩真主处"。按照伊斯兰教教义，穆斯林都要做"赞念、礼拜、斋、课、朝觐"五功。在聚礼日，教徒们进入清真寺，面向麦加圣城克尔白天房方向叩拜真主。回历十月一日尔代节是清真寺最为隆重的一天。

据史料记载，清康熙时，为抗击沙俄的侵略，根据康熙皇帝的谕旨，将作战基地设在齐齐哈尔一带，在马神庙附近设立卜奎驿站，并修筑齐齐哈尔城，从山东、河北移来戍边的回民在建城的当年，盖起几间茅舍即为最初的东寺。1852年，甘肃十二家伊斯兰教徒被放逐于齐齐哈尔，他们分属于"哲赫林耶"教派，因其宗教仪式与"格迪目"派有别，于是另建西寺。

城传 吉祥之城

早在1万多年前，嫩江两岸的松嫩平原上就已聚居了多民族的古代先人，他们流下了辛勤劳作的汗水，创造出了灿烂的古代文明。

齐齐哈尔早期历史的重要转折点是从昂昂溪文化发展到嫩江流域青铜文化。考古发掘出的鲜卑墓葬的遗迹表明，2500年前，齐齐哈尔就已进入了发达的铜器时代。精美的青铜器代表着齐齐哈尔早期文明发展的水平；独特的石镞是当地古老民族的象征物。齐齐哈尔早期文明是从原始社会过渡到阶级社会的历史，是当地民族与中原汉族接触频繁、关系更趋密切的历史，更是各民族不断融合共同开发嫩江平原的历史。齐齐哈尔地区是黑龙江肃慎、东胡、秽貊三大古老民族互相影响、重新组合的交会地。他们同汉族人一样，属于蒙古利亚人种，语言上却属于阿尔泰语系。肃慎族系统大部分生活在黑龙江东部地区，其活动范围已进入齐齐哈尔东部地区；秽貊—夫余族系统主要活动在黑龙江中部地区，其中北夫余族就生活在以齐齐哈尔为中心的嫩江中游两岸，昂昂溪文化就是北夫余族先世的文化遗存；大兴安岭以东的广阔草原，以及嫩江上游和中游，就是东胡族系统的生活地。齐齐哈尔一带的古老民族以及许多边疆民族同汉族一道，共同创造了中国北方的古代文明，并将这一地区的历史向前推进。

齐齐哈尔之名的由来，是这一地区民族和历史发展的一个缩影。据说，早在公元916年契丹建辽时，齐齐哈尔之地就有济沁哨卡，"齐齐"是济沁的谐音，由济沁河而得名；"哈尔"是"哈日"，在古契丹语中有阻挡、防守之意，在军事上作哨卡、哨所解释。于是，形成了齐齐哈尔的名称。金代的齐齐哈尔被称为"庞葛"，"庞葛"为女真语。清代的齐齐哈尔是达斡尔语"奇奇嘎热"、"习气哈克"、

"奇查哈里"或"喜扎嘎日"的谐音,含边疆、边境、天然牧场之意。17世纪中叶,南迁到嫩江流域的达斡尔人分为两支,其中的一支在齐齐哈尔中心的嫩江中游两岸的平原地带居住。他们以农业生产为主,被称为"齐齐哈尔达斡尔"。他们居住在雅尔塞、莽格吐、卧牛吐、齐齐哈尔、梅里斯、罕伯贷等村屯,并在齐齐哈尔地区建立了中心屯。达斡尔人为永远纪念黑龙江古老家乡,称自己是边疆人或边疆来的人,所以把这个中心村屯称为齐齐哈尔。也有人说,齐齐哈尔是蒙古语"里奇嘎热"或满语"哲陈嘎拉"的音转,其含义除边疆、边城外,还有天然牧场之意。公元1691年,清廷准奏在卜奎站建齐齐哈尔城,并授索伦总管玛布岱副都统衔,掌管建城事宜。因城建在江东的卜奎屯,以齐齐哈尔为城名,所以齐齐哈尔城又俗称为"卜奎"。卜奎又称"卜魁",因清初达斡尔总管名为卜魁,所以在此建屯用他的名字作为屯名。后来,在这里建立的驿站亦称卜奎站,建成以后就又有了卜奎城的称呼,并成为齐齐哈尔的别称。此外,齐齐哈尔还有龙城、龙沙、龙江、黑水之称。

齐齐哈尔悠久的历史,赋予它深厚的历史文化遗存。在其所管辖的泰来县境内塔子城古城,原为辽代泰州治所。泰州是东北路统军司驻地,是辽代北方区域的政治、军事重镇。塔子城为黑龙江省规模最大的一座辽代古城。金代的庞葛城是今齐齐哈尔境内的梅里斯区雅尔塞乡的哈拉古城遗址,它是金朝北部地区的军事重镇与政治、经济、文化中心,为蒲峪路治所。还有金朝初年为了抵御北方蒙古游牧民族的侵扰,开始在其国境上修筑的界壕边堡,它绵延北疆大地1500余千米,可谓古代史上的一个大工程,因其仅次于举世闻名的万里长城而被世人称为"第二长城"。位于齐齐哈尔境内的金代长城边堡,属东北路长城边堡的一个组成部分,穿越齐市境内共200余千米。沧桑岁月过去了八百载,如今金代长城边堡虽然只剩下断垣残土、碎砖片瓦,但登上边堡,人们依然能感受到它的雄伟。而且,在城墙和边堡内及周围地区,至今仍不断有文物被发掘。在甘南县距边堡古城不到15千米的绿化村,曾出土金代官印"拜因阿邻谋克之印",佐证了边堡修筑于金太祖时期。其他地方也出土了大量的石臼、铁刀、箭头、铁甲片、陶片,这足以说明这个长城边堡无疑还是当时的古战场。今边堡内的汉族居民称界壕为"旧边"、"老边"、"边墙"、"边壕",称"边堡"为"古城"、"土城子",而莫旗的达斡尔族人则称其为"乌尔科"。抚今追昔,古代作为重要军事防御设施的金代东北路界壕边堡,是中华民族广大劳动人民智慧、劳动的结晶,也是一部记载着人类社会滚滚不断向前发展的历史画卷。

元代,今齐齐哈尔所辖地区大部分属于成吉思汗的三弟帖木尔·斡赤斤的封地。在泰来塔子城内的西北部，有大面积元代建筑遗迹，这是斡赤斤家族的府邸。其中莲花云纹白玉柱础石，黄绿釉琉璃瓦，龙纹、牡丹纹滴水和瓦当，以及五色石板等都具有元代典型建筑特征。

悠久的历史使齐齐哈尔当之无愧地成为黑龙江省的历史文化名城。它至今仍有清代的将军府、督军署、流人文化等丰富的史料和比较完好的遗存，这在黑龙江省也是首屈一指的。

城记 我们都爱这里

满族 清康熙年间，满族人陆续迁入齐齐哈尔地区，其中主要是驻防齐齐哈尔城的满洲八旗兵丁及其后裔，他们分布于城外，自成村落，即今昂昂溪区、铁锋区、梅里斯区所辖的满族聚居村前身。

满族姓氏形成于氏族社会，最初为表示血缘关系的称谓，满语称"哈拉"。满族姓氏多以居住地的地名、山川、河流名称为来源，或为金元时代女真人的旧姓，或为皇帝赐予的姓氏，或以父祖名字之一作为本支子、孙的姓氏。随着汉族文化的影响，满族逐步改变了原来多音节姓氏，而冠以汉字姓。清末，特别是辛亥革命后，满族人几乎都改为汉姓。齐齐哈尔满族有"关、富（傅）、陶、胡"四大姓氏，冠以汉姓的同姓者，不一定都是同宗的本族人。

满族人最早使用女真语。清代，齐齐哈尔满族人使用萨哈拉—嫩江语区的满

满族四合院

满族男子服饰

满族旗袍

族语。后来,随着满汉杂居,齐齐哈尔满族人开始学习汉语,至清末,满文、满语逐步被汉文、汉语取代。民国年间,满语、满文已不常见了。

齐齐哈尔的满族民间文学内容丰富,如《罕王的故事》、《阿骨打的传说》等,流传很广,影响也很大。最有代表性的民间歌舞是秧歌舞。

满族崇尚体育运动。清代,满族重视具有军事性质的骑射,还有角抵、赛马、打珍珠球等传统体育项目。近年来,在一些满族村,每年春、秋之际,都举行"莫勒真"(体育盛会),进行赛马、摔跤、射箭、打珍珠球等比赛。

满族人住宅很有特点,"四合院、口袋房、万字炕、隔扇墙、烟囱蓋在地面上"。满族人以西为上,故西墙供神或祖宗牌位。西炕一般不住人,南北炕以南炕为大,长辈住南炕,晚辈住北炕。齐齐哈尔的满族饮食,民间以面食为主,称面制品为饽饽。满族人喜食小米饭、高粱米水饭,尤其是富有民族特色的稷子米饭泡鲫鱼汤。还有荞面制品,如荞面面条、荞面饺子等。满族的民间菜肴以猪、羊肉为主,如白肉血肠、烤乳猪、烤全羊等。火锅是满席中的主菜,鲜美可口,味道醇厚。

满族的服饰也很有特点。男人穿长衫、长袍,更爱在长袍外套马褂,有"长袍马褂"的俗称;妇女们穿的旗袍,领口、袖头、衣襟都绣有不同颜色的花边。

达斡尔族 17世纪中叶,沙俄入侵黑龙江流域,生活在外兴安岭以南、黑龙江北岸河谷地带的达斡尔人被迫迁居至齐齐哈尔西、北一带,建立一批达斡尔族村屯,以有血缘关系的哈拉、莫昆形式构成社会组织,后来逐步被哈拉、莫昆成员混居一村的格局替代。

达斡尔族历史上有早婚的习俗,20岁左右的年轻人基本已完婚。达斡尔族人订亲时只要认为双方年龄、家教、出身适当就可。通常先通过介绍人探听女方父母的意见,经媒人说合,女方家同意后,媒人便磕头致谢,并及时将结果传达给男方家。之后,择日由男方备齐活马、活牛、肉类、酒肴、点心等、在媒人的带领下拜访女方家。女方家则摆下酒宴招待亲朋好友,席上将未来的女婿介绍给大家,同时举行正式的订婚仪式,未婚女婿磕头,表示信守诺言,他将牛赠给未来的岳母,将马赠给未来的岳父,以此感谢女方父母对女儿的养育之恩。

婚礼那天,新郎身着盛装,骑着高头大马去迎娶新娘。女方家则派出三四名男傧相乘马,女傧相两三人陪伴新娘乘车,连同数辆嫁妆车一同前往。接亲的队伍返回时,男方亲属均到门前迎接。这时,新娘亲属中的主要人物先进屋,随后新娘在女傧相的搀扶下进屋,被安置在南炕,脸上蒙着纱(绸)巾,面向窗户盘腿而坐。男傧相及其他亲友们则坐西炕，然后举办盛大的酒宴。婚宴结束后，两家近亲留下，这时才叫双方的父母及近亲相见。礼仪完毕后，继续进行酒宴，通宵达旦。

达斡尔族人过传统的春节，腊月三十那天在大门口放两堆烟火，祭祖、祭众神。据传说，那天是神仙下凡巡视之日，人们在日常所供的神位前烧香点蜡、供果品，求神拜佛，虔诚祷告，这种祭祀延续到正月十五为止。

三十晚饭一般不炒菜，就是吃各式的炖肉菜。吃饭时晚辈们给长辈敬酒磕头，当晚去舅舅、伯父、叔父和岳父等近亲长辈家敬酒磕头。大年初一那天，人们早早梳洗打扮，都换上节日的服装，走上街头，三五成群，逐户拜年，给长辈们请安、点烟、磕头。每到一家都受到热情招待，直到将全村走完为止。妇女们一般从初二开始，身穿各种花色服装，给近亲的长辈们拜年。到外村走亲串门须过正月十五以后，见面后都有给长辈们磕头的习俗。

春节期间有各种丰富多彩的文化生活，如哈肯拜舞、打"包考"球（曲棍球）、毛得他特勒（拉棍）、赛马、摔跤、射箭、屋如古乐台勒（故事会）、讨乐卡其（猜谜语）、白乐苦那得勒（捉迷藏）等文化体育活动，这些活动一直延续到正月十五。正月十六是黑灰日，到那天人人都往脸上抹锅底灰，不抹黑者不吉利。大人起床后取下锅底灰，先将自家孩子的脸上抹上黑灰，东西邻舍和亲属之间对抹，打上花脸，嬉闹不止。

蒙古族　齐齐哈尔地区的蒙古族世居嫩江流域，是一个淳朴、彪悍、善良、吃苦耐劳的民族。生活习惯颇有独到之处。

新中国成立后，蒙古族在政治、经济、文化、生活等诸多方面，有了翻天覆地的变化，蒙古族人民自豪地唱起"草原上升起不落的太阳"。

那达慕大会上的赛马表演

蒙古包

"那达慕"蒙语是娱乐或游戏之意，历来是蒙族的盛大节日，而今，逐渐演绎为"文化搭台、经贸唱戏"的节庆活动，内容丰富多彩。除"三勇绝技"（骑马、射箭、摔跤）外，还增添了电影放映、体育表演等项目。大会的饮食文化也很有特色。"手把肉"是首菜，即把整羊煮熟，用大盘端上桌。在大块地品尝手把肉的同时，烈酒是必不可少的，蒙古族人民诚心诚意地用烈酒招待客人，男女老少随着马头琴声翩翩起舞，到处是欢乐祥和的场面。

敖包，又称"封堆"，最早是大草原辨别道路和交界的标志。敖包始见于清代，后逐渐演变为民间祭祀山神、路神等活动的场所。每逢春秋两季，都要举行盛大的祭敖包活动。摔跤、射箭，尤其以赛马夺羊最为热闹。彪悍的骑手相互追逐，人欢马叫，争抢一只羔羊，抢到羊又最先到达目的地的，就是胜者。夜幕降临，月挂中天，男女老少围着篝火跳起"罕伯舞"，一曲优美的《敖包相会》唱出心声……

蒙古包又称穹庐、毡包。半农半牧地区采用固定式，放牧区采用移动式。二者外形都是圆形尖顶，以柳条、泥土为覆盖物，也有用毛毡围盖的。底部（哈那）以若干细木棍和毛皮绳相联结，成为圆形围墙。上部（乌尼）是用粗椽木与中间的"套脑"结成伞骨形穹顶。"套脑"即天窗用于进光、透气、出烟。门则分板门、毡帘两种。

 城缘　黑龙江将军

作为土生土长的齐齐哈尔籍将军，塔尔岱对清王朝忠心耿耿，鞠躬尽瘁，死而后已。作为历经康、雍、乾的三朝元老，他多年征战边陲，平定叛乱。为边疆的巩固、祖国的统一倾注了一生的心血。但他的故事却很少为人所知。

他出生在齐齐哈尔。他的功成名就来自东征西讨，在战场上赢得荣誉。然而没有齐齐哈尔这片土地的养育，他也成不了以后的黑龙江将军。

塔尔岱在清康熙五十一年（公元1712年）从军开始征战生涯，在康熙五十四年（公元1715年）随副都统溥济西征。曾率领40名骑兵消灭来进攻的一千多名敌人，被赏予"巴图鲁章京"（满语勇士）称号。在雍正四年（公元1726年），塔尔岱被人举荐朝廷，雍正皇帝赏识他，称他是"卓绝健全的好汉"，随后升任佐领，次年补授布特哈满洲总管，十月擢升为伯都讷副都统。不久，调任宁古塔副都统。

雍正七年（公元 1729 年），塔尔岱率两千兵丁跟随靖远大将军傅尔丹，征战厄鲁特蒙古准噶尔部噶尔丹策零。在雍正九年（公元 1731 年）战斗开始，一万多名清军在博克托岭被敌人围困，几乎全军覆没。塔尔岱冒险冲出重围，被敌人用枪穿透胫骨，鲜血染透了战袍，蒙古族医生为其治伤，他用羊皮包扎伤口后又迎战追击的敌军，并护卫大将军傅尔丹退回了科布多驻守。朝廷得知实情后，雍正帝革去了傅尔丹大将军的职务，又命塔尔岱回宁古塔养伤。可塔尔岱却向皇帝上奏说："兵强马壮的时候，是我洗雪此次战败耻辱的日子。现在战败了让我还乡养病，我有什么脸面去见我七十七岁的老母亲呢。"他执意留在军中等待再次出征。雍正赞赏他的忠孝之心，晋升他为内大臣，授予他参赞靖边将军的职位。

黑龙江将军府

雍正十年（公元 1732 年）秋天，塔尔岱再次奉命出战喀尔喀，与策零交战在额尔德民昭（蒙古巴彦温都尔西北）。清军乘夜色发动进攻，斩敌人一万多人，策零丢弃辎重、物品连夜逃跑。塔尔岱追杀到堆堆河（蒙古图音河），这就是历史上有名的"光显寺大捷"。捷报上奏到朝廷，雍正授予塔尔岱黑龙江将军（右副将军）之职，统领东三省的官兵。

在乾隆元年（公元 1736 年）准噶尔投降，战争结束，塔尔岱又被授予三等轻车都尉世袭的官职，不久塔尔岱因病辞官，但仍享受将军的俸禄。在乾隆二十一年（公元 1756 年）塔尔岱亡故，埋葬在齐齐哈尔"城西南三里许"，其墓年久失修，墓和墓碑难以寻觅。

在感悟中阅读

同一个中国，同一座城市。

我们的历史记忆和现实生活在每一座历史名城里得以展开和延续。正因为如此，我们的生活中才有了如此深远的历史氛围和隽永的人文情怀。我们没有错过，我们正在阅读……

在记录中，我们时刻发现着不同寻常的城市面孔，用独特的视角展现出风格各异的城市画卷，描绘出其最独特、最感人、最鲜活的城市风貌；在对各个城市演变轨迹的探究中，多角度、多侧面地展现了城市最深刻、最重要的演变，了解了最具特点的历史变革。

重新追寻历史名城的深刻内涵，感受城市跃动的脉搏，体会融入城市血液中的经典人文景致，阅读城市感人至深的故事，感悟名人与城市不同寻常的缘分，把握城市的精神内涵与经久不变的情怀。

当你阅读完本书之后，你应该至少有以下三方面经历：24 次关于中国历史名城风景的体验式旅游，24 次中国历史名城历史的人文性阅读，24 次行走在城市中难忘的心灵之旅。

我们同时相信，中国历史名城的面孔、轨迹、脉搏和情怀已经深深地铭刻在你的心中。这也是这本书给每位读者的一份礼物，或者说，是我们开始阅读的一个起点。

参考书目

1. 易中天:《读城记》,上海文艺出版社,2006 年。

2. 张岱:《西湖梦寻》,北京出版社,2004 年。

3. 新周刊杂志社:《第 N 城:一座城市和它承载的价值》,广东人民出版社,2004 年。

4. 谢善骁:《感受历史名城》,北京出版社,2006 年。

5. 夏坚勇:《湮没的辉煌》,东方出版中心,1996 年。

6. 胡阿祥、彭安玉:《中国地理大发现》,山东画报出版社,2004 年。

7. 武复兴等:《名城史话》,中华书局,1984 年。

8. 罗哲文、李江树:《老北京》,河北教育出版社,2007 年。

9. 舒可文:《城里》,中国人民大学出版社,2006。

10. 国家地理编委会:《国家地理(中国卷)》,蓝天出版社,2007 年。

11. 新周刊杂志社:《绝版中国——受伤的城市和它们的文化孤本》,漓江出版社,2008 年。

说　明

本书在编写期间,参考了国内外众多作者的相关文字资料,特此致谢。同时,为了达到图文并茂的目的,本书也选用了一些与本书内容相关的图片。这些图片均系近年来国内外公开出版物上发表的作品,由于其来源辗转,加之时间仓促,未能一一辨明作者的姓名,请有关作者(或版权所有人)及时与我们联系,我们即按有关规定支付相应的稿酬。